U0108484

馬駿　徐劍剛　等　著

人民幣走出國門之路

離岸市場發展與資本項目開放

商務印書館

人民幣走出國門之路 —— 離岸市場發展與資本項目開放

作　　者：馬　駿　徐劍剛　等

責任編輯：楊克惠

封面設計：張　毅

出　　版：商務印書館 (香港) 有限公司
　　　　　香港筲箕灣耀興道 3 號東滙廣場 8 樓
　　　　　http://www.commercialpress.com.hk

發　　行：香港聯合書刊物流有限公司
　　　　　香港新界大埔汀麗路 36 號中華商務印刷大廈 3 字樓

印　　刷：陽光印刷製本廠有限公司
　　　　　香港柴灣安業街 3 號新藝工業大廈 6 字樓 G 及 H 座

版　　次：2012 年 6 月第 1 版第 1 次印刷
　　　　　© 2012 商務印書館 (香港) 有限公司
　　　　　ISBN 978 962 07 6492 9
　　　　　Printed in Hong Kong

作者簡介

馬　駿

馬駿博士為德意志銀行大中華區首席經濟學家。1992 至 2000 年，就職於世界銀行和國際貨幣基金組織，曾任經濟學家和高級經濟學家。1988 年至 1990 年，為國務院發展研究中心研究人員。發表了數百篇文章，撰寫和主編了八本著作。2009 以來連續 4 年被《機構投資者》雜誌評為亞洲經濟學家第一名和中國分析師第一名，在其他國際投資界評比中也多次獲得中國經濟學家第一名。1988 年獲復旦大學碩士，1994 年在美國喬治城大學獲經濟學博士。為金融 40 人論壇理事和成員、博源基金會學術委員、復旦大學客座教授、香港中國金融協會副主席。

徐劍剛

徐劍剛博士為復旦大學財務金融系副系主任，教授、博導。曾任中國數量經濟學會理事，現任上海數量經濟學會常務理事。主要研究領域為國際金融、數量經濟、金融工程。出版專著 2 本，發表論文 50 餘篇。1986 年畢業於復旦大學數學系，2000 年獲復旦大學經濟學博士。

目　錄

序...i

前　言

本書研究的內容 v

現有的文獻和研究現狀 vi

本書的主要結論 viii

18 條具體政策建議 xi

40 人論壇支持的本課題研究 xii

本書的作者和分工 xiv

第一篇　人民幣國際化的動力、路徑和風險控制

第一章　人民幣國際化、離岸市場和資本項目開放的關係 2

一、人民幣國際化的內外機遇 2

二、人民幣國際化的改革意義大於短期經濟利益 3

三、離岸市場是人民幣國際化的馬前卒 6

四、其他國家離岸市場的經驗和教訓 9

五、資本項目開放是人民幣國際化的下一個突破口 14

六、資本項目開放的必然：從歷史角度看 15

第二章　特里芬悖論與人民幣國際化 **20**

一、貿易逆差悖論的假設的局限性 21

二、人民幣國際化的多種渠道與貿易平衡的關係 23

三、從資產負債表角度的分析 27

四、對貨幣國際化與貿易平衡關係的實證研究 30

五、結論：逆差悖論不構成對人民幣國際化的約束，
　　　但國際化不能依賴貿易結算 32

第三章　離岸市場對境內貨幣與金融的影響和風險控制 **34**

一、離岸市場發展對外匯儲備的影響 35

二、國際化所導致外匯儲備增量是否需要對沖 36

三、離岸市場的發展對境內貨幣供應量（M2）的影響 37

四、對外發行人民幣債是否增加對外淨資產的風險 39

五、人民幣國際化對中國對外資產負債表的長期好處 40

六、人民幣貿易結算的發展是否依賴人民幣升值預期 43

七、離岸市場匯率對內地人民幣匯率的影響 45

八、兩地利差對內地利率市場的影響 47

九、資本項目開放和匯率有充分彈性條件下離岸市場的影響 48

十、宏觀政策失誤導致的風險 52

十一、改革不配套帶來的風險 53

十二、結論 54

第二篇　人民幣離岸市場的發展路徑

第四章　香港人民幣離岸市場的歷史和現狀 **58**

一、人民幣貿易結算和人民幣存款 58

二、人民幣債券市場（點心債） 62

三、人民幣股票 66

四、人民幣作為融資貨幣的第三方使用 68

附一：美元離岸市場的借鑒意義大於其他國際經驗 70

附二：倫敦作為美元離岸市場中心的經驗對香港的借鑒 73

第五章　香港人民幣離岸市場前景和政策建議 **75**

一、香港人民幣離岸市場的定位 75

二、對香港人民幣離岸市場的規模預測 76

三、進一步發展香港人民幣離岸市場的政策 82

第六章　新加坡——東南亞的人民幣離岸市場 89

一、新加坡作為離岸金融市場的現狀和歷史 89

二、新元非國際化的歷史背景和經驗 92

三、發展新加坡的人民幣離岸市場對中新兩國是雙贏 93

四、新加坡人民幣離岸市場的現狀 94

五、新加坡與香港相比的若干劣勢 95

六、新加坡的相對優勢 97

七、對新加坡發展人民幣離岸市場的政策建議 98

第七章　倫敦和紐約的人民幣離岸業務 101

一、倫敦作為人民幣離岸市場的潛力 101

二、紐約作為人民幣離岸市場的潛力 105

三、結論 106

第八章　關於建立境內人民幣離岸市場的爭論 108

一、背景 108

二、境內銀行經營非居民業務的監管規定和現狀 109

三、支持發展境內人民幣離岸市場的觀點 112

四、擴大非居民人民幣業務的三種具體思路 117

五、對當前擴大境內非居民人民幣業務的反對意見 121

六、目前的結論 123

附：上海綜合保稅區國際貿易結算中心外匯管理試點的基本情況 124

第三篇　資本項目開放

第九章　人民幣國際化與資本項目開放的協調 128

一、如資本賬戶不可兌換，人民幣國際化只能完成不到 10% 129

二、深度人民幣國際化和資本賬戶開放必須同步 131

三、應爭取將境內資本市場開放度平均每年提高一個百分點 132

四、這個開放速度可以在宏觀穩定的前提下實現 136

五、對資本項目開放的具體政策建議 139

第十章　資本項目開放和對短期資本流動的管理..................................142

　　一、匯率彈性對抑制短期資本流動的作用.........................143

　　二、宏觀審慎手段的運用...149

　　三、對中國的借鑒意義...152

第十一章　資本項目開放條件下的跨境人民幣支付系統..........................154

　　一、目前的人民幣跨境支付體系的過渡性特點.........................154

　　二、在資本項目開放條件下，目前的清算行部分功能將"退化".............155

　　三、美國 CHIPS 作為主要美元跨境支付系統的經驗.........................156

　　四、資本項目開放條件下，應考慮建立新的跨境人民幣支付系統.........159

　　五、過渡階段的清算行體系安排...162

第四篇　其他國家和地區的經驗

第十二章　歐洲美元市場的發展和經驗 166

　　一、歐洲美元市場的發展...166

　　二、倫敦——歐洲美元市場的中心...169

　　三、歐洲美元市場的作用...171

　　四、歐洲美元市場對美國境內貨幣政策和金融市場的影響.....................175

第十三章　美國境內離岸市場（IBF）的歷程和經驗 180

　　一、IBF 的設立...180

　　二、IBF 的制度設計及發展狀況...184

　　三、IBF 的影響及啟示...191

第十四章　德國資本項目開放的歷程和經驗 195

　　一、1950 年代德國資本項目從封閉走向開放.........................195

　　二、60 年代固定匯率體制下，德國用審慎手段管理短期資本流動.........198

　　三、70 年代有管理的浮動匯率體制下，
　　　　德國不斷調整對短期資本的管理措施.........................201

　　四、80 年代後，德國實現資本項目完全開放.........................205

　　五、對中國的借鑒意義...209

　　附表：德國開放和管理資本項目的措施.........................210

第十五章　德國馬克的國際化 212

　　一、影響馬克國際化的因素 212

　　二、馬克幣值的相對穩定 214

　　三、德國在全球經濟和貿易中的地位 218

　　四、德國金融市場的國際化 220

　　五、馬克的價值尺度功能 223

　　六、馬克的交易媒介功能 228

　　七、馬克的價值儲藏功能 232

　　八、對人民幣國際化的借鑒意義 238

第十六章　日本離岸市場的經驗教訓 240

　　一、日本離岸市場設立的宏觀背景 240

　　二、日本離岸金融市場的規定 241

　　三、JOM 發展過程中的問題及教訓 246

　　四、歐洲日元市場 249

第十七章　泰國離岸市場的經驗 254

　　一、BIBF 設立的宏觀背景 254

　　二、BIBF 的具體規定 254

　　三、BIBF 業務的發展 256

　　四、泰國金融危機中的 BIBF 259

　　五、經驗教訓 264

第十八章　台灣離岸金融市場發展與境內金融市場的開放 266

　　一、台灣離岸金融市場發展概覽 267

　　二、台灣島內金融市場的開放 277

參考文獻 286

鳴　謝 294

附錄一　中國金融 40 人論壇簡介 296

附錄二　中國金融 40 人論壇組織架構與成員名單（2012 年） 298

序

　　2011 歲末的一個週日，陽光燦爛。馬駿路過華盛頓，我請他在城中沿波多馬克河邊的一家餐廳吃飯。馬駿是我多年的朋友，90 年代初我們就曾經在世界銀行共事，常在一起熱議天下大事，激辯中國的改革和開放。我們先後回國後（他到香港），各忙各的，但也時不時地在各種會議場合相見。但這次我赴國際貨幣基金組織任職後，一晃也一年多未見了。剛入座，未及寒暄，馬駿已經從背包裏取出他的新作《人民幣走出國門之路——離岸市場與資本項目開放》的手稿。於是，我們的午餐就從討論這個課題開始了。

　　改革開放三十多年來，我國經濟總量快速增長，實體經濟融入世界經濟的程度不斷加深，我國對外貿易佔全世界貿易的份額從 80 年代的 1% 大幅成長到現在的 10%，成為世界經濟中最為開放的國家之一。但是，與中國的實體經濟的實力和國際化程度相比，中國的金融體系與世界金融體系的聯繫還是十分有限。如果說實體經濟的改革開放是中國經濟在過去三十年取得巨大成功的主要推動力，那麼金融體系的改革開放就應該是在今後五到十年中國經濟進一步持續發展、資源進一步優化配置的下一個關鍵。而人民幣國際化則是下一步中國金融改革開放的一個目標和動力，是中國經濟發展和改革的大勢所趨。

　　從國際貨幣體系的角度來看，人民幣國際化也有深刻的全球意義。隨着中國貿易總量在世界市場的繼續擴大，中國經濟總量在世界經濟中的比重不斷提高，人民幣成為國際貿易結算、計價、投融資和儲備貨幣的需要和要求也會日益強烈。自然會推動資本項目和資本市場有序開放、金融產品的和服務的進一步發展，使得人民幣作為國際貨幣的功能自然體現。一旦人民幣成為儲備貨幣之一，中國的宏觀經濟狀態、貨幣政策的變化、利率和匯率的走勢就會明顯地影響世界經濟、貿易平衡、資本流動和資本市場的表現。中國在世界經濟和金融領域及其規則的制定方面取得更大的話語權的同時，也將承擔更大的穩定全球經濟和金融市場的責任。這也會推動國際貨幣體系的進一步改革，有利國際貨幣體系的穩定和發展。

雖然人民幣國際化在國內國際的業界中已經基本成為共識，但對如何切實推動人民幣國際化，包括如何開放資本項目、發展離岸市場、改革匯率體制等理論和操作問題，目前依然是"百家爭鳴"的狀態，一些流行的觀點還是似是而非。而在如何建立有足夠規模和流動性的人民幣計價的金融產品的離岸市場，如何推進資本項目開放，如何建設高效和安全的跨境支付與清算體系等操作問題，都還需要很具體地擬定和實施許多的政策。 國際上形成非居民對人民幣的足夠需求，也需要有中國經濟的持續穩定增長，貨幣政策穩健有效，金融監管的適度、透明、公正和有效等來推動國際非居民對長期持有人民幣的信心建立。這些都需要從全局和戰略角度，從風險掌控角度，從促進我國經濟金融穩定平衡發展角度，從增加人民財富角度來統籌考慮。

馬駿和徐劍剛等完成的這本關於人民幣離岸市場和資本項目開放的專著，是一個既有理論又有政策意義的成果。他們做了比以往更加深入和詳細的研究，第一次比較系統地闡述了人民幣國際化與離岸市場發展的關係、人民幣國際化與資本項目開放的關係、如何具體推動離岸市場的發展、如何能在保證宏觀穩定的前提下加速開放資本項目和資本市場等許多問題。作者對離岸市場和資本項目開放的國際經驗的詳細回顧和討論也是十分及時有用的。本書包含了大量的信息，涉及到了一些新的領域，提出了許多重要的觀點和政策建議。 十分有針對性，也有很好的操作性。

馬駿雖然較我年輕，但我對他歷來敬佩。他有良好的經濟學訓練和深厚的理論基礎，有早年參加國內經濟改革的激情和承諾，曾在世界銀行和國際貨幣基金組織研究經濟，又在國際大銀行任職多年，專注宏觀經濟和金融市場研究。這份經歷將他錘煉成為數不多的同時具有廣闊的國際宏觀視野和金融市場操作經驗，又對中國宏觀經濟有深層次了解的經濟學家。難得的是，在每日繁雜的對經濟走勢的分析的同時，他 20 多年如一日潛心研究經濟走勢和變化後面的結構性和基礎性的原因，以及影響這些走勢變化的宏觀經濟政策問題。更為難得的是，他一直孜孜不倦地關注中國經濟改革，在宏觀經濟、匯率和人民幣國際化方面發表了一些很有影響的研究成果。我一直關注他對國內經濟改革方面的探究。兩年前，我在中國人民銀行擔任副行長期間，還專門邀請他到人民銀行擔任高級訪問學者，用一般均衡模型研究我國關於匯率和貿易平衡的問題。當時，他在研究報告中就提出，基於對中國貿易平衡和匯率走勢的判斷，今後五年是推動人民幣國際化的重要機遇期。

　　窗外，藍天如洗。雖然冬日，陽光卻也熱烈，大片地、燦爛地透過落地玻璃窗盡情地灑落，我們談得熱鬧，都覺微汗上額。 馬駿坐在陽光裏，微笑着解釋，執着地辯議。 一席午餐，我所學甚豐。今天，欣聞新書即版，樂以為序，並向所有對人民幣國際化感興趣的讀者推薦。

國際貨幣基金組織副總裁　朱　民

2012 年 3 月於華盛頓

前　言

本書研究的內容

人民幣國際化的大方向已經有共識，但關於這個過程會面臨多大風險、哪些風險，政策應該如何推進，步伐多快，還有許多爭論。尤其是，在資本項目不開放的條件下，人民幣國際化和離岸市場的發展能走多遠，也需要一個明確的判斷。另外，如果資本項目必須開放，那麼應該如何開放，以什麼速度和順序開放？對這些問題的認識將影響人民幣國際化和資本項目開放的政策、步伐，金融和經濟穩定，以及金融行業的宏觀經營環境。

旨在為人民幣國際化、離岸市場發展和資本項目開放提供決策參考，並為相關的理論研究提供有意義的新的視角度，本書（由金融 40 人論壇支持的原名為《人民幣離岸市場和資本項目開放》的課題成果）從宏觀分析和具體操作兩個層面比較深入地研究和回答了如下問題：

第一，離岸市場的發展是不是人民幣國際化的必要組成部分？是否可以不發展離岸市場，只靠開放國內資本市場來實現國際化？

第二，包括離岸市場發展在內的人民幣國際化過程是否會受到特里芬悖論的約束（即只有貿易逆差才能輸出人民幣，達到國際化？）

第三，如果離岸市場的發展是人民幣國際化過程中的最佳選擇，那麼是否香港是最佳的主要離岸市場的選擇？在不影響貨幣金融穩定的條件下，境內發展人民幣離岸業務的空間有多大，緊迫性有多大？

第四，香港、新加坡、倫敦、紐約，以及其他可能成為境外人民幣離岸市場的國際金融中心，將在人民幣離岸市場中如何定位，分別起什麼作用？

第五，國際上離岸市場發展的過程中有哪些典型的成功和失敗的案例？對中國有何借鑒？

第六，目前香港和新加坡人民幣離岸市場發展的瓶頸在哪裏？目前的"回流機制"能否健康持續地推動這些離岸市場的發展？"體外循環"機制對離岸市場的發展有何意義，應該如何推動？

第七，人民幣離岸市場的發展對國內的貨幣和金融如何產生影響？具體來說，人民幣國際化和離岸市場的發展在多大程度上和以何種機制影響境內的貨幣供應、外匯儲備、利率、匯率和中國對外資產負債表？這些影響是否可控？哪些政策手段可以用來控制這些影響？

第八，資本項目的開放在人民幣國際化過程中起什麼作用？資本項目不開放，是否嚴重制約人民幣國際化的潛力？

第九，資本項目可兌換的改革應如何與離岸市場的發展和推動跨境人民幣投融資的政策相協調？在保持宏觀穩定的前提下，中國資本市場的對外開放的速度能走多快？今後幾年，具體應該推進哪些資本項目可兌換的改革？

第十，在資本項目逐步開放的過程中，對短期資本流動的管理如何從目前的外匯管制轉向經濟手段（也稱為宏觀審慎手段）？匯率彈性在抑制短期資本流動方面能起什麼作用？

第十一，目前離岸市場所使用的跨境人民幣支付和清算系統是否在資本項目開放之後還繼續適用？如果不適用，今後跨境人民幣支付與清算系統的框架應該是什麼？美國的 CHIPS 的成功對建立人民幣跨境支付和清算系統有什麼借鑒意義？

現有的文獻和研究現狀

人民幣離岸市場發展和中國資本項目的開放是有重大意義的學術和政策課題。目前學術和金融界對此問題的研究還沒有達到系統的程度，數量也比較有限。在近年的文獻中，如下作者的工作有一定的代表性：

（1）何東和 MacCauley（2010）研究了歐洲美元市場的經驗並以此為借鑒，指出人民幣國際化過程中，即使資本項沒有完全開放，離岸市場也可以發展而且風險可控。

（2）馬駿（2011）就離岸市場可能帶來的對境內貨幣政策的衝擊的擔心，從理論上說明了哪些離岸市場的操作對國內的貨幣金融會產生的何種影響，並提出政策上應該鼓勵人民幣 FDI 和境外人民幣的第三方使用。

（3）由博源基金會支持、吳曉靈牽頭的人民幣國際化課題組（2011）提出應在五年之內爭取實現可控制的人民幣可兌換。博源基金會的香港離岸市場課題組、何東、馬駿等也多次就人民幣回流機制和體外循環等問題提出建議。

（4）社科院"人民幣國際化"課題組（何帆、張斌、張明等）（2011）就"香港離岸人民幣市場"進行了調研，對現狀進行了較詳盡的綜述，並建議推動流入流出機制。余永定、張斌等在 2011 年的多篇文章中提出人民幣國際化是否次序顛倒的問題。

（5）關於境內離岸市場，巴曙松和郭雲釗（2008）、黃鈺（2010）等對天津、上海等離岸市場建設提出了一些建議。更早期的從事國內離岸市場研究工作的包括彭國翔、劉軍、史薇、王保華等。

（6）國際上對其他國家的貨幣國際化、離岸市場和資本項目開放的研究不少。比如，Barry Eichengreen（2008）比較系統地回顧了國際貨幣體系的演變和美元、日元和歐元國際化的進程。IMF（2002）等的多篇文章總結了各國資本項目開放的經驗。早在 1979 年，Vic. Carthy 就在《金融與發展：離岸金融收益與成本》中從貨幣發行國的角度研究離岸金融市場及其風險控制問題。Ingo Walter（1985）和 Edmund M. A. Kwaw 等則從避稅、洗錢等角度研究了離岸市場的問題。

（7）對中國資本賬戶開放的問題，央行調查統計司司長盛松成等（2012）提出中國加快資本賬戶開放的條件基本成熟，並將整個過程分為短期、中期、長期三個階段。姚淑梅（2011）對資本賬戶開放的國際經驗進行了綜述，並討論了中國資本賬戶開放的前景。婁伶俐、錢銘（2011）對資本賬戶開放度的測度進行了研究。陶然（2009）對資本賬戶開放與境內金融穩定的關係做了研究。姜波克等（2004）提出，國際收支的可維持性是資本賬戶開放的關鍵。

已有文獻所面臨的主要問題是：

（1）目前許多研究還停留在概念和呼籲的層面，對人民幣國際化、離岸市場發展和資本項目開放所面臨的具體理論依據、風險、可操作的改革步驟等還缺乏深入的探討。比如，文獻對人民幣國際化對境內金融和宏觀穩定的影響還沒有系統的論述，對人民幣國際化和資本項目開放的關係理解還比較含糊，對離岸市場上人民幣"體外循環"的機制還很少有人能講清楚，對資本項目開放和開放跨境人民幣投資的關係幾乎沒有研究，許多人對新的人民幣跨境支付系統建設的意義還沒有充分理解。另外，除了香港和上海的人民幣離岸市場以外，目前還沒有對新加坡、紐約、倫敦作為潛在人民幣離岸市場的專題研究。而對這些方面的論述都是本書研究的重點貢獻。

（2）學術界的一些研究者缺少直接參與離岸市場建設的經驗和與決策部門的溝通，對改革所面臨的現實挑戰和操作上的瓶頸缺乏了解。本課題負責人和部分課題組成員積極參與了香港離岸市場的人民幣金融產品的創新，並積累了在各個國際金融市場實際操作的經驗。馬駿幾度參加香港政府代表團到海外推介人民幣離岸市場，並積極參與了國內和香港監管部門的政策討論。

本書的主要結論

本書對人民幣國際化、離岸市場發展和資本項目開放的國際經驗及理論依據，香港和其他地區人民幣離岸市場的作用和定位，進一步推動離岸市場發展的政策，人民幣國際化對境內貨幣與金融的影響和風險控制，人民幣國際化與資本項目開放的協調，資本項目開放條件下的短期資本流動管理，以及建立新的人民幣跨境支付系統等問題進行了較為全面的闡述。涉及到總體思路的若干主要結論是：

關於國際經驗

1. 中國應該主要借鑒美元國際化和離岸市場的經驗，和日本、泰國等離岸市場的教訓。德國和台灣的資本項目開放的經驗值得重點研究和借鑒。

離岸市場的必要性和人民幣國際化的可行性

2. 根據人民幣最終將成為全球主要國際貨幣的大趨勢，人民幣國際化不能僅僅依靠開放境內市場，發展離岸市場是非常必要的。

3. 特里芬悖論不一定構成對人民幣國際化的約束，即中國只要在資本項目逐步開放的條件下就可以在不出現大規模貿易逆差的同時提升人民幣國際化的程度。但是，僅僅依靠貿易渠道輸出人民幣的國際化模式是不可持續的。

香港、新加坡、倫敦等離岸市場的定位

4. 香港作為最主要的人民幣離岸市場，應承擔人民幣離岸市場中的"批發功能"，而其他地區（如新加坡、倫敦、紐約、上海等）的人民幣離岸市場則主要擔當"零售"的功能。作為"批發市場"，香港應該成為離岸人民幣的流動性聚集地、融資中心、定價中心和財富管理中心。

5. 到 2015 年，我們預計香港人民幣存款可以增長到 2.5 萬億元，人民幣債券餘額可達一萬多億元，每天人民幣的外匯交易量可以達 1000 億元。

6. 在推動香港離岸市場的過程中，應該協調發展"回流機制"和"體外循環機制"，爭取在中長期將離岸人民幣"體外循環"的比率提高到 50%。

7. 新加坡人民幣離岸市場的總體定位應該是，為東南亞各國與中國的貿易和直接投資提供人民幣金融業務的平台，並在中長期成為該地區投資於人民幣金融產品的一個地區性市場。倫敦有潛力成為香港以外最大的人民幣離岸市場，尤其是離岸人民幣外匯市場。

8. 大規模發展境內人民幣離岸市場的時機可能尚未成熟。建議等到境外

離岸人民幣市場有進一步的發展之後，再對境內不發展離岸市場是否成為金融業的重要瓶頸作出比較明確的判斷。

離岸市場的風險控制和與資本項目開放的協調

9. 如果離岸市場的規模按我們預測的速度成長，今後幾年在資本賬戶仍有管制的條件下，離岸市場對境內的貨幣供應、外匯儲備、匯率、利率和對國家資產負債表的影響都處於可控範圍。在資本項目基本開放的條件下，對過度的短期跨境資本流動可以通過增加匯率彈性、引入審慎監管手段（如托賓稅）等方法來調控。

10. 中國的境內資本市場開放度（僅 1% 左右）是主要新興市場國家（大多在 10% – 30%）中最低的。資本項目可兌換如果遲遲沒有進展，將成為人民幣國際化的瓶頸。在資本項目不可兌換的前提下，人民幣國際化的程度只能達到其潛力的 10% 以下。我們對國際收支的宏觀分析表明，在今後五年內中國的貿易順差將呈現下降的趨勢，匯率升值的壓力將明顯減小，境內外人民幣的利差也將明顯縮小。中國的國際收支和匯率條件的變化可以允許在保持宏觀穩定的前提下加快境內資本市場對非居民開放的步伐，在五年內實現資本項目的基本可兌換。應該爭取在 2016 年將境內債券市場的開放度提升到 5% – 7%（現在為 1% 左右）。因為港股市場已經為國際投資者提供了投資於中國股票的重要渠道，A 股市場的開放度可以爭取在 2016 年提高到 3% 左右。

11. 推動人民幣跨境投資的改革和資本項目開放之間有相當的替代性（如允許人民幣跨境流動的措施可以使外匯管制失效），因此應該加強總體設計和協調。建議儘快提高個人和企業兌換外幣的額度，同時放鬆對匯出人民幣的管制；提高境外機構投資於銀行間市場的額度和 QFII 的額度；穩步開放非居民賬戶在境內融入人民幣，並允許所融的人民幣換成外匯並匯出；允許非居民投資於更多的境內人民幣產品，其開放速度應該與香港人民幣產品市場的發展基本同步。

18 條具體政策建議

本書在上述總體思路之下，提出了推動離岸市場發展和資本項目開放的一系列具體政策建議。以下簡述其中主要的 18 條：

關於人民幣貿易結算

1. 簡化貿易結算過程中的真實性單據審核流程，降低金融機構和企業的業務成本，從而提高海外對人民幣結算的需求。

2. 提高人民幣跨境貿易的政策清晰度、透明度和連貫性。

3. 推動大宗商品交易以人民幣計價和結算，尤其是要發揮新加坡作為東南亞商品交易中心的優勢。

4. 鼓勵東南亞銀行進入中國，幫助其企業使用人民幣貿易結算。

5. 消除人民幣 FDI 和 ODI 的操作瓶頸，促進相關的人民幣貿易結算。

關於離岸市場的基礎設施

6. 保證離岸市場人民幣流動性的供給。

7. 進一步鼓勵人民幣債券、股票和其他金融工具的掛牌和交易。

8. 監管部門、行業協會和金融機構合作進行對第三方使用人民幣的推廣。

9. 放寬香港監管當局對香港本地銀行人民幣淨頭寸（NOP）的限制。

10. 建立離岸人民幣的利率和匯率的基準，發展人民幣債券回購和期貨市場。

11. 近期內參照香港模式在新加坡建立人民幣清算機制。

12. 若干年（如兩年）之後，以美國 CHIPS 為借鑒，建立以代理行為"接口"的"跨境人民幣支付系統"，逐步替代清算行模式。

關於資本項目開放和擴大人民幣跨境投融資

13. 將境內個人自由購買外匯的額度提高到每年 20 萬美元，允許企業每年無理由購匯 200 萬美元，同時允許個人和企業向境外匯出相應額度的人民幣。

14. 擴大境外機構投資銀行間人民幣債券市場的額度和 QFII 額度。境外機構進入銀行間市場的年額度可考慮從 2012 年的 1500 億人民幣，逐步增加到 2016 年的 3000 億人民幣。QFII 額度可考慮在 2012 年批准 100 億美元左右，此後逐年提高。

15. 應允許非居民在境內通過發行股票、債券和借款三種方式融入人民幣，重點發展熊貓債市場，推出 A 股市場的人民幣國際板。允許非居民將在境內通過這些渠道所融得的人民幣換成外匯並匯出。

16. 逐步向非居民賬戶開放人民幣投資市場，包括理財產品、基金和債券等，其開放的速度應與香港人民幣產品市場的發展基本協調。

17. 在五年之內將人民幣兌美元的年化日均波幅從目前的 2% 左右提高到 6%－10%，以幫助抑制過度的短期資本流動。

18. 着手研究今後將替代外匯管制的管理短期資本流動的經濟手段，比如對外資流入和境外人民幣流入徵收托賓稅等手段的具體操作方案。

40 人論壇支持的本課題研究

本課題由金融 40 人論壇於 2011 年 5 月立項開始研究。課題組在 6 月、7 月、9 月分別在上海、香港、新加坡等地訪問了一系列金融機構、企業、監管部門和專家學者，並召開了一系列研討會；復旦大學的分課題組對國外經驗做了大量的文獻研究。接受本課題組訪問以及參加了課題組召集的研討會和 40 人論壇在 10 月份召集的課題報告會的代表來自北京、上海、香港、新加坡的數十家機構。課題組還諮詢了美國、英國、德國、日本等十幾位專家。馬駿還專門拜訪了美國 CHIPS，與專家討論美元跨境支付和結算系統和對中國的借鑒意義。接受本課題組訪問、諮詢，以及參加了課題組召集的研討會和 40 人論壇召集的本課題報告會的代表來自如下機構：

中國境內

人民銀行貨幣政策二司、人民銀行上海總部跨境人民幣業務部、交通銀行、上海市金融辦、上海銀監局、上海外匯管理局、中國外匯交易中心、上海清算所、中國銀行上海分行、浦發銀行、招商銀行上海分行、深圳發展銀行上海分行、德意志銀行上海分行、東亞銀行上海分行、若干貿易公司代表、上海綜合保稅區

香港

香港金融管理局、香港證券交易所、德意志銀行香港分行、中國銀行香港分行、國際貨幣基金組織香港辦公室、滙豐銀行、東亞銀行、索尼公司、一國兩制研究中心

新加坡

新加坡金融管理局、德意志銀行新加坡分行、滙豐銀行新加坡分行、Fullerton Fund Management、Wilmar International、星展銀行

其他

日本銀行（中央銀行）、德意志銀行（德國）、英格蘭銀行（中央銀行）、Chatham House（英國）、CHIPS（美國）、Peterson Institute of International Economics（美國）

本書的作者和分工

　　本研究項目由馬駿、徐劍剛主持。課題組的其他成員包括德意志銀行外匯與固定收益分析員劉立男，德意志銀行策略研究員繆暉，復旦大學金融財務系研究生李小明、朱琳、莊永婷，中國銀監會政策研究局劉麗娜，上海銀監局法規處唐振宇。本書各章節的寫作分工如下：前言（馬駿）、第一章（馬駿）、第二章(馬駿)、第三章(馬駿)、第四章(繆暉)、第五章(馬駿、繆暉)、第六章（劉立男、馬駿）、第七章（劉立男、馬駿）、第八章（馬駿、劉麗娜、唐振宇）、第九章（馬駿）、第十章（馬駿）、第十一章（馬駿）、第十二章（李小明、馬駿）、第十三章（李小明、徐劍剛）、第十四章（馬駿、徐劍剛）、第十五章（徐劍剛、馬駿）、第十六章（朱琳、徐劍剛）、第十七章（朱琳、徐劍剛）、第十八章（莊永婷、徐劍剛）。馬駿對全書進行了統稿。周偉提供了背景研究、資料處理和校對等許多服務。

馬　　駿

第一篇
人民幣國際化的
動力、路徑和風險控制

第一章

人民幣國際化、離岸市場 和資本項目開放的關係

一、人民幣國際化的內外機遇

　　人民幣國際化的真正啟動，並非一些人所想像的是中國"計劃內的"的安排。實際上，是 2008~2009 年的全球金融危機為人民幣真正走出國門提供了一個想不到的機遇。在雷曼倒閉後的一段時間，美歐銀行出現大規模的信貸凍結，無法向亞洲提供美元和其他一些國際貨幣的貿易融資，成為當時亞洲經濟體貿易崩盤式下降的一個重要原因。於是，亞洲國家開始討論，為什麼我們不用自己的貨幣來進行雙邊的貿易結算和提供貿易融資。2008 年底開始，就有了中國與韓國、香港、馬來西亞、印尼等國家和地區的貨幣互換協定，來推動用本幣進行貿易結算。2009 年以後的兩年，香港的人民幣離岸市場開始快速成長，成為支持人民幣貿易結算的最主要金融市場平台。人民幣貿易結算佔中國全部對外貿易的比重在短短的兩年多的時間內從零上升到 10%。到 2012 年 3 月，已經有 193 個國家與中國開展了人民貿易結算。這個發展速度是所有人在三年前所沒有想到的。

　　人民幣國際化的另一個"意外"的推動力來自歐債和美債的危機。 2011 年，歐債危機嚴重惡化，市場普遍預期歐元將大幅貶值，至少也是將大幅波動。到 2011 年下半年，"歐元區最終解體"已經被一些市場人士認為將有 50% 的概率。2011 年 8 月，標普下調美國國債評級，又成為美元和美債前景惡化的一個標誌性事件。試想，佔全球儲備貨幣約 85% 的美元和歐元資產如果面臨匯率大幅貶值、貨幣解體和被新貨幣取代、國債違約或長期通脹等巨大風險，價值十萬億美元的全球儲備資產到哪裏去找避風港？全球以美元和歐元計價的價值幾十萬億美元的養老金、共同基金、保險資產、銀行資產出

路何在？因此，就有了泰國和尼日利亞已經通過各自央行購買中國國債，尼日利亞的央行行長甚至公開表示要將該國 5%－10% 的儲備投資於人民幣。日本中央銀行最近也表示要購買人民幣債券。很明顯，越來越多的中央銀行感覺到，長期來看美元的國際儲備貨幣地位必然下降，而從中國的經濟、貿易、增長和開放的趨勢來判斷，人民幣將是真正能夠挑戰美元壟斷性的國際貨幣地位的最強競爭對手。

下一步人民幣國際化的一個更加重要的機遇是今後幾年內中國國際收支將快速走向平衡。四五年以前，很少有人會想到，2011 年中國的貿易順差已經降到 GDP 的 2%，而 2007 年時還是 9%。筆者在 2010 年的一項研究中曾經預測，中國貿易平衡在 2016 年會變為逆差，現在看來兩三年之內就可能發生。經常性賬戶逆差可能在五年內發生。另外，中國對外直接投資每年高速增長。所以，在今後幾年中，中國的外匯儲備增速將大大降低，從而為開放資本項目管制，尤其是對非居民開放境內資本市場提供了一個幾十年不遇的機會。換句話說，多年來我們一直擔心開放資本項目將導致大量資本流入、外儲增加、流動性過剩和通脹壓力；但由於上述國際收支格局的變化，這些問題在今後幾年將不再是主要瓶頸。如果錯過了這個機遇，五年之後萬一中國出現大規模的經常性項目逆差，人民幣出現明顯的貶值壓力，再想推人民幣國際化就絕非易事了。

上述背景表明，人民幣國際化事實上是中國在參與一場全球的經濟和金融的博弈，贏家需要天時、地利、人和等許多機會。雖然中國有經濟基本面上的優勢，如經濟和貿易規模將超過美國等，但這並非人民幣國際化的充分條件。我看上面所談到的三種機遇就不是會永久等待中國的。在人民幣國際化的問題上，不應該過於糾纏在純粹理論上的 "改革順序"，而應該在順應歷史大趨勢的條件下，"實用主義" 地選擇目前就有市場需求的改革和開放路途，同時有前瞻性地判斷下一兩步可能面臨的風險和控制手段。

二、人民幣國際化的改革意義大於短期經濟利益

關於人民幣國際化為中國經濟帶來的好處，筆者和許多經濟學家已經反

覆討論過。簡單地說，這些好處包括取得為中國的企業和個人參與的國際貿易和投資提供更大的便利和減低交易成本、為國家增加鑄幣稅收入、減少匯率風險對中國對外資產負債表（如外匯儲備和對外負債）的衝擊、避免匯率和國際收支過度偏離均衡、減少對美國等儲備貨幣國的政策依賴、增加中國在國際貨幣體系的重塑過程中的話語權等等。但是，從今後幾年的時間段來看，筆者認為最大的意義在於人民幣國際化將有力地推動和實現國際化所要求的資本項目開放、增加人民幣匯率彈性、利率市場化、金融市場開放和金融企業經營機制改革等極為重要但阻力很大的改革。這些改革將允許市場機制真正在國際範圍內來配置已經極其龐大的金融資源，而配置效率的提高（和由此而來帶來的生產率的增長）則是中國經濟下一階段保持穩定增長和避免拉美陷阱的最關鍵的因素。

首先，已經啟動的人民幣國際化的進程會推動利率市場化。假設人民幣在幾年後實現基本可兌換，而銀行的利率又繼續受到管制，則境內就會出現兩種利率（一種為管制利率，另一種為外匯隱含利率（FX implied rates），會導致大量的套利交易，使利率管制失效。另外，資本項目開放和相關的金融自由化一般會伴隨着境內金融產品創新的加速，導致傳統的 M2 與經濟增長和 CPI 通脹之間相關性的進一步弱化，這將加大貨幣政策操作目標從盯住貨幣供應量向盯住政策利率為主模式轉變的壓力。而政策利率的有效傳導就要求利率的市場化。

其次，人民幣國際化將加大資本賬戶開放的壓力和動力。如果僅僅在貿易項目下推動人民幣國際化，國際化程度最多只能達到潛力的 10%（見本書第九章）。這是因為，僅僅靠貿易項下輸出人民幣，按最近兩年離岸市場發展的經驗，估計最多只能輸出幾萬億。但是，人民幣要成為國際的重要的儲備貨幣、投資貨幣和融資貨幣，非居民所持有的人民幣資產應該達到幾十萬億。因此，非居民獲得人民幣的主要渠道必然是資本項下的渠道。也就是說，必須允許個人和企業比較自由地在人民幣和外幣之間兌換，在更大範圍內允許非居民投資於境內人民幣債券和股票市場，允許非居民在人民幣市場上融資。另外，資本賬戶的開放也是中國投資者和金融企業融入全球體系，及時把握全球投資機會的必要條件。

再次，人民幣的國際化將迫使匯率靈活性的提高。前面提到，人民幣真正的國際化必然要求人民幣可兌換。而在可兌換的條件下，如果人民幣匯率尚遠遠偏離均衡匯率，就會導致跨境資本大規模流動的風險。因此，在資本項目基本開放的時候，人民幣匯率必須接近均衡，即必須進一步減少干預，讓市場供求在更大的程度上決定匯率。另外，在資本項目基本開放的條件下，為了抑制過度的短期跨境資本流動，匯率波幅必須大幅提高。只有提高波幅才能有效抑制單邊升值預期導致的套利熱錢。目前，人民幣年化日均波幅只有 1.7%，遠小於其他國家的 6% － 10%。

最後，但恐怕更為重要的是，人民幣國際化和其所要求的資本項目開放能帶來對金融企業的的改革和效率的提高提供最大的動力和壓力。最近，發改委公佈了"十二五上海國際金融中心建設規劃"，其中提到 2015 年要將上海建成全球人民幣中心，於是就有記者問我是否這會挑戰香港人民幣離岸市場的前景。我的回答是不會的。我説，在資本項目不開放的條件下，是不可能將內地城市建成全球金融中心的。另外，規劃也沒有具體討論金融服務業進一步對外開放的問題。如果外資在內地的銀行、保險、證券、基金業的投資還繼續受到嚴格的股權比例限制的話，也難以想像內地能形成真正的全球金融中心。

我講這些話的真正意思是，只有資本項目開放，中國的金融企業和金融市場才能開始面對真正的國際競爭，才有可能真正在全球競爭中最終勝出。因此，對參與國際競爭的承諾是十分重要的，它的意義不亞於中國在 2001 年加入 WTO 的承諾帶來的對實體經濟的意義。中國加入 WTO 之際，也有許多人大聲疾呼入世將會衝擊中國的經濟、大量進口會擊垮中國的汽車、農業等關鍵行業，按國際貿易規則廢除中國過去的一系列與此衝突的法規是"賣國"等。但事實上，中國加入 WTO 的實際情況表明，中國經濟從 2002 年到 2007 年經歷了高速增長、低速通脹的一段黃金時代，原來被認為最為脆弱的汽車等行業非但沒有被衝垮，反而不斷做大做強，並開始出口到國外市場。現在，中國金融業的封閉程度是大國中之最，中國的金融企業仍然受到過度的保護：外資銀行佔中國銀行業的資產比重只有 1%，外資證券、基金等不允許在中國獨資運行，各種業務牌照的管制嚴上加嚴。一些人認為，保護本土的金融機構就是維護金融穩定；這也許在短期是對的；但從長期來看，限制競爭、保護落後無疑是增加金融體系脆弱性的罪魁禍首。

　　具體來説，人民幣國際化、資本項目開放和利率與匯率的自由化會迫使中國的銀行和其他金融機構學會管理市場風險、發展衍生工具市場、創新產品、發展中間業務、吸引人才、全球佈局等等。我不是説目前中國的金融企業不改革，只是在目前被過度保護的環境中，銀行的淨利差太高，利率和匯率被管制而基本沒有市場風險，日子太好過，改革的動力不足。所以必須要靠宏觀改革的承諾才能加速推動微觀和市場層面的改革。改革帶來的競爭力的提高的長遠好處是不可估量的。

三、離岸市場是人民幣國際化的馬前卒

　　在人民幣國際化的過程中，一個重要的政策選擇是利用香港作為主要的人民幣離岸市場進行人民幣可兌換的試驗。經過兩年來的快速發展，香港已經形成了一個可兌換的人民幣（CNH）匯率市場（日交易量已經超過 15 億美元）和一個人民幣（CNH）債券市場（2011 年末餘額約 1500 億人民幣）。香港人民幣的 REITs、股票市場、貨幣市場、衍生工具（如利率掉期、外匯掉期）等產品的市場也在發展之中。筆者估計，香港離岸市場在今後幾年之內能繼續成倍增長。最近，新加坡、倫敦、紐約等國際金融中心也開始表示有興趣發展人民幣離岸市場。

　　但是，對於人民幣國際化過程中是否應該發展離岸市場的問題還存在一定的爭議。有些人認為，一個國家的貨幣的國際化，可以直接開放本國的資本項目管制和國內金融市場，未必需要發展離岸市場，尤其是境外的離岸市場。我們認為，這種理解是不正確的。一個國家的貨幣要最終成為主要的國際貨幣，發展境外離岸市場是不可避免的選擇。

　　國際經驗表明，幾個主要貨幣的國際化事實上都伴隨着其境內外離岸市場的發展。比如，美元的國際化就是在（以倫敦為主要基地的）歐洲美元市場和在其境內 IBF 市場的發展過程中不斷演進的。日元的國際化過程中，也伴隨着境外的離岸市場（倫敦、新加坡等）的發展和境內 JOM 市場的發展。

歐元的國際化過程中，境外離岸（倫敦、香港、新加坡、東京、紐約等）的歐元市場的發展也了重要的作用。下表中的資料表明，2010 年，美元和歐元外匯交易量（包括即期和遠期、掉期、期權等衍生工具）的約 80% 在美國境外的離岸市場發生。日元交易量的 72% 在日本境外的離岸市場上發生。相比之下，中國人民幣即期和遠期外匯的交易量的 80% 左右發生在境內，而境外部份（CNH 交易）的增長只是最近一年才發展起來的。

表 1-1　三大貨幣在境內與境外離岸市場外匯交易的比重，2010 年

	美元交易量	歐元交易量	日元交易量
美國	21%	22%	17%
英國	47%	52%	42%
日本	6%	3%	28%
其他	26%	23%	13%

來源：BIS Quarterly Review, 2011 年 9 月

我們的研究發現，不依靠離岸市場而直接開放境內資本項目管制和金融市場的國別案例也很多，但它們基本上是沒有潛力成為國際儲備貨幣、結算貨幣和計價貨幣的中小型經濟體的貨幣，比如，韓國、台灣、新加坡等國家和地區貨幣。境外對這些國家和地區的貨幣的需求一般限制在對其直接投資和對境內金融市場的投資等的交易。這些國家和地區所涉及的國際貿易結算、對外投資、商品計價等基本上是採用幾個主要國際貨幣（如美元、歐元和日元），而非本幣。因此，認為 "貨幣國際化不需要離岸市場" 的觀點是沒有實證根據的，比較準確的說法應該是 "中小經濟體的資本項目開放未必需要發展離岸市場"。

"要成為主要的國際貨幣，就必須發展離岸市場" 的幾個主要理由如下。

第一，主要國際貨幣必須 24 小時交易。如果一種貨幣成為主要的國際貿易結算貨幣和對內與對外直接投資的貨幣，國外的貿易對手或投資 / 融資方就有需要在其認為方便、安全、低成本的金融市場上進行這種貨幣與其他貨幣之間的兌換、融資、結算、支付等活動。如果離岸市場更能滿足這些條

件，就有了重要的存在和發展的理由。比如從便利性角度來說，所有主要國際貨幣都必須 24 小時環球交易，使各個時區的客戶都能夠在本時區的工作時間交易外匯。

　　第二，主要國際貨幣一定有大量"第三方"交易。美元外匯市場的經驗告訴我們，與貿易和直接投資相關的外匯交易只佔全部美元外匯交易的 5%。但是，如果一種貨幣要擔當國際性（包括非本國兩個地區之間的）的貿易和投資結算工具、國際商品的計價手段、融資和投資工具、外匯儲備時，由於這些交易大部分與本國實體經濟無關，在境外離岸市場進行這些交易就為參與方提供了更大的便利性。國際化的貨幣的一類具體的國際性用途叫做"第三方使用"，由於便利性等原因，這類金融服務基本上都在離岸市場上發生。以美元為例，根據不同的指標計算，在全球美元外匯的交易中有一半到四分之三的比例屬於"第三方交易"。[①] 具體到人民幣國際化，第三方使用的形式可以包括：1）在離岸市場借人民幣，掉期為第三種貨幣在第三國使用；2）在離岸市場上用於投資和交易人民幣金融產品；3）在中國境外的貨物和服務的交易和結算貨幣（Vehicle Currency）。這三種形式的人民幣使用，一般都要求離岸市場的服務。

　　第三，大量非居民要求在發行國的境外持有該貨幣的資產。除了便利化之外，當一國貨幣成為全球性的證券投資工具和儲備貨幣時，對離岸市場的另一重要需求來自投資者對該國政治穩定、法律、稅收和對隱私保護等制度的擔心。比如，歐洲美元市場的經驗表明，70% 的非美國居民所持有的美元投資在美國境外的離岸市場。我們估計，出於同樣的理由，人民幣的國際化過程中海外對人民幣資產的需求的大部分也將在離岸市場上得到滿足。

　　第四，國際貨幣的"體外循環"可以減少對發行國貨幣政策的衝擊。作為一個主要的國際貨幣，其在國際市場上的大部分使用與本國國內的實體經濟都沒直接關係。比如，海外美元存款與美國國內 M2 比例為 30%－40%。這麼大規模的外匯和相關的金融交易（融資、投資、第三方貿易、對沖等活

---

① 美國的國際貿易佔全球國際貿易的 10% 左右，美國居民參與的對外和對內投資為全球的 20%－25%，但全球美元交易為全球外匯交易的 42%。

動）如果都必須轉移到境內市場進行，就會導致不必要的大規模資金跨境流動，從而增加本國匯率、利率的波動性，增加貨幣政策操作的難度。對中國來說，充分發展人民幣離岸市場，讓大部分境外對人民幣的供應和需求在離岸市場上自動對沖，就可以減少對境內貨幣和金融的衝擊。

第五，離岸市場的體制優勢能提高和幫助貨幣的國際化程度。一般來說，離岸市場所在地區除了有政治穩定、法律透明、金融基礎設施完善、服務專業、金融產品豐富等特點以外，還有稅收較低、沒有存款準備金的要求、不設利率管制等優勢，使得本幣金融產品和服務往往在離岸市場上更有競爭力。如果一個貨幣的國際化進程僅僅（或主要依賴）境內市場的對外開放，其進程就會相對比較慢，最後能夠達到的國際化程度也會相對有限。

總起來說，發達的離岸市場可以進一步推動本幣國際化的進程，使其在國際貨幣的競爭中取得更有利的地位。說得更直白一些，沒有離岸市場，一國貨幣的國際化的程度就不可能高；高度國際化的貨幣必然要求有發達的離岸市場。

四、其他國家離岸市場的經驗和教訓

歐洲美元市場是境外離岸市場推動一國貨幣國際化的最成功的案例。歐洲美元市場的經驗表明，非居民大多希望在境外持有美元和美元資產；第三方使用美元（即美元被用於與美國的貿易和投資無關的兩個"第三方"國家之間的交易）的大部分交易也發生在境外的離岸市場。因此，境外離岸市場的發展對主要國際貨幣來說是不可或缺的。另外，歐洲美元市場的發展對美國的資本項目開放和金融自由化也起了有意義的倒逼作用。

出於發展境內金融業的考慮，許多國家的政府和地區也推動了境內的離岸市場的發展。比如，美國的 IBF、日本的 JOM 和泰國的 BIBF 等都是在境內發展本幣離岸市場的案例。台灣等地則主要推動了境內外幣離岸市場的發展。

1981 年 12 月，為了吸引在國外的美元資產，美國聯邦儲備委員會批准建立了 IBF（International Banking Facilities）。IBF 是第一個在岸本幣的離岸市場，它將在岸和離岸賬戶嚴格分離，其發展模式在美國取得成功。在 1990 年前期，IBF 資產曾經佔美國銀行對外總資產的一半。日本、泰國都仿照美國 IBF 的成功經驗，分別開設了日本離岸金融市場 JOM 和 BIBF。但是，JOM 在日本 1980 年代後期的資產泡沫、BIBF 在泰銖危機期間資本大幅流出泰國都起了助推器的作用。美國較為成功的 IBF 的經驗和日本、泰國的教訓對中國將來設立在境內人民幣離岸金融市場都具有參考價值。

（一）歐洲美元市場

上世紀 50 年代誕生的歐洲美元市場無疑是國際金融市場革命性的創新之一，它的發展改變了國際金融市場的運作方式，也在很大程度上促使美元替代英鎊成為了世界上最重要的國際貨幣。到 2008 年，歐洲美元市場上的美元存款（不包括銀行間存款）達到了 4 萬億，相當於美國境內美元存款的三份之一。外國人開始使用美元進行國際貿易或投資時，並不是在美國國內金融市場開展的，而是集中在倫敦等歐洲美元市場這樣的境外市場中進行。事實上，如果沒有歐洲美元市場，美元不會像現在這樣在國際貿易結算、投資和儲備資產中佔據統治地位。

歐洲美元市場的發展，不但推動了美元的國際化進程，同時也加快了美國資本項目開放和金融自由化的進程。比如，由於歐洲美元市場的貸款利率較低，存款利率較高，大量美元資金流向歐洲美元市場。迫於資金外流和銀行業務流失的壓力，美聯儲於 1966 年末修改 Q 條例提高了部分定期存款賬戶（大於 10 萬美元）的利率上限，又於 1970 年解除了對存款期在 90 天以內的大額可轉讓存單的利率管制。顯然，存款額超過 10 萬美元的大客戶此時立即獲得了較高的收益。小客戶則享受了此後的金融創新（比如可轉讓支付命令賬戶、貨幣市場賬戶等）帶來的回報率提高的好處。依照法律，1986 年，Q 條例的利率上限規定被廢止。此時，美元利率自由化基本完成。

又如，在國際市場中美國的銀行與外國銀行之間的競爭迫使美國放鬆對美國本土銀行海外分行的管制，而本土銀行國內業務的外移又迫使政府最終開放了境內的離岸市場。為了使美國的銀行在歐洲美元市場中與外國銀行處於同等競爭地位，美國政府對本土銀行的海外分支機構的管制較為寬鬆。由於外國銀行在歐洲美元市場上不受存款準備金的限制，於是美聯儲在 1977 年11 月也降低了對美國本土銀行由於其海外分行向美國客戶貸款而徵收的存款準備金（從 4% 降到 1%），以使這些本土銀行能在與外國銀行的競爭中不處於明顯劣勢。由於對海外分行較鬆的管制，很多美國銀行將一些原本在國內進行的國際業務紛紛轉移到海外進行。鑒於這種形勢，美聯儲於 1981 年底開始允許國際銀行設施（International Banking Facilities）的設立，這相當於在國內設立了一個境內的離岸美元市場，使得美國銀行在國內就能夠開展離岸市場業務。

此外，歐洲美元市場與美國國內市場對國際金融業務的競爭促使美國解除了 "利息平衡稅"、"自願限制對外信用計劃" 等限制措施。1960 年代，為了減少國際收支逆差、緩解美元的貶值壓力，美國開始對美元的外流進行限制，於 1963 年開始徵收 "利息平衡稅"，又於 1965 年實施了 "自願限制對外信用計劃"。然而事與願違，這些措施反而加快了資金外流的趨勢。1964 年，美國的銀行將其 42% 的國際貸款從國內轉移到了海外分支結構。到了 1973 年，這一比例上升到近 90%。與此同時，擁有海外分支機構的美國的銀行的數量也從 11 家上升到了 129 家，美國的銀行的海外分支機構數目也由 181 家增加到 737 家。原本在美國國內進行的國際業務被大量轉移到國外，這一方面導致了美國國內金融市場的萎縮，另一方面促進了歐洲美元市場的快速發展。為了改變這種不利的局面，增強美國金融市場在國際金融市場中的競爭力，這些管制措施在 1968 年以後便逐漸放鬆直至 1974 年完全被解除。

（二）美國 IBF

由於受美國國內稅收、準備金、利率管制等影響，美國的商業銀行在國外大量設立分行或辦事處，以提供國際金融業務。為了將美國商業銀行海外分行業務吸引回美國本土，1978 年 7 月，紐約清算所協會向美聯儲提出設立 IBF，為在境內的離岸金融服務提供準備金、稅收等方面的優惠政策。而1980 年起，外國銀行也需要像美國本土銀行一樣繳納存款準備金，其在美國經營的成本上升。外國銀行有可能將其在美國的國際業務轉移到其他國家。1982 年 6 月 18 日，美聯儲批准設立 IBF，吸引美國商業銀行的海外分行將國際金融業務回流到國內，同時外國銀行也可將其在美國進行的國際業務轉移到 IBF，以避免繳納準備金。

通過 IBF 賬戶，存款機構可為外國居民和機構提供存款和貸款業務，免交聯邦準備金，以及一些州和地方所得稅。IBF 可為美國的商業銀行提供便利，因其可利用美國的辦公室處理以前由美國境外機構提供的非居民存款和貸款服務。但是，IBF 簿記賬戶與在岸賬戶必須嚴格分離。透過 IBF，在為非居民提供的存款、貸款業務方面，美國的商業銀行與美國境外的歐洲美元市場展開有效的競爭，部分在海外市場上的業務回流到境內。

在 IBF 實施後的幾年內（1981~1983 年），確實起到了逆轉國際業務流失海外的作用。在此階段，美國銀行業的對外資產的增長幾乎全部由 IBF 貢獻。IBF 的設立在一定程度上使簿記型離岸金融市場（如巴哈馬、開曼等）的國際金融業務回流到了境內，但對歐洲美元市場的影響不大。

從 IBF 資產和負債的幣種結構來看，主要是美元計價。儘管 2007 年次貸危機造成 IBF 負債美元計價的比重有所下降，但目前基本穩定在 90% 左右，反映了 IBF 仍是以本幣（美元）為計價貨幣的離岸金融市場。

（三）日本 JOM 經驗

為了推動日元國際化，自 1980 年特別是 1984 年來，日本進行了金融自由化，取消或放寬了許多金融限制。特別是廣場協議後，由於日元處於升值，在通貨膨脹水準低的背景下，日本銀行為了防止日元升值引起的大量資本的流入，採用低利率的寬鬆貨幣政策，同時又積極買進美元干預外匯市場，造成貨幣供應劇增。過剩的流動性流向股市和房地產市場，導致了股市和房地產的泡沫。

1986 年 12 月設立的日本離岸金融市場，是為日元國際化而採取的金融自由化的措施之一。其他措施包括：存款利率自由化、促進短期金融市場的發展、金融業務多元化、擴大歐洲日元交易、以日元計價的外國債券的自由化。

日本金融自由化中的一些具體措施包括：1984年6月允許境外銀行對日本居民提供短期歐洲日元貸款，1985年4月允許國內銀行對非居民提供長期歐洲日元貸款，1989年5月允許境外銀行對日本居民提供長期歐洲日元貸款。由於1984年6月廢除外匯兌換限制，境外銀行可對日本居民提供外幣貸款。

儘管日本離岸金融市場實行在岸和離岸賬戶分離，但是日本金融自由化卻使這種分離變得無效。例如，日本 A 銀行開設的離岸賬戶和在岸賬戶是分離的。離岸賬戶的 100 日元存款，可以通過 A 銀行新加坡或香港分行在日本離岸金融市場的賬戶，流入到 A 銀行海外分行的賬戶，這樣就可以貸給日本居民。

由於日元升值，且日本寬鬆的貨幣政策刺激了資產市場的泡沫。但日本離岸金融市場也成了資本流入日本資產市場的通道，助推了日本資產泡沫。從當時日本離岸金融市場面臨的問題中應當吸取如下教訓：

當時的日本國內金融市場欠發達，日本由銀行主導的金融制度還沒完善，過早地進行金融自由化改革和開放國內金融市場。在本幣升值的背景下，由於實行寬鬆的貨幣政策，導致了大量的資本流入，引起資產泡沫。因此，當本幣處於升值態勢下，設立離岸金融市場時，離岸賬戶和在岸賬戶必須嚴格分離，防止離岸賬戶成為資本流入國內的通道。

（四）泰國 BIBF

1990~1996 年泰國經濟增長較快，年平均為 8.6%，而泰國的經常項目/GDP 的比重平均為 −6.96%，遠超過 IMF 要求的 −4% 警戒線。泰國希望持續地利用外資來平衡國際收支，但流入泰國的主要是短期資本。1997 年 7 月前泰國匯率制度實際上是盯住美元。

由於泰國宏觀經濟基本面存在嚴重問題，而且實行盯住美元的匯率制度，泰銖面臨貶值的風險。1997 年泰國爆發泰銖危機，進而引起全面的金融危機。

1992 年泰國設立 BIBF，希望通過推動 BIBF 使曼谷成為亞太區的金融中心。也希望開發泰國的國際貸款業務，降低籌措國際貸款的資金成本。BIBF 的業務之一是吸收外幣存款，並在泰國發放貸款。BIBF 屬於滲透型離岸市場。

在泰銖危機期間，BIBF 是資本流入流出的重要通道。投機者利用 BIBF 的非居民泰銖賬戶投機拋售泰銖，而泰國為了維持盯住匯率，只好干預外匯市場。由於泰國外匯儲備有限，1997 年 7 月 2 日只好放棄盯住匯率制度，泰銖大幅貶值，大量資本透過 BIBF 賬戶流出泰國。BIBF 為國際資本逃離泰國提供了快車道，加劇了泰國金融體系的動盪。

（五）小結

歐洲美元市場、美國 IBF 相對成功經驗以及日本 JOM 和泰國 BIBF 的教訓告訴我們：1）在人民幣升值預期較強態勢下，發展境外離岸市場對境內金融穩定的潛在風險較小；2）在人民幣仍然是處於單邊升值通道時，設立境內的離岸市場要分離離岸賬戶和在岸賬戶；3）日本、泰國的教訓也表明，宏觀經濟的基本穩定是開放境內離岸市場的重要前提。在資本市場出現泡沫、匯率嚴重偏離均衡、短期外債過度的情況下，境內離岸市場有可能加大金融風險。

五、資本項目開放是人民幣國際化的下一個突破口

筆者認為，允許貿易項目下人民幣跨境流動的政策框架已經基本建立，但資本項目的管制正在成為人民幣國際化的下一個最大瓶頸。筆者的基本觀點是，如果資本項目不開放，人民幣國際化的程度只能達到其潛力的 10% 都不到。兩三年之內，依靠在貿易項目下輸出人民幣（國際化）的潛力將基本釋放完畢。屆時，沒有資本項目的開放，人民幣國際化的勢頭就會停頓。

首先，人民幣作為投資工具的作用在資本項目不可兌換的情況下，發展空間極為有限。在資本項目不開放的情況下，境外居民獲得人民幣主要通過貿易渠道（中國進口商向國外支付人民幣）。通過這種渠道每年可以增加的人

民幣流動性十分有限。如果人民幣輸出只通過貿易渠道，我們估計人民幣離岸市場的存款餘額最多可能在幾年內增加到 3 萬億人民幣，境外債券餘額可能增加到 1 - 2 萬億人民幣。這與歐洲美元市場上 4 萬億美元和開放的、餘額達近三十萬億的美元債券市場相比，即使到 2015 年，人民幣的國際投資功能恐怕也只有美元的幾十分之一。第二，在資本項目不可兌換的情況下，人民幣作為融資工具的空間也十分有限。目前，香港的離岸市場已經具備了一些融資功能，十幾家跨國公司已經在點心債市場發行了債券。但是，該市場的總量受貿易結算帶來的人民幣流動性的明顯制約（存款只有 6000 億）。境內熊貓債市場的審批程式繁複，使國外機構沒有太大興趣。另外，在境內發行人民幣債之後能否自由兌換成外幣使用還沒有明確規定。用途上的限制導致外企在境內發人民幣債的興趣不高。第三，在資本項目不可兌換的情況下，人民幣作為儲備貨幣的功能幾乎不可能。理由是，作為儲備貨幣的一個基本條件是該貨幣可兌換，因為部分儲備應隨時用來支持該國流動性的需求。某些央行可能願意將一小部分儲備投資於流動性和可兌換性較差的資產類別（如人民幣）。但實際操作中來看，這個比例會非常小，最多也就是百分之幾。另外，如果僅僅依靠貿易項目下輸出人民幣，由於其規模之有限，境外人民幣產品在全球儲備中的比重即使在中期也不太可能超過 1%~2%。

　　資本賬戶的開放有很多內容，包括允許居民和非居民自由換匯、允許非居民投資進入境內的資本市場，放鬆對銀行和企業外債的管制等。我們的研究表明，中國完全有條件在保證宏觀穩定的前提下實現加快開放居民和非居民自由換匯的改革，加快擴大非居民投資於境內資本市場的規模。今後幾年人民幣升值速度的放緩、貿易順差的下降、對外直接投資的增加都將有幫助於減少資本市場開放帶來的對國內貨幣和金融市場的衝擊。

六、資本項目開放的必然：從歷史角度看[②]

　　在最近的討論中，有人說，你講資本項目開放才能進一步推進人民幣國

---

② 這一節取自馬駿於 2012 年 2 月在上海金融論壇上的發言。

際化，但如果我不認同國際化是一個目標呢？在這一節，筆者想講從另外一個角度，講為什麼資本項目必須要開放。這是我學習過去 100 多年國際貨幣體系演進的過程得出的感想。

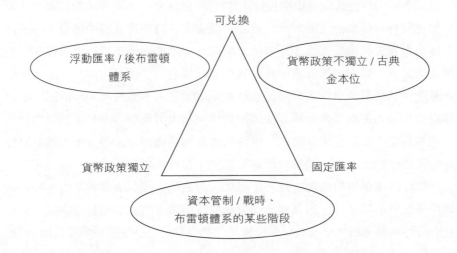

我在這裏畫了一個圖，是三元悖論，假設大家對這個理論都有所了解。三元悖論是什麼意思呢？任何一個國家的貨幣體系只能在下面三個變數當中選擇兩個：貨幣政策獨立、可兑換、固定匯率。過去 100 多年經歷了很多不同的國際貨幣體系，我們選擇其中三種來討論：首先是古典的金本位體制，是 1913 年以前的，特點是可兑換、固定匯率，但是沒有貨幣政策獨立性。此後相當一段時間，尤其是 1944~1973 年間多數時間的大國貨幣體制，是有獨立貨幣政策、固定匯率和時緊時鬆的資本管制。最後是 1973 年布雷頓森林體系之後，多數西方大國的貨幣體系走向獨立貨幣政策、浮動匯率和資本項目開放。

這個歷史演變的背後有很多政治經濟學的故事。這些大的趨勢性的變化不是出於完全技術性的、經濟學的考量，更多的是歷史的必然。我簡單把這三個階段當中的政治經濟的力量做一個描述。在古典金本位體制下，即 1913 年以前，基本沒有獨立的貨幣政策。因為沒有獨立的貨幣政策，所以它可以選另外兩項，就是資本項目可以開放，同時實施金本位這麼一個固定匯率制度。我們要討論的關鍵是為什麼它可以不需要獨立的貨幣政策，什麼樣的政治體制允許這個情況的發生。有四項很重要的理由。第一，公民投票權不普遍。1880 年的時候英國的國會當中 60% 的席位都被大資本家、大地主佔了。資本壟斷政治，自然勞工沒有話語權。第二，工會的力量很小。第三，由於工會力量小，相應地衍生出來的是價格和工資的彈性很高。即使減工資，工人也沒有力量影響政治。物價和工資的彈性變化成了恢復國際收支平衡的主要工具。最後，不少資本家或者債主喜歡通貨緊縮。因為他錢多借給別人，如果有通貨緊縮，他收回來的錢的購買力就提高了。這是當時的政治體系所造成的它並不需要獨立貨幣政策的背景。就是說，如果發生國際收支平衡危機，在這些政治條件下，由於勞工沒有話語權，保證就業不構成對政府和中央銀行政策的主要壓力。因此，出現危機時，保證內部穩定（就業）的目標會讓位於保證匯率穩定的目標。這是為什麼金本位體制可以持續這麼長時間的政治經濟學的理由。

從一戰以後到 1973 年的相當時間內，西方主要國家明顯增加了貨幣政策的獨立性。由於民主化的過程，在這些西方國家，所有的成年公民都有了投票權，勞工在政治當中起很大作用。它迫使政府關注就業。工會力量也很強大，工資很難往下降，降了以後就有很大的政治反彈。另外銀行在經濟當中起了很大的作用。一旦出現國際收支危機，政府尤其是央行必須要用寬鬆貨幣等政策適應這些民意的壓力，即就業保障的壓力。因為銀行體系規模很大，不能讓銀行倒掉，出現銀行危機的時候，政府或央行必須要向銀行注資。這是為什麼貨幣政策必須要獨立（不能被固定匯率綁架）的原因。為了保證國內的目標，在危機的情況下可以放棄匯率穩定這個目標。換句話說，在國內國外目標衝突時會選擇國內的目標，這就是貨幣政策獨立性。由於貨幣政策獨立，剛才講的三元悖論就意味着，它只能在固定匯率和保證資本流動兩者之間選一。絕大部分國家選擇了資本管制，為什麼呢？因為在那個階段——1973 年以前——資本管制還是相對比較有效的。

最後一個階段——1973 年以後——多數大國走向了獨立貨幣政策加浮動匯率加資本項目開放。為什麼要開放？主要是因為如下幾個經濟和金融條件使資本管制基本失效：第一，經常性項目絕大部分已經開放了，而這又是促進貿易和增長所必須的。只要經常性項目開放，很多資本項的流動可以通過變相的經常性交易來進行的。第二，國際資本和經濟總量相比，這個比例已經很高了。跟 100 年以前相比這個比例增加了 10 倍。全球的資金這麼多，只要經濟和匯率失衡，它會通過各種各樣的方式衝擊市場。第三，雖然資本項目沒有開放，但是由於全球化，跨國公司成為全球貿易的主要渠道。跨國公司可以在全球的幾十個國家的分公司的體系之內進行交易，這就提供了資本在國家之間套利的渠道。即使資本項名義上是管制的，實際上管不住。第四，跨國銀行內部的交易也為資本跨境流動提供了很重要的通道。最後就是離岸市場對境內市場的倒逼機制。歐洲美元市場發展了一段時間以後，美國國內的銀行體系受不了了，很多業務流失海外，國內就出現了很強的力量要推動金融管制的鬆動和資本項目的開放。

講這些的意思是說，中國所面臨的資本項目的開放也是必然的。剛才提到的那些推動西方國家資本項目開放的因素全部適用於中國。第一，中國的公民社會力量在崛起。雖然沒有像西方式的直選等，但是現在公民力量已經很強，很多 NGO，大概 2.5 億個微博，這些都是公民力量的表現。政府不得不將民生作為主要政策目標，因此貨幣政策必須要有獨立性，不能被匯率綁架。第二，在此條件下，你只能在浮動匯率和資本管制之間兩取一。第三，出於上面講的幾個原因（如經常項目的開放、大量跨國公司／跨國銀行的業務、離岸業務的發展、國際資本的巨大規模、金融創新等），資本管制是管不住的。最後必須要走向浮動匯率和資本項目開放。

有人說，我們走向資本項目的開放是長期趨勢，可以慢慢來。大家看這張圖，可以給我們一些緊迫感。這張圖比較了中國和其他主要新興國家的匯率彈性和資本項目開放程度，橫軸是匯率彈性，縱軸是資本管制的鬆緊程度。遺憾的是中國在最左下角，說明與中國發展程度類型的國家相比，中國的匯率彈性最低，而資本管制最嚴。我希望三五年之後中國能走向馬來西亞所處的位置。

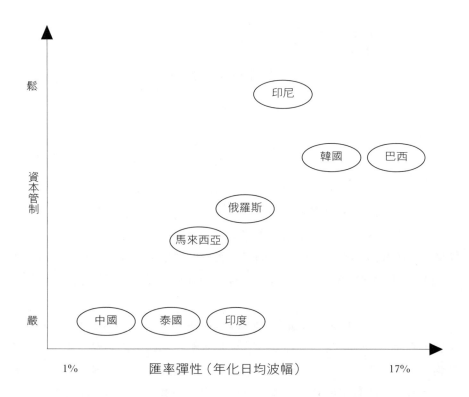

第二章

特里芬悖論
與人民幣國際化

在人民幣國際化的討論中，一些人提出，一個國家的貨幣要走向國際化，必然需要該國呈現經常項目的巨大逆差，從而形成巨大的對外淨負債。許多人引用美國的例子，認為美國為了平衡巨大貿易逆差，形成巨額對外淨負債，因此才能為世界提供大量的美元債券作為儲備貨幣。另外，一些學者更引用美國著名經濟學家特里芬的悖論（1961）作為支持這個觀點的理論依據。[①]

百度百科中對特里芬悖論的"主要內容"的解釋是："美元價值要穩定，它就不能作為國際貨幣；美元要作為國際貨幣，它的價值就難以穩定。也就是說，如果美國要成為世界經濟體系的霸主，**讓美元成為世界貨幣，那麼就必須保持經常項目下的貿易赤字**，讓美元流出美國，讓其他國家獲得足夠的美元；另一方面，隨着美元的流出和持續增長的赤字，會影響美元持有國對美元信心，一旦有任何波動，會出現恐慌性的拋售。該命題的結論是世界貨幣體系的穩定不能依賴任何單一國家來保障。"

這是一些讀者對特里芬悖論的簡單化的理解。實際上特里芬在他 1961 年的原文中並沒有說美元要成為世界貨幣，就必須保持貿易赤字。他的原意是說美國要輸出貨幣，就必須增加對外負債（使非居民更多地持有美元），而對外負債的增加速度如果超過其黃金儲備的增長，非居民對美元匯率就會失去信心，從而迫使當局出售黃金，使儲備下降（同時表現為國際收支逆差）。而國際收支的逆差和儲備的下降將使得美元無法保持穩定匯率（當時來說是對

---

① Robert Triffin, *Gold and The Dollar Crisis: The Future of Convertibility,* Revised Edition, Yale University Press, 1961.

黃金的固定匯率），因此其作為國際貨幣的地位無法持續。

不論特里芬悖論的原意如何，不少人已經從他們理解的特里芬悖論中推導出一個悲觀的對人民幣國際化的**"貿易逆差悖論"**：中國由於有很大的貿易順差，因此人民幣很難國際化；如果人民幣要國際化，必然要求中國從貿易順差變為貿易逆差，而貿易逆差又會使人民幣面臨貶值壓力。因為一個持續貶值的貨幣是無法成為真正國際貨幣的（非居民不願意持有這種貨幣），所以人民幣國際化在短期內會面臨"貿易順差"的制約，長期內會面臨由於逆差導致的貶值的制約。

我們不同意上述觀點。我們的理論和實證研究均表明，一個國家貨幣的國際化，並不一定要伴隨着巨大的貿易逆差。"貿易逆差悖論"對國際化和逆差之間關係的論證是在有很大局限的假定之下才成立的。事實上，貨幣國際化可以發生在比這些假設的條件更加廣泛的許多體制、政策安排和經濟環境之下。所以，貿易逆差悖論無法成為反對人民幣國際化的理論依據。只要資本項目逐步開放，輸出人民幣的渠道可以包括對外直接投資、對非居民提供人民幣貸款、非居民在境內發人民幣債、居民購買境外人民幣證券、非居民購買人民幣、國家之間資產互換等許多形式，離岸市場還可以通過乘數效應派生人民幣。在這些情景之下，**人民幣的國際化就完全有可能避免貿易逆差悖論所預示的陷阱**。但是，如果資本項目遲遲不開放，長期依賴貿易渠道輸出人民幣，則人民幣國際化進程確實會面臨嚴重制約。

一、貿易逆差悖論的假設的局限性

羅伯特·特里芬是耶魯大學政治學教授，著名國際經濟和金融專家。他提出的特里芬悖論被國際金融領域認為是預言了以美元為中心的布雷頓森林體系最終崩潰的一個里程碑。特里芬認為，美國國際收支不斷惡化（逆差增加）、儲備資產不斷減少，才有可能向其他國家提供美元。然而，美國國際收支不斷惡化、儲備資產不斷減少，最終會導致美元大幅貶值，國際貨幣制度因此無法保持穩定。特里芬認為，解決問題的方案是要求各國將現有的儲備相當一部分存入國際貨幣基金組織（IMF），由 IMF 向世界提供流動性

（貸款），以此來替代美元作為國際貨幣。這種模式，"有助於世界貨幣體系的穩定，可以避免幾個國際貨幣發行國由於本國政策的變化而影響世界貨幣體系"。

特里芬對世界貨幣體系改革的建議是否可行，從過去 50 年的實踐上來看受到了很大的挑戰，今後還會有許多爭論。

本文希望集中討論的是對一國貨幣國際化與貿易順差之間的關係。這是因為不少人將特里芬理論解釋為"如果要輸出貨幣，就必須有貿易逆差"（本文稱之為"貿易逆差悖論"）。這是比特里芬原文所指的"國際收支逆差"更為狹窄的一種解釋（因為貿易逆差是可能構成國際收支逆差的原因之一）。

事實上，貿易逆差悖論是有明顯前提的。該前提就是一國輸出本幣的唯一渠道是通過增加本幣對外負債（如直接用本幣支付進口，或對外發行本幣債券用以支付進口）來換取進口。基於這個假設，"貿易逆差悖論"認為一國貨幣的國際化必然伴隨着貿易逆差。而逆差的增加會導致該貨幣貶值，而國際投資者又不願意持有貶值貨幣，因此一國的貨幣國際化最終是不可持續的。

這個假設，在 1960 年代，是接近實際情況的。當時的國際貨幣體系是以美元為中心、主要國家對美元為固定匯率的體制，而美元則對黃金掛鈎，黃金價格固定在 35 美元一盎司。另外，當時由於絕大部分部分國家都採取資本項目下外匯管制的措施，國際貨幣的使用除了儲備功能之外，主要為貿易結算提供流動性。因此，當時的國際金融體制可以簡單地描述固定匯率、資本管制和國際貨幣主要為貿易服務這幾個主要特徵。

1960 年代與現在到底有什麼根本的區別？筆者想強調幾個方面。第一，在固定匯率體制下，為了維護匯率穩定和貿易不被迫受外匯的制約，一國必須有相當數量的外匯儲備（主要通過購買美國債券或持有美元存款）。所以，只要國際貿易增長，儲備就必須增長，美國就必須增加對外淨負債。但是，在目前多數發達國家早已放棄了固定匯率體制，許多新興市場國家的匯率彈性也不斷增加的環境下，就沒有必要頻繁地干預外匯市場、積累儲備。對匯率有彈性的國家，其國際收支的不平衡可以通過匯率升值或貶值加以調節。所以，現在來看，外貿的增長未必需要儲備的相應增長，因此美國就未必需要不斷增加其淨負債來支持國際流動性。

　　第二，1960 年代前後，除了一些官方援助之外，輸出美元的主要途徑是通過貿易渠道。比如，美國向國外支付美元，換取進口；或美國對非居民發債，用籌得的美元購買進口品。因此，輸出美元與美國對外總負債（和貿易逆差）的增加呈高度正相關。但是，在現在的環境下，已經有了一個巨大的美元離岸市場（包括銀行存款在內的歐洲美元市場的全部美元存款達到約 11 萬億，以及一個巨大的歐洲美元債券市場），其中可能一半以上為在離岸市場上派生的美元。也就是說，海外美元的流動性已經不再受美國直接輸出多少美元的限制，離岸市場本身就可以通過在境外美元借貸活動創造出幾萬億的美元。因此，國際貨幣的流動性的增加不再必然要求該貨幣發行國增加貿易逆差。

　　第三，目前，離岸市場上美元的第三方使用（即國際美元並非僅僅用於與美國之間的貿易結算）已經成為美元作為國際貨幣的一種主要用途。比如，在美元離岸市場上，歐洲國家用美元發債，將籌得的美元投資到拉美國家；同時亞洲國家的中央銀行和私人部門投資者購買了這些歐洲企業發行的美元債券。這些美元的借、貸完全發生在美國之外，完全不影響美國的貿易平衡。但由於離岸市場美元的這些借、貸活動和用於非美國國家之間的國際貿易結算的增加，美元的國際化程度得以提高，其他國家持有美元計價的資產增加，但卻不會增加美國的貿易逆差。

二、人民幣國際化的多種渠道與貿易平衡的關係

　　研究一國貨幣的國際化的程度，首先應該對其有一個可度量的定義。我們選擇的定義是，一國貨幣國際化的程度，為非居民持有本幣資產（如本幣存款、債券、股權等資產）的規模。增加非居民持有的人民幣（或人民幣資產）的規模，有如下多種途徑，遠遠超過貿易逆差悖論所假設的範圍：

　　(1) 貿易項目下人民幣支付進口，使非居民持有本幣。這是貿易逆差悖論所假設的條件。在貿易項目下輸出人民幣，只要是用於貿易的增量（而非僅僅替代原來用外幣結算的貿易），確實必然要求增加貿易赤字。但是，除了貿易項下輸出人民幣，還有許多資本項下輸出人民幣的形式（見下文），其中

許多形式並不必然伴隨貿易逆差。

（2）人民幣用於對外直接投資（ODI），使部分本幣由非居民持有。用本幣進行 ODI，其中有一部分會回流到境內，向境內購買產品和服務。但是，相當部分 ODI 帶來的本幣輸出會滯留在海外（因此在海外保持一個餘額），或用於境外主體之間的交易，而這部分非居民持有的人民幣資產餘額的增加並不會伴隨着本國貿易赤字的增加。換句話説，這種形式的人民幣國際化並不導致貿易逆差。

（3）境內人民幣貸款給境外企業（或境外企業在中國境內發熊貓債）。境外公司獲得人民幣貸款後，只要不是全部回用於購買中國產品，而是在境外保持一個餘額，用於第三方交易或投資，就增加了非居民持有的人民幣存款。而這部分非居民持有的人民幣資產餘額的增加並不會伴隨着本國貿易赤字的增加。換句話説，這種形式的人民幣國際化也不必然導致貿易逆差。

（4）非居民在資本項下用外幣兌換本幣。這種形式的貨幣國際化也不一定伴隨本幣發行國貿易逆差的上升。

在目前人民幣匯率沒有太大彈性的體制下，如果境外人士用外幣換人民幣，人民銀行為了保持匯率穩定，會購買外匯（增加外匯資產），但同時非居民持有的境外人民幣資產也增加了。這就是港人每天換兩萬元人民幣，獲得在香港人民幣個人存款的機制。這種方式提高了人民幣國際化的程度，但不增加中國的貿易赤字（因為根本沒有實體經濟的交易發生）。通過外匯互換協議也屬於這一類。

再假設以後中國的資本項目開放了，並假設匯率有很大的彈性。在這種情況下，外資的流入（購買人民幣）會推高人民幣匯率，而匯率的升值一般會導致貿易順差的降低或逆差的增加。

本段討論的結論是，資本項下輸出人民幣是否會伴隨着貿易逆差的上升，取決於匯率體制的安排、中央銀行是否干預匯市和貨幣政策操作目標。資本項下輸出人民幣不一定會伴隨着貿易逆差的上升。

（5）中國居民購買境外的人民幣證券（如投資香港的人民幣股票和債券）。假設中國居民可以在境外市場自由購買人民幣計價的證券，則以該形式輸出的人民幣也不直接增加中國的貿易逆差。

（6）非居民持有在離岸市場上派生的本幣。

一旦離岸市場形成，部分在海外的本幣存款是在離岸市場內部通過貸款等渠道派生出來的，而不是從境內直接輸出（比如通過貿易渠道）的。這部分派生的存款，只要保持在體外循環（比如在歐洲美元市場上，美元被美國以外的兩個第三方主體作為貿易結算、融資和投資工具），就不會伴隨貨幣發行國的貿易逆差的增加。根據 BIS 的研究，歐洲美元市場的貨幣乘數在 1970 年代平均達到 5 倍左右。

如果有部分海外人民幣是派生的（由海外貸款創造的），而不是原生的（即從中國貿易項下流出的），那這部分派生的人民幣也增加了人民幣國際化的程度（海外人民幣資產總量），但不增加中國的貿易赤字。這種派生的境外人民幣只要不回到境內，對中國的資產負債表沒有影響，但影響海外的人民資產負債表。在海外，人民幣資產和負債（或存款與貸款）同時派生增加，人民幣淨資產則沒有變化。

從上述討論中可以看出，只有以上六種輸出本幣形式中的第一種才會必然伴隨貿易逆差的上升。而其他五種本幣輸出或在境外創造人民幣的形式都不一定要求貿易逆差的增加。

表 2-1　貿易平衡與人民幣國際化的關係

	A 全部國際貿易和投資以美元結算	人民幣國際化？
貿易逆差增加	對外增加美元負債（發美元債）	否
貿易順差增加	對外增加美元資產（持有美元債）	否
	B 國際貿易和投資以人民幣結算	
貿易逆差增加	對外增加人民幣負債（對非居民發人民幣債或對外支付人民幣）	是（非居民持有人民幣債券或存款增加）
貿易順差增加	對外增加人民幣資產（持有非居民發的人民幣債）	是（海外人民幣負債增加）
貿易平衡不變	人民幣 ODI 用於第三方	是（海外人民幣存款增加）
貿易平衡不變	人民幣對外貸款用於第三方	是（海外人民幣存款增加）
貿易平衡不變	央行資產互換	是（海外人民幣存款增加）

（續表）

貿易平衡不變	港人購人民幣	是（海外人民幣存款增加）
貿易平衡不變	第三方在香港向非居民提供人民幣貸款	是（由於乘數效應，海外人民幣存款增加）
	C 貿易結算原來為美元，現改為人民幣	
貿易平衡不變	增加進口用人民幣支付的比重（替代美元）	是（海外人民幣存款增加）

註：以上例子中，假設中央銀行不干預，貿易順（逆）差＝資本和金融項逆（順）差。

表 2-2　歐洲美元市場準備金乘數的估算（十億美元）

年末	非銀行部門持有的歐洲美元 [1]		外國銀行（本國銀行海外分支機構除外）在美國銀行中的存款 [2]		乘數估算	類準備金率
	(1)	年度變化 Δ(1)	(2)	年度變化 Δ(2)	(1)／(2)	Δ(2)／Δ(1)
1971	12.20		3.40		3.60	
1972	15.13	2.93	4.66	1.26	3.20	0.43
1973	22.17	6.04	6.94	2.28	3.20	0.32
1974	31.23	9.06	8.24	1.30	3.80	0.14
1975	33.69	2.46	7.53	- 0.71	4.50	- 0.29
1976	40.21	6.52	9.10	1.57	4.40	0.24
1977	46.27	6.06	10.93	1.83	4.20	0.3
1978	58.47	12.20	11.24	0.31	5.20	0.03
1979	84.59	26.12	13.26	2.02	6.40	0.08

註：1，部分銀行的統計資料不全，採用估算值。
　　2，來源於美國財政部報告，資料也剔除了外國銀行在美國的分支機構對其本土總部的負債。

來源：R.B. Johnson, *Theories of Growth of Euro Currency Market*：*A Review of the Euro Currency Deposit Multiplier*, BIS Economic Report (1981).

三、從資產負債表角度的分析

對輸出人民幣的各種渠道，還可以從一個國家的對外資產負債表的角度來考察，研究其是否和如何增加對非居民的人民幣負債和淨負債。需要注意的是，只要增加對非居民的人民幣負債（即增加非居民持有人民幣的資產），就提高了人民幣國際化的程度。人民幣國際化並不一定要求增加非居民對人民幣的"淨"負債。具體分析如下：

（1）貿易項下輸出人民幣。如果在貿易項目下輸出人民幣，即通過經常項下對外支付人民幣，形成對非居民的人民幣的淨負債。這是貿易逆差悖論所描述的國際化。

（2）人民幣 ODI。如果通過人民幣 ODI 導致人民幣國際化（增加非居民持有人民幣存款），則人民幣存款（負債）在海外，但中國人擁有相應的海外人民幣資產（即沒有淨負債）。雖然沒有淨負債，但中國對非居民的人民幣總負債上升了，這也是提高了人民幣的國際化程度。只要部分通過 ODI 流出人民幣不回流境內購買中國產品和服務，這種形式的國際化就不增加中國的貿易赤字。

順便也討論一下人民幣 FDI。人民幣 FDI 只是將原來存款形式的對外負債改為了其他形式的負債（如債券，假設該外資企業在香港發債籌集人民幣用於 FDI）。實行了人民幣 FDI 後，部分海外人民幣存款消失了，但非居民持有的人民幣債券增加了。所以人民幣 FDI 不改變非居民持有的人民幣資產的規模。

（3）境內人民幣貸款給境外公司。以這種形式輸出人民幣，一方面增加了中國對外人民幣資產，同時增加了對非居民的負債（由於非居民在境外持有的人民幣增加）。所以，中國對外的淨負債沒有變化，但對外人民幣總負債（即人民幣國際化的程度）卻提高了。

（4）非居民在資本項下購買人民幣。先考慮目前體制下（資本項目管制、匯率彈性小的條件下）非居民用外匯購買人民幣。在固定匯率或基本固定的匯率條件下，外國人用外幣換人民幣，人民銀行直接創造相應的人民幣，同時增加外匯儲備（類似與港人每天換兩萬元的機制）。這種方式提高了人民幣國際化的程度，但不伴隨着中國的貿易赤字的增加（因為根本沒有實體經濟的交易發生）。對中國的資產負債表來說，增加了外匯資產，也同時增加了人民幣對外負債。換句話説，人民幣國際化了（外國持有我們的資產多了），同時人家的貨幣也更國際化了（我們持有更多的其他貨幣的資產）。兩國貨幣互換協議、允許三類機構到國內銀行間市場購買債券所到達的效果也是類似的。

再考慮如果資本項目開放了，非居民直接到國內外匯市場買人民幣的情形。如果中央銀行干預匯市以保持實際有效匯率不變，則資產負債表的變化是：中國央行增持外匯資產，非居民增持人民幣資產，但不影響貿易平衡。如果中央銀行決定不干預，允許人民幣匯率升值，則貿易逆差會因此上升。國家資產負債表上，中國民間（而非央行）增加了外匯資產，同時增加人民幣負債（非居民增加了人民幣資產）。

（5）非居民持有在離岸市場上派生的人民幣。如果有部分海外人民幣是派生的（由海外貸款創造的），而不是原生的（即從中國貿易項下流出的），那這部分派生的人民幣也提高了人民幣國際化的程度（海外人民幣資產總量），但不伴隨着中國貿易赤字的增加。這種派生的境外人民幣對中國的資產負債表沒有影響，但影響海外的人民幣資產負債表。在海外，人民幣資產和負債（或存款與貸款）同時派生增加，人民幣淨資產沒有變化。

總起來説，中國只有增加了對非居民的人民幣的淨負債（即非居民獲得人民幣淨資產）才會對應中國貿易逆差的增加。但是，人民幣國際化是以非居民的總負債增加（即非居民持有的人民幣的資產上升）為標誌的，而不一定要巨大的淨負債。在保持有限的淨負債的情況下，同時增加非居民對人民幣的負債和資產，也是一條人民幣國際化的道路。只要境外人民幣同時成為第三國的融資貨幣（Funding Currency）和投資和貿易結算貨幣（Investment and Trade Settlement Currency），中國就可能在不大量增加對非居民人民幣淨負債（即不增加貿易逆差）的情況下提升人民幣國際化的程度。

表 2-3　貿易平衡與人民幣輸出之間的關係，
以及對中國對外淨負債的影響

一、	貿易赤字與從境內輸出人民幣的關係：貿易途徑只是輸出人民幣的許多渠道之一。資本項目渠道輸出未必會增加中國進口，但可增加人民幣對外總負債和國際化程度。						
	形式	是否增加進口	人民幣對外資產	人民幣對外負債	人民幣對外淨負債	外幣對外資產	總對外淨負債	國際化程度
貿易項下輸出人民幣								
1）	中方用人民幣支付進口	是		增（海外人民幣存款上升）	增	不變	增	增
2）	中國為國外提供人民幣出口信貸	是	增（中國的銀行貸款增）	增（海外人民幣存款上升）	不變	不變	不變	增
資本項目下輸出人民幣								
3）	人民幣用於 ODI	部分	增（持有在海外 ODI）	增（海外人民幣存款增）	不變	不變	不變	增
4）	人民幣貸款給外國公司							
	用於第三方交易或投資	否	增（中國的銀行貸款增）	增（海外人民幣存款上升）	不變		不變	增
5）	a）央行貨幣互換	否	不變	增（外國央行外儲增）	增	增（人民銀行外儲增）	不變	增
	b）香港人每天按額度購買人民幣	否	不變	增（香港人持人民幣存款增）	增	增（人民銀行外儲增）	不變	增
6）	中國居民購買境外的人民幣證券（如投資香港的人民幣股票和債券）	否	增（海外人民幣證券）	增（非居民持有人民幣存款增加）	不變	不變	不變	增
二、	境外派生人民幣可以進一步提高人民幣國際化程度，而不增加人民幣對外淨負債和中國貿易逆差。						
	境外通過貸款派生的人民幣							
	由非居民借人民幣（或發人民幣債），同時由非居民投資於該人民幣資產	否	否	否	否	否	否	增

四、對貨幣國際化與貿易平衡關係的實證研究

上述討論屬於對貿易逆差悖論的局限性的理論解釋。我們的結論是,只要人民幣國際化並非完全依賴於貿易項下輸出人民幣,就可能避免"貨幣國際化必然要求貿易逆差"的悖論。但是,在過去兩百年的國際貨幣發展歷程中,實證經驗是否支持我們的結論呢?答案是肯定的。具體來說,有如下兩方面的實證理由:

第一,直觀地看,美元、德國馬克、日元、歐元國際化的歷程表明,除了美國 1980 年代以後,其他所有國家的國際貨幣化的過程都基本伴隨着貿易順差。這表明,一種貨幣的國際化,完全可能在貿易順差的情況下發生。理由是,由於貿易順差,該貨幣呈升值趨勢,非居民就願意持有該貨幣。同時,只要貨幣的國際化不完全依賴用本幣支付進口,而更多地輸出貨幣用於"體外循環"(如美元離岸市場上估計一半以上的美元為第三方所使用等),則就有可能允許貨幣的國際化在順差情況下發生。另外,只要居民更多地持有外幣資產,同時允許非居民擁有更多的本幣資產,這種"資產互換"機制也可以允許本幣的國際化在貿易順差的情形下發生。

表 2-4　美、德、日、歐貨幣國際化時期經常項目順差佔 GDP 比重

國家 / 貨幣	儲備貨幣地位上升階段	貿易順差佔 GDP 平均比重	該貨幣佔全球儲備比重的變化
美國(美元)	1949~1962	2.2%	從不到 30% 上升到接近 70%
德國(馬克)	1969~1989	1.4%	從不到 1% 上升到接近 20%
日本(日元)	1974~1991	1.3%	從基本為零上升到接近 10%
歐元區(歐元)	2000~2010	1.7%	從 19% 左右上升到 26% 左右

來源:美國的貿易順差數據來自於美國國家經濟研究局(NBER)的數據庫(Macrohistory: VII. Foreign Trade);德國、日本和歐元區的貿易順差數據來自於世界銀行的"World Development Indicators"數據庫;美元、馬克和日元的儲備貨幣數據來自 Chinn and Frankel (2009);歐元 2000~2010 年儲備數據來自 IMF COFER(各年),計算範圍覆蓋所有向 IMF 報告儲備比重構成的國家數據,約佔全球儲備總量的 60%。

第二，從美元國際化的本身的歷程也可以看出，美元的國際化程度的提高與貿易逆差的上升並沒有明顯的相關性。

圖 2-5　美國貿易順差佔 GDP 的比重和美元佔全球儲備貨幣的比重

在美元早期國際化的過程中（1910～1970 年代），美元的國際地位上升最快。在這一階段，美元在全球儲備貨幣中的比重從不到 10% 上升到 70%（目前為 60% 左右）。但是，這個階段的美國經常項目基本處於順差狀態。因此，美國的經驗表明，貨幣國際化即使在其主要階段也完全可以避免貿易逆差。但從 80 年代到最近，美元國際化的程度並沒有提高，但貿易逆差卻越來越明顯。這表明，美國貿易逆差的擴大並不一定是其貨幣國際化程度加深的結果，其他全球結構性的原因（如亞洲國家在 1998 年金融危機之後過度積累外匯儲備等）也可能起了重要的作用。用 1950 年以來的資料計算，美國貿易平衡佔 GDP 的比重與美元在國際儲備貨幣中的地位實際上呈現負相關（係數為 -0.27），表明美國逆差的增加並沒有伴隨着美元國際儲備地位的減弱。相反，在其貿易逆差增加的過程中，總體上來看美元地位還在繼續上升。

五、結論：逆差悖論不構成對人民幣國際化的約束，但國際化不能依賴貿易結算

對人民幣國際化來說，上述分析的含義如下：1）貿易逆差悖論是有明顯的局限性的，不能以此來否認人民幣國際化的可能性；2）國際實證經驗表明，大部分主要國家的貨幣國際化都伴隨着長期的貿易順差。至少作為第二、第三大儲備貨幣國（地區）來講日本和歐洲長期保持了貿易順差；3）即使美國的經驗也表明，在最大經濟體的貨幣國際化的前幾十年，也可能避免大規模的貿易逆差；4）只有到一個國家的貨幣成為了幾乎壟斷性的國際貨幣，特里芬理論才可能（還需論證）成為其國際化可持續性的障礙。中國的人民幣國際化還遠沒有到那個程度。特里芬理論在十年、二十年之內都不太可能成為人民幣國際化的制約。

從推動人民幣國際化的政策角度來看，本章的討論有如下幾個新的重要意義：

第一，不能完全依賴在貿易項下輸出人民幣，否則就可能陷入貿易逆差悖論所隱含的陷阱：即人民幣輸出越多，貿易逆差越大，人民幣貶值壓力增加，最後非居民不願意持有人民幣，國際化被迫倒退。雖然我們現在還是在人民幣國際化的十分初級的階段，但應該開始推動資本項目下人民幣國際化的途徑。換句話説，不能過分強調人民幣國際化僅僅為"貿易服務"，因為那**種僅僅為中國對外貿易結算服務的人民幣國際化最後一定會遇到瓶頸，是沒有長遠前途的。**

第二，應該在推動人民幣 FDI 的同時大力推動人民幣 ODI、人民幣對外貸款、海外企業在境內發人民幣債。人民幣 FDI 可以為境外離岸市場提供收益較高的人民幣金融產品（比如外國公司為人民幣 FDI 所發的債券的利率會高於存款利率），但並不改變中國對外的人民幣總負債（即人民幣國際化程度）。因為，外商投資企業只是在此過程中將在海外的人民幣存款變為了人民幣債券（境外存款被匯入境內，留下了債券）。相反，人民幣 ODI、用境內人民幣對外貸款、允許外國企業到中國境內發熊貓債等做法，則能直接提高中國對非居民的人民幣總負債，即提升人民幣國際化的程度。

　　第三，要重視提升人民幣離岸市場的派生功能。我們同意，目前人民幣輸出到香港離岸市場的主要渠道是貿易項下的交易，香港人民幣存款的增量與人民幣淨進口結算的增量有比較高的相關性。但是，從長期來看，人民幣的離岸市場必須要發揮貸款（包括通過債券市場融資）的功能，從而派生出幾倍的人民幣。理論上來說，如果用足香港金融管理局規定的 25% 的流動性比例的要求，香港可以在一萬億由大陸輸入的"基礎"人民幣的基礎上，派生出新的三萬億人民幣存款（4 倍乘數）。這些派生的人民幣，如果用於"體外循環"（詳細討論見關於香港人民幣離岸市場兩章），就不會導致中國貿易逆差的大幅增加，人民幣的國際化就有更大的可持續性。

第三章

離岸市場對境內貨幣與
金融的影響和風險控制

在推動人民幣離岸市場發展的政策討論中，一組不可避免的問題是人民幣離岸市場的發展是否會對境內的貨幣和金融穩定產生衝擊，風險有多大，是否有足夠的政策工具可以來控制這些風險。對這些問題的回答，影響到決策者對人民幣國際化和離岸市場發展的信心，也會影響到具體改革措施的力度和出台的速度。筆者與何東等合作者過去在不同場合發表了對相關問題的一些看法。本章結合筆者已經闡述的觀點、最近一些學者提出的新的問題，我們對國際經驗進一步研究的心得，以及中長期可能要面對的情況（如資本項目開放和人民幣彈性增加以後的情形），試圖比較全面地論述以下幾個問題：

第一，離岸市場的發展是否會大幅度增加央行的外匯儲備？這些儲備增量帶來的流動性是否需要對沖？

第二，離岸市場的發展是否會影響境內貨幣供應量，是否會增加通脹壓力？

第三，離岸市場發展在多大程度上會增加中國的人民幣負債和美元資產，從而增加由於美元貶值帶來的對國家資產負債表的風險？

第四，離岸市場的發展是否完全依賴人民幣升值預期？人民幣升值預期的停止是否就意味着人民幣國際化的逆轉？

第五，離岸市場是否會衝擊境內的人民幣匯率和利率？

第六，在人民幣資本管制放開、人民幣匯率彈性明顯增大的“中期”情景下，離岸市場對境內貨幣和金融的影響如何產生變化？

第七，哪些宏觀政策的失誤可能使離岸市場催化金融危機？

第八，哪些改革措施必須與人民幣國際化的進程配套，否則會帶來的哪些風險？

一、離岸市場發展對外匯儲備的影響

2011 年中，有學者認為，人民幣貿易結算已成為外匯儲備大幅飆升的主要推手，加大了貨幣政策和儲備管理的難度，與人民幣國際化本意背道而馳。

這個觀點的邏輯是，由於人民幣貿易結算主要為進口貿易結算，而原來購買外幣的進口商由於改用人民幣結算而不再購買外幣，央行因此被迫購匯，人民幣貿易結算便成為外匯儲備飆升的主要原因。有的學者估計，從 2010 年至 2011 年中，由於人民幣進口結算使得央行被迫多購入 1200－1400 億美元的外匯資產。

我們的研究表明，這個估計明顯高於實際情況，實際上由於人民幣貿易結算產生的對儲備的壓力只有這個數字的三分之一左右。

這些學者高估了人民幣貿易結算導致的對外匯儲備的壓力，是因為其計算中的幾個假設都有問題。第一，這些研究者只看到進口人民幣貿易結算會增大央行購匯壓力，但沒有考慮到人民幣出口結算則會降低央行的購匯壓力。第二，這些學者假設人民幣進口結算佔全部貿易結算 80%－90%。這個假設高估了進口結算的比率，從而高估了對儲備的壓力。根據香港金管局的統計，2011 年 1－5 月份，經過香港的人民幣貿易結算（佔全部中國對外人民幣貿易結算的 80% 以上）中進口結算的比重已經大大下降到 65%（去年三季度為 81%），而出口貿易結算的佔比已經上升到了 35%。我們認為，即使香港資料可能由於統計口徑不同對全國出口結算比率略有高估，但國內的資料由於技術原因未能包括全部出口結算則有低估。因此，最有可能的進口結算的比率應該在 70%－75%，而非學者們所假設的 80%－90%。第三，這些學者沒有看到隨着阻礙人民幣出口結算的若干瓶頸的逐步消除，人民幣出口結算的規模正在和將繼續快速增長，從而會緩解對外匯儲備的壓力。事實上，根據香港的資料，從 2010 年 10 月到 2011 年 6 月，人民幣出口貿易結算的增長速度已經明顯高於進口結算的速度，表明這個問題正在得到改善。

如果上述學者們的對外匯儲備儲備壓力的計算有誤，那什麼才是比較準確的估計方法？我們認為，一個更準確的方法是參考香港人民幣存款中企業存款的上升的幅度。根據我們估計，香港的人民幣存款佔全球海外人民幣存款的 90% 以上，所以基本可以代表由於人民幣進口貿易結算與出口貿易結算的差異導致的海外企業用外幣淨購買人民幣的數量。這些淨購買量，在其他因素不變的情況下，就接近由於貿易結算不平衡導致的中國央行額外增加的外匯儲備。從 2010 年 1 月到 2011 年 5 月，香港人民幣的企業存款淨增加為 3200 億元人民幣，相當於 470 億美元。換句話說，由於人民幣貿易結算的不平衡導致的儲備增加只是上述學者所估計的三分之一左右。

與 2010 年 1 月至 2011 年 5 月以來中國外匯儲備的全部增量（估計在 7500 億美元左右），人民幣貿易結算導致的儲備增加只佔全部儲備增量的 6.4%，實在不能説是“外匯儲備飆升的背後的主要推手”。如果與中國全部外匯儲備的存量（3.3 萬億美元）相比，由於人民幣貿易結算導致的儲備增加只佔儲備存量的 1.4%。

上述討論針對已經發生的人民幣貿易結算對外匯儲備的影響。更重要的問題是，在今後幾年，人民幣貿易結算還可能在多大程度上繼續增大儲備的壓力？

要討論這個問題的一個基本前提是，必須對離岸人民幣市場今後幾年的增長速度有一個基本判斷。首先作如下假設：（1）預計香港人民幣存款從目前的 6000 億元增長到兩年後的 2 萬億元；（2）假設由於人民幣貸款導致的乘數效應為 1.5 倍。目前香港已經有 6 千億人民幣存款，則需要境內為香港注入 7 千億人民幣流動性，或平均每年 3500 億。假設外匯市場上其他情況不變，每年 3500 億的流動性要求意味着人民銀行每年增加約 550 億美元的儲備。550 億美元相當於中國目前外儲備年增量的 8%，（預計 2012 年底）存量的 1.4%。因此，今後幾年，離岸市場的發展在一定程度上會繼續增加外匯儲備，但也不會是外匯儲備增加的“主要”推動力。

二、國際化所導致外匯儲備增量是否需要對沖

過去香港人民幣存款全部回流到人民銀行深圳分行，事實上被 100% 對沖。這部分對沖成本很低（最初是 0.99% 的年利率，2000 億流動性的對沖成本僅 20 億）。今後，香港人民幣有幾種新的用途，每種用途對儲備的影響和

這些儲備的增量是否對沖的含義是不一樣的。

　　一、如果人民幣存款用於香港本地人民幣金融產品的二級市場交易、本地和境外的產品與服務的交易（如香港的對外貿易、香港本地房地產的交易）、第三方使用（如 swap to 3rd currency 等）等，則這些存款只會創造境外的人民幣供給，而不創造國內的 M2、購買力和通脹壓力，所以相應的儲備增長是不需要對沖的。

　　二、如果人民幣存款被境外進口商用於購買中國產品，則在購買發生時其直接使用人民幣（而不再售匯）會減少儲備增長的壓力。換句話說，這些人民幣的創造和回流只是將本來就會發生的儲備增長壓力提前了而已。

　　三、如果人民幣存款被外商投資企業通過貸款和發債形式獲得，然後以 FDI 或人民幣外債形式回流到國內，則這些人民幣 FDI 和人民幣外債流入就會減少央行購匯和儲備增長的壓力。換句話說，這些人民幣的創造和回流只是將本來就會發生的儲備增長壓力提前了幾個月而已。

　　四、如果人民幣存款被境內機構通過貸款和發債形式獲得，然後以 FDI 或人民幣外債形式回流到國內，則（相對與本來在國內外無法融資的情形）這些人民幣 FDI 確實導致儲備的額外增長和國內 M2 的額外增長。這些人民幣流動性是需要對沖的。

　　綜上所述，只有第四種形式的境外人民幣存款導致了額外的對沖需求。因此，應該控制境內機構在香港籌集人民幣的總量，鼓勵外資企業用人民幣 FDI 替代外幣 FDI。

三、離岸市場的發展對境內貨幣供應量（M2）的影響

　　從目前的情況看，香港人民幣市場的貨幣創造能力仍然非常有限，對境內宏觀調控的影響非常小。一是香港市場人民幣借貸業務仍然很少；二是通過貿易項下支付到香港的人民幣資金主要通過中銀香港存放人民銀行，在香港和內地都沒有貨幣創造；三是目前香港金管局要求香港的參加行吸收的人民幣存款在清算行保持 25% 的流動性備付金，相當於存款準備金安排，而且高於內地的法定存款準備金率，從而可有效控制貨幣乘數。 從長期來看，跨

境貿易人民幣結算量上升態勢明顯，進入香港市場的人民幣數量將會增加。隨着離岸市場上人民幣貸款變得更加活躍，貨幣乘數將有所上升，貨幣創造能力會有所提高。

但是，離岸市場的發展是否會增加境內的貨幣供應量，取決於離岸的人民幣是否回流和該種回流是否替代其他流動性的產生。為了簡要地説明問題，我們在一定的假設前提下，研究人民幣離岸市場兩個階段的人民幣交易對境內的影響。

第一階段：假設 3000 億元人民幣離開境內，支付給香港。第一，當 3000 億人民幣離開境內的銀行體系時，一段時間內會發生 4 倍的緊縮性的乘數效應，即與基準情景相比 M2 會下降 1.2 萬億。第二，由於 3000 億人民幣被用於進口結算（而非用美元購買國外產品），與基準情景相比在境內進口商對美元的需求下降 538 億美元（相當於 3000 億元人民幣），央行為了保持匯率穩定必須多購買 538 億美元的外匯，創造基礎貨幣 3000 億人民幣。在不額外對沖的情下，經過 4 倍的乘數效應，M2 比基準情景因而上升 1.2 萬億。上述兩種效應加總起來，對 M2 的影響為零（中性）。

第二階段：香港部分人民幣回流境內。假設 3000 億元人民幣流入香港後，通過貸款等渠道產生了兩倍的乘數，使存款增加 6000 億。另假設這 6000 億存款及其用途所顯示的資產負債表如下（單位 億元）：

表 3-1　資產負債表（單位：億元）

	資產	負債
貸款給中資機構（回流境內）	+800	+6000
貸款給外資企業（以 FDI 形式回流境內）	+1200	
貸款給貿易公司（用於購買境內產品）	+1500	
貸款給本地和第三方使用	+1000	
貸款給其他銀行或貨幣市場	+1500	

筆者在 2011 年 3 月的《人民幣離岸市場發展對境內貨幣和金融的影響》一文中，詳細闡述了如下觀點：與基準情景相比，原來沒有其他融資渠道的

中資機構在香港籌得人民幣並匯入境內，會導致境內 M2 的增加；其他類型的人民幣的回流和人民幣在境外的使用並不影響境內的貨幣供應量。這是因為人民幣 FDI 和人民幣向境內進行貿易支付，一方面會增加 M2，但同時會由於減少央行購匯壓力而對沖掉對 M2 的上升壓力。在表 3-1 的案例中，只有中資機構的 800 億人民幣回流會導致境內 M2 的增加。

四、對外發行人民幣債是否增加對外淨資產的風險

有的學者指出，在人民幣國際化的過程中，由於"跛足"的人民幣貿易結算，中國增加了美元的外匯儲備。同時，由於中資機構在香港離岸市場上發行人民幣債券，增加了中國對外的人民幣負債。所以，我們的美元資產增加了，人民幣負債增加了，由於美元將對人民幣貶值，所以中國對外淨資產就會出現匯兌損失。因此，人民幣國際化就是得不償失的買賣。

筆者認為，這種觀點從會計角度來說似乎有道理，但是一定要把問題的大小和發生這種問題的可能性講清楚，才能避免誤導。

首先，在 2010 年中到 2011 年中，中資機構（包括財政部、銀行、一些中資企業）在香港發行了約 1000 億人民幣的點心債。同時，按我們的估算，央行由於人民幣貿易結算而增加的外匯儲備約為 470 億美元。一年之內，按美元升值 5% 計算，中國資產負債表上按人民幣計算的賬面損失約為 23 億美元，或 150 億人民幣。但這個數位，和用同樣邏輯計算的 3.2 萬億外匯儲備所發生的由於匯率導致的賬面損失（姑且不論這個計算是否合理）相比，只是全部損失的 1.4%。

第二，由於貿易結算導致的外匯儲備增加並非都是以美元資產形式持有。其他貨幣的儲備資產有的還在對人民幣升值。

第三，中資機構在香港發債，因為香港的人民幣債券利率明顯低於境內，實際上享受了人民幣升值帶來的好處。中資機構在海外發人民幣債並沒有額外（在美元儲備之外）增加國家資產負債表面臨的風險。

第四，對在香港發行人民幣債權的發債主體（如銀行、財政部、企業）來說，他們的收入主要都是人民幣，今後它們還本付息的也是用人民幣，對

它們來說並沒有匯率錯配導致的風險的問題。

第五，更重要的是，外匯儲備按人民幣計價的賬面損失未必是實際購買力的下降，也不一定代表整個國家資產負債表的損失。由於人民幣升值導致的人民幣在海外購買力的上升，使得在同樣的國民收入的情況下，中國人購買進口產品和服務的能力上升。中國目前每年 1 萬 5 千億美元的進口，如果因為人民幣升值每年便宜了 3%，中國每年的得益就是 450 億美元。按對可貿易品的實際購買力來計算，中國的國家資產負債表上的淨資產很可能因為人民幣升值而明顯提高了。

結論是，由於人民幣國際化導致的中國對外淨資產損失即使存在，也是十分有限的。況且這種計算所得的結果是非常狹義的賬面損失，沒有考慮到國家購買力提高帶來的好處。

五、人民幣國際化對中國對外資產負債表的長期好處

上文指出，短期內如果機械地看待中國對非居民發行人民債而同時持有大量美元資產的話，似乎會增加對外淨資產損失的風險，但這只是賬目上的規模很小的損失。更應該看到的是，人民幣國際化對中國對外資產負債表影響有幾個長期的好處。

首先，中國對非居民發行的債券在相當長的時間內是事實上對非居民徵收的"鑄幣稅"。如果人民幣真正的成為了國際貨幣，今後非居民對人民幣資產（如債券）的需求的增長將是長期趨勢，可以延續幾十年甚至上百年。從這個角度來看，中國可以向非居民不斷發行新的債券，來為已經發行的債券進行再融資。換句話說，在未來的的相當長的時間內（直到非居民持有的人民幣資產餘額停止上升為止），從總量上來說對外發行的人民幣債券其實是"不需要還的"。在這段時間內，中國對外發行的人民幣債券可以為中國對外徵收的"鑄幣稅"，因此一些人擔心的由於中國持有美債但必須償還本幣債券的"匯率錯配風險"實際上並不存在。

第二，人民幣國際化之後，中國對外負債的更大的部分將以非居民持有的人民幣存款和債務的形式出現，這將大大**提高中國對外負債中固定收益類**

的比重，從而大幅減少中國對非居民支付股權分紅的壓力。

目前中國的對外負債主要是對外國對中國的 FDI 投資，2011 年 6 月時的餘額約為 1.6 萬億美元，佔中國全部對外負債的 60%；而以債券（債務證券）形式發生的對外負債只佔全部對外負債的 0.6%。跨國公司在中國 FDI 的投資回報（按 IMF 估計）一般在 13%－14% 左右，而外幣固定收益產品給中國的回報率平均只有為 3%－4%。由於對外負債中 FDI 的比重高而中國付給了非居民大量的紅利，使中國即使有很大的對外淨資產，但實際淨回報率卻很低。

根據美國、德國等貨幣國際化的經驗，一國貨幣國際化之後，其對外負債結構中對外發行債券的比重一般會很高。比如，2010 年美國和德國目前的對外負債中，債券的比重都達到 35% 左右。人民幣國際化之後，類似的對外負債結構的變化（FDI 比重降低、債券比重上升）可以明顯降低中國對外負債導致的收益支出。

表 3－2　中國國際投資頭寸表（2004～2011 年 2 季度）
單位：億美元

項目	2004 年末	2005 年末	2006 年末	2007 年末	2008 年末	2009 年末	2010 年末	2011 年 6 月末
淨頭寸	2,764	4,077	6,402	11,881	14,938	15,107	17,907	19,851
A．資產	9,291	12,233	16,905	24,162	29,567	34,571	41,260	46,152
1. 中國對外直接投資	527	645	906	1,160	1,857	2,458	3,108	3,291
2. 證券投資	920	1,167	2,652	2,846	2,525	2,428	2,571	2,604
2.1 股本證券	0	0	15	196	214	546	630	622
2.2 債務證券	920	1,167	2,637	2,650	2,311	1,822	1,941	1,982
3. 其他投資	1,658	2,164	2,539	4,683	5,523	5,173	6,439	7,551
3.1 貿易信貸	432	661	922	1,160	1,102	1,646	2,261	2,513
3.2 貸款	590	719	670	888	1,071	974	1,174	1,492
3.3 貨幣和存款	553	675	736	1,380	1,529	1,310	1,985	2,588
3.4 其他資產	83	109	210	1,255	1,821	1,243	1,018	958
4. 儲備資產	6,186	8,257	10,808	15,473	19,662	24,513	29,142	32,706
4.1 貨幣黃金	41	42	123	170	169	371	481	508

（續表）

4.2 特別提款權	12	12	11	12	12	125	123	125
4.3 在基金組織中的儲備頭寸	33	14	11	8	20	25	64	97
4.4 外匯	6,099	8,189	10,663	15,282	19,460	23,992	28,473	31,975
B. 負債	**6,527**	**8,156**	**10,503**	**12,281**	**14,629**	**19,464**	**23,354**	**26,301**
1. 外國來華直接投資	3,690	4,715	6,144	7,037	9,155	13,148	14,764	15,838
2. 證券投資	566	766	1,207	1,466	1,677	1,900	2,216	2,309
2.1 股本證券	433	636	1,065	1,290	1,505	1,748	2,061	2,140
2.2 債務證券	133	130	142	176	172	152	155	169
3. 其他投資	2,271	2,675	3,152	3,778	3,796	4,416	6,373	8,154
3.1 貿易信貸	809	1,063	1,196	1,487	1,296	1,617	2,112	2,397
3.2 貸款	880	870	985	1,033	1,030	1,636	2,389	3,138
3.3 貨幣和存款	381	484	595	791	918	937	1,650	2,350

來源：外匯管理局

　　第三，人民幣國際化可以降低中國對外融資的成本，而較低的人民幣融資成本可以用來支持中國擴大用人民幣對外直接投資和股本證券投資。**對外直接投資和股本證券投資在中國對外資產中的比例的增加，將提高中國對外投資的平均收益率。**

　　美國、德國等國的經驗表明，貨幣國際化之後，他們的對外資產結構中FDI 和股本證券的比重高達 25%－40%。而中國目前的對外資產結構中，主要是外幣固定收益產品為主的價值 3.3 萬億美元的外匯儲備，佔全部對外資產的 72%，FDI 和股本證券只佔 8%。人民幣國際化的過程中，中國可以用較低的人民幣債券的融資成本向非居民融資，同時增加回報率高得多的對外 FDI和股本證券投資（並降低回報率很低的外匯儲備的比重），從而明顯提升中國對外投資的總體回報率。

　　第四，人民幣國際化之後，由於中國對外負債中的相當部分為本幣債券，就可以**減少目前主要儲備貨幣國的匯率波動對中國對外負債風險。**

　　第五，人民幣國際化後，中國對外資產中也有相當部分會以人民幣計價和結算。這些資產包括非居民機構發行的人民幣熊貓債、點心債和在上海國際板上發行的股票等。用這些人民幣資產替代外幣資產，也可以**減少主要儲備貨幣的匯率波動對中國對外資產帶來的風險。**

六、人民幣貿易結算的發展是否依賴人民幣升值預期

　　一些學者認為，人民幣貿易結算中幾乎全部是進口貿易計算（即"嚴重跛足"），表明由於人民幣升值，海外企業只接受人民幣（而不願意支付人民幣），所以目前的人民幣貿易結算只是迎合了海外賭人民幣升值的投機活動；一旦人民幣升值停止，人民幣國際化就會倒退。

　　上述觀點誇大了貿易結算"跛足"的程度，也高估了人民幣升值預期在導致人民幣出口結算佔比相對較小這個問題上所起的作用。

　　前文已經說明，2010 年底以來，通過香港的人民幣貿易結算中進口結算的比重已經明顯下降，所以繼續指責人民幣貿易結算"嚴重跛足"已經顯得過時。

　　更應該指出的是，目前制約人民幣出口貿易結算的問題並非僅僅是人民幣升值的預期，也包括極低的美元貸款利率降低了人民幣作為融資貨幣的吸引力，還有許多金融基礎設施和制度瓶頸。令人鼓舞的是，隨着離岸市場的成熟，這些瓶頸正在和將會趨於緩解，人民幣出口結算佔全部貿易結算的比重將因此逐步提高。第一，在人民幣國際化初期，離岸市場上人民幣存量十分有限，海外進口商很難獲得人民幣（在市場上購買人民幣，或在海外獲得人民幣貿易信貸），因此就談不上用人民幣支付進口（對中國來說人民幣出口結算）。隨着離岸市場的人民幣存款規模的上升，香港的人民幣外匯市場和貨幣市場交易日趨活躍，由香港提供人民幣貿易信貸的能力開始提高，人民幣出口支付結算自然會快速成長。另外，隨着美元和歐元利率的正常化，人民幣作為融資貨幣的吸引力也會增加；人民幣貸款會成為創造離岸人民幣流動性的一個主要來源，從而進一步減輕外匯儲備增長的壓力。第二，中資和外資銀行在香港以外的其他國家和地區（如英國、新加坡、倫敦等）的人民幣

業務的基礎設施（如開戶、二級結算、外匯風險對沖）開始初步成形，便利性正在提高，這將更廣泛地推動今後人民幣的出口結算。第三，2011年初以來，人民銀行已經推出人民幣ODI的政策。隨着人民幣對外投資的增長，由這些海外中資項目帶來的從中國的進口（設備、勞務等）需求會長足增長，而這部分中國的對外出口是最容易實現人民幣結算的。第四，直到2012年初，只有六萬七千家試點出口企業被允許參與人民幣出口結算。最近，人民幣貿易結算已經擴展到所有企業，一定會進一步推動人民幣出口結算的增長。

據此，要改善人民幣貿易結算"跛足"的問題，非但不應該放緩"人民幣走出去"的步伐，而是應該進一步推進離岸市場的發展（讓更多的境外進口商獲得人民幣支付的服務），推動人民幣ODI，和具體落實人民幣出口結算範圍擴大的政策。

另外，前一段時間，人民幣升值預期較強，確實導致了一部分海外出口企業願意接受人民幣，而海外進口商不太願意使用人民幣信用證結算。最近幾個月NDF市場中所反映的人民幣升值預期已經大大下降。人民幣升值預期的下降開始促進人民幣出口結算的增長，但也並沒有逆轉人民幣貿易結算的總體增長的勢頭。沒有任何證據表明，人民幣升值預期的弱化會根本逆轉人民幣國際化的趨勢。某種程度意義上講，升值預期的弱化非但沒有逆轉人民幣貿易結算增長的總體趨勢，反而使其結構更加合理。

從國際經驗上來看，美元、日元、歐元的國際化的過程中，雖然這些貨幣在一段時間內有升值的趨勢，暫時增加了境外對這些貨幣的需求，但都沒有依賴持續的貨幣升值來推動國際化。這些貨幣對其他貨幣的匯率相對穩定甚至在一段時間內發生貶值都沒有導致其貨幣國際化的徹底逆轉。就人民幣國際化而言，在短期內人民幣升值預期確實是推動人民幣進口貿易結算的一個因素，但肯定不是唯一的和永久性的推動力。中國巨大的國際貿易量、高速成長的對外直接投資、外商企業對人民幣FDI的需求、離岸人民幣金融產品交易的進一步活躍等，都是境外對人民幣需求的來源，而這些來源並不依賴於人民幣升值。這表明，人民幣國際化是順勢而為，而非揠苗助長。

七、離岸市場匯率對內地人民幣匯率的影響

目前，離岸市場的人民幣匯率（CNH）對境內人民幣匯率（CNY）幾乎沒有影響，但 CNY 則對 CNH 在多數時間有決定性的影響。CNY 市場的主要參與者是國際貿易的主體，但匯率主要反映的是中央銀行的匯率政策的意圖，是央行頻繁干預的結果。而 CNH 是一個自由的市場，由參與者（包括貿易商和各種投資者）決定，但其匯率水準受到套利機制的制約。另外，離岸人民幣 NDF 匯率已經存在十幾年，從歷史資料來看，境外不存在居於主導地位的交易中心，境內並未出現顯著的定價權旁落現象。

能夠參加 CNY 與 CNH 市場之間套利（主要是間接套利）的主體主要是同時在境內和香港有國際貿易業務的企業，如跨國公司和大型中資企業。下面舉兩個例子，表明在目前情況下 CNY 決定 CNH 的機制。

例一：假設 CNH 的美元的匯率為 6.3，高於 CNY 兌美元匯率的 6.4。再假設有一家跨國公司，其分支機構在上海和香港兩地運作，可以同時進入 CNY 和 CNH 兩個市場。這家企業的一項業務為從境外進口原材料。在中國境內的子公司進口國外產品時，這家公司會選擇向其香港的分支機構直接支付 CNY，然後在香港的 CNH 市場用 6.3 的匯率兌換成美元，然後將美元支付給海外出口商。這樣，買到同樣價值 1 美元的進口產品，其支付的人民幣成本（原來為 6.4 人民幣，現在為 6.3 人民幣）就節省了 1.6%。這種動機使得在 CNH 比 CNY 明顯高估時會有較多的人民幣流向香港，增加 CNH 的供給，從而會壓低 CNH 的匯率，使 CNH 匯率與 CNY 不能相差太遠。

例二：假設 CNH 的美元的匯率為 6.5，比 CNY 兌美元 6.4 的匯率更便宜。再假設有一家跨國公司，其分支機構在上海和香港兩地運作，可以同時進入 CNY 和 CNH 兩個市場。該公司的一項業務為從中國境內購買產品。其在香港的子公司會用美元在香港 CNH 市場購買人民幣，然後向境內分支機構支付人民幣，以購買境內出口的產品。這樣，買到同樣 1 元人民幣的中國產品，其支付的美元成本（原來為 1/6.4 美元，現在為 1 / 6.5 美元）就節省了 1.5%。這種動機使得在 CNH 比 CNY 明顯低估時會有較多的人民幣從香港流向上海，減少了 CNH 的供給，從而會促使 CNH 升值，使 CNH 匯率與 CNY 趨同。

目前，由於央行干預，CNY 匯率基本上反映政策取向，而且 CNY 的交易量是 CNH 交易量的十幾倍，因此在大多數情況下 CNH 只能與 CNY 趨同。當然，最近由於全球經濟二次探底和亞洲貨幣全面貶值的預期突然增強，美元急速升值，投資者拋售亞洲貨幣（包括 CNH）的勢頭較猛，而上述"例二"所代表的非正式套利機制參與的主體的個數和規模相對比較有限，導致了在 2011 年 9 月底、10 月初的一、兩個星期內 CNH 對 CNY 匯率出現 2% 左右折讓的現象。最近 CNH 已經開始接近 CNY。

當然，目前 CNY 決定 CNH 的機制隨着時間的變化可能改變。換句話說，長期來看，CNH 可能對 CNY 產生更大的影響，其程度取決於以下幾個結構性的變化。第一，如果人民銀行開始明顯減少對外匯市場的干預，那麼上述的套利機制會同時影響 CNY 和 CNH 兩個市場的匯率，使這兩個匯率發生都變化，結果兩個匯率都會向中間靠近。第二，如果 CNH 市場的交易量明顯增大（如五年之後，CNH 的即期交易量達到 CNY 市場的一半），CNH 匯率對 CNY 匯率的影響力就會明顯上升。第三，如果更多的投資者被允許在資本項下進入兩個市場（比如對三類機構或 RQFII 投資者額度的擴大；對居民個人和國內企業換匯額度的提高；對非居民換匯管制的鬆動等等），則套利機制將更加強大和迅速，CNH 對 CNY 的影響就會明顯增大。

從中長期來看，增加人民幣匯率彈性（即減少央行干預）、離岸市場交易量增加、資本項管制逐步開放是不可逆轉的大趨勢。因此，CNH 對 CNY 市場的影響力的提高也不可避免，事實上從推動金融產品價格市場化的角度來看也未必是一件壞事。當然，從地區競爭角度來看，上海可能覺得香港佔有了定價權會使上海國際金融中心的地位被邊緣化。這是地區競爭導致的問題，不應該在很大程度上影響中央的決策。還有一些人可能也會擔心"定價權"外流香港是否會危及國家金融安全。我們的看法是，香港也是中國的一部分，香港的監管部門一定會充分配合中央的金融政策來維護國家金融安全的。另外，至少在幾年之內，香港的人民幣市場規模還十分有限，這種擔心是沒有必要的。

我們擔心的是，如果中國資本項目遲遲不開放，使境內的外匯市場在五年、七年之後還是僅僅服務於經常項目交易，那麼 CNH 的市場規模屆時就可能超過 CNY，從而導致 CNY 市場被邊緣化。造成這個問題的根源在於境內市場不改革，而不是境外的離岸市場發展太快。因此，要避免境內市場被邊緣化，關鍵是要大力推動境內金融市場的改革和開放。重複一下筆者講過多次的話：中國金融面臨的最大的風險是不改革，而不是改革太快。

八、兩地利差對內地利率市場的影響

從離岸市場有關理論和實踐經驗來看，離岸市場由於沒有準備金、存款保險費用、稅收較低等原因，金融機構可以在很窄的利差下開展業務[①]。以歐洲美元市場和美國在岸市場為例，歐洲美元市場金融機構吸收美元存款支付的利率高於在岸市場，而發放美元貸款的利率低於在岸市場，存貸款利差較小。因此，在面臨政策差異的情況下，兩個市場價格存在一定差異是一種正常的經濟現象。

目前香港人民幣利率水準明顯低於內地利率水準。香港的一年期人民幣存款利率平均在 0.5% 左右，而境內為 3.5%。存款利率的差別主要是央行支付給清算行存款利率（年率 0.72%）決定的。由於資金成本較低和要求的利差較低，香港對跨國企業的人民幣貸款利率的一般低於境內 200 － 300 個基點。從人民幣債券產品來看，2010 年下半年以來香港發行的三年期企業債券平均收益率為 3% 左右，也顯著低於境內同類型債券收益率（多在 5% － 6% 之間）。

資本的逐利性要求資金流向收益率高的市場，從而縮小不同市場價格差異，因此目前存在的利率水準差異恰恰說明人民幣資金的跨境流動存在制度限制。經常項目下，銀行需要對每一筆業務進行嚴格的審查，確保資金流動具有真實的貿易背景。資本項目下，從香港融得的人民幣資金回流到內地也受到額度或逐項審批的嚴格管制。目前資本項下的回流機制包括：三類金融機構進入境內銀行間市場投資債券（約二十家機構已經獲得額度）；人民幣 QFII（初期額度為 200 億人民幣，2012 年新增 500 億）；人民幣 FDI（逐個審批）；

---

① 何東、羅伯特•麥考利，"本國貨幣的離岸市場：貨幣和金融穩定問題"，BIS 工作報告 320 期，2010 年 9 月。

中資機構在香港發債（逐項審批）。因此，在目前體制下，香港人民幣利率明顯低於境內利率並不會導致大規模的跨境資金流動，因此也不會直接衝擊境內的利率。

從中期來看，境內外人民幣利差會逐步縮小，甚至縮小到 100 個基點這樣一個比較合理和可持續的水準，但應該是境外利率向境內靠近，而不是境內利率向境外靠近。理由如下。第一，人民幣升值預期逐步減弱。到 2016 年，根據筆者的模型計算，中國貿易順差可能變為逆差，因此今後幾年內年度人民幣升值的預期可能會從過去的 5% 左右降低到 1% － 2%。這將明顯縮小目前兩地的利差。第二，資本項目管制放鬆，使更多的投資主體（或有更大的額度）可以在兩個市場之間套利，就會使境外利率與境內利率趨同。第三，境內利率市場即使在五年後，存量和交易量仍然將遠大於境外，所以在正常的宏觀環境下定價權仍然將在境內，境外利率將與境內利率趨同，而非相反。對境內市場定價權旁落的擔心至少在幾年內是不必要的。

在利差明顯縮小的前提下，進一步放開資本項目管制的條件就會更加成熟，因為屆時資本項目的開放就能避免大規模的資本流動。所以減少管制和縮小利差是相輔相成的。在今後幾年內，應該在利差逐步縮小的同時，穩步擴大人民幣跨境資本雙向流動的渠道。這些渠道包括：1）擴大允許境外機構、RQFII進入銀行間債券市場投資；2）擴大外資企業用人民幣進行FDI；3）擴大境內機構赴港發債規模；4）鼓勵資本項目下人民幣輸出（如國外企業到中國發熊貓債、境內銀行對外提供人民幣貸款、人民幣ODI和境內機構投資於境外的人民幣證券等）。

九、資本項目開放和匯率有充分彈性條件下 離岸市場的影響

本文到目前為止的大部分討論的一個假設是中國繼續保持資本項目管制和有限的匯率彈性。長期來看，今後一定會遇到的問題是：如果人民幣的資本項目開放了，人民幣匯率彈性也大大提高了，那時離岸市場對境內的貨幣與金融市場會產生什麼影響？本節簡要討論在資本項開放和央行不

干預匯率條件下離岸市場對外匯儲備、境內貨幣供應量、利率、匯率的影響。

對外匯儲備的影響：如果央行不干預匯率市場，則無論離岸市場的人民幣是淨流入或淨流出境內，對外匯儲備沒有直接的影響。由於離岸市場活動導致的匯率變動引起的儲備市值的變化不算。

對貨幣供應量的影響：離岸市場如果沒有存款準備金的要求，乘數可以很大（比如在歐洲美元市場上可達到 6 倍），因此如果離岸市場上人民幣資金的大規模回流可能會迅速增加境內的貨幣供應量。但是，一個以利率為貨幣政策中介目標的中央銀行會在此情況下用公開市場操作回收流動性，減少境內的貨幣供應量。對香港來說，由於與大陸之間的有方便的監管協作，在必要的時候，可以要求香港監管當局提高存款準備金（實際操作中為流動性比率）來降低離岸市場的貨幣乘數，從而減少對境內貨幣當局對應貨幣供應量增加的壓力。

對利率的影響：歐洲美元市場的經驗表明，由於資本項目開放，境內外政策差異很小（美國境內對銀行只有百分之幾的存款準備金率的要求，而境外沒有），所以美元在境內外的利率差別很小。對美國大型跨國公司，在境內與境外融得美元的成本只差一二十個基點。在這種情況下，由於境內融資者的本國偏好，或融資主體（消費貸款的借款者）無法進入境外市場等因素，境內外的一定的利差可以在資本項目開放的條件下長期存在。另外，一定的存款利差也可以長期保持（境外高於境內），因為境外沒有存款準備金的要求。

如果境內外利差超過一個合理的水準，就會出現較大規模的跨境資本流動，直到利差恢復正常為止。但是，從基本面上來看，不存在短期境外美元利率主導境內利率的問題，因為兩個利率最終都是聯儲的貨幣政策決定的，只是境內外利率之間有一個小小的利差。一些人擔心的歐洲 Libor 取得了定價權（即歐洲同業拆借利率成為多數美國企業的貸款定價的基準），這只是一個技術上的問題，即哪些金融機構（是倫敦的還是紐約的）報的價格的平均數被用來反映政策所對應的利率。這完全不是一個貨幣政策本身面對的問題，或是對宏觀經濟的挑戰。

目前大陸與香港之間人民幣利差達幾百個基點，這與美元境內外利差不在一個數量級。由於目前的巨大利差，中國無法馬上放棄資本管制，否則就會出現巨大的人民幣從境外向境內的回流。

對於長期利率來講，離岸市場的存款對貨幣政策會帶來更大的挑戰。比如，包括全球央行在內的大量的海外投資者在離岸市場上投資美國債券，其對美國中長期債券的需求的增加（可能出於這些投資者或國家自身利益的需要）會壓低這些債券的收益率，因此在美國貨幣當局希望緊縮貨幣政策（提高整個收益率曲線時）就會面臨困難。當然不是說緊縮成為了不可能，只是緊縮政策的力度要比沒有離岸市場的情景下更大，才能達到一定的降低通脹的目標。

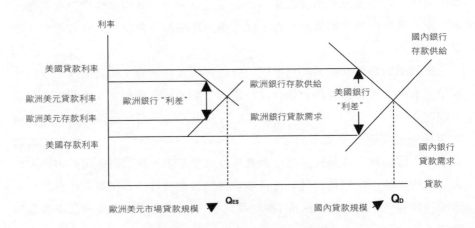

圖 3 - 3　歐洲美元市場的案例

對匯率的影響：何東和麥考利（2009）對此問題作了清晰的分析。結論是，離岸市場對匯率的影響取決於非居民持有的人民幣淨頭寸是長頭寸還是短頭寸。如果是長頭寸，表明更多的非居民將離岸人民幣作為投資對象，就會加大人民幣升值的壓力；如果是短頭寸，表明更多的非居民將離岸人民幣作為融資手段（或借入貨幣），就會加大人民幣貶值的壓力。

與此有關的問題是，為什麼離岸市場的非居民會持有人民幣的長頭寸或短頭寸。這裏可以舉幾個例子說明。（1）如果普遍有人民幣升值的預期，非居民就傾向於持有人民幣的長頭寸，這樣就會加大人民幣升值的壓力，或加快人民幣升值到位的速度。（2）如果人民幣利率明顯低於其他主要國際貨幣的利率，非居民就會傾向於持有人民幣短頭寸，從而加大人民幣貶值壓力。筆者的觀點是，五年之後，由於中國的名義 GDP 增長遠高於歐美日，中國利率低於美國、歐洲和日本利率的可能性很小，所以例（2）出現的可能性不大。但是，為了防止例（1）成為嚴重風險，必須在資本項目開放的時候將匯率基本調整到均衡位置的附近，否則離岸市場就可能成為加大宏觀風險的導火索。

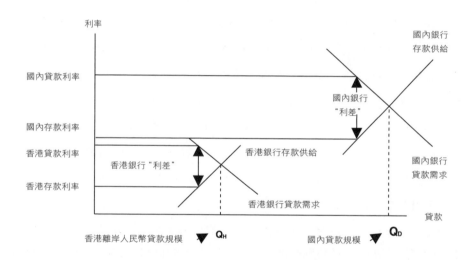

圖 3-4　香港人民幣市場案例

資本項開放條件下對短期資本流動的管理： 在外匯管制基本被取消的情況下，短期內也會由於國際國內金融情況的變化出現資金跨境流動過猛的問題。屆時，應該避免貿然恢復資本管制，應該代之以經濟手段管理短期過度跨境資本流動。這些經濟手段包括對外資流入和境外人民幣流入徵收 URR（無息存款準備金要求）、徵收托賓稅、擴大人民幣匯率彈性（增加匯率波動以減少短期套利）等。

十、宏觀政策失誤導致的風險

　　從日本和泰國的離岸市場發展過程中的教訓來看，宏觀政策失誤可能會使離岸市場加大金融危機的風險。日本在 1980 年代末出現的資產泡沫的主要根源在於：1）在美國壓力之下允許日元大幅升值，在升值預期強烈的過程中離岸市場（包括歐洲日元市場和 JOM）都成為了熱錢流入日本的渠道；2）日本當局在日元升值過程，錯誤以為升值會導致出口和經濟大幅萎縮，因此採用了低利率的政策刺激經濟，從而導致了大規模的資產（地產和股市）泡沫。泰國在 1997 年金融危機中的主要宏觀政策失誤包括：1）允許短期外債佔全部外債的比重大幅上升，從而在貨幣貶值的預期之下導致在離岸市場做空本幣、導致外匯儲備迅速流失，最終不得不大幅貶值；2）在 1997 年之前的幾年，經常性賬戶逆差大幅上升，政府還誤以為短期資本流入可以長期支持經常性賬戶的逆差；3）經濟增長過度依賴外資；4）維持不可持續的盯住美元的政策；5）在泰銖受到攻擊時，當局錯誤地試圖在離岸市場上阻擊投資者，拋售美元遠期，導致儲備進一步下降。當時應該採取的措施（但沒有採取的）是採取限制離岸市場的做空（借泰銖）。

　　從這些案例中可以發現，金融危機的出現有其獨立於離岸市場的宏觀基本面的問題。離岸市場規則設計和操作的漏洞（如日本的 JOM 市場允許通過海外分行間接將離岸日元滲透到在岸市場、泰國的滲透型 BIBF 使國內外信貸渠道基本打通）只是加速了匯率和資產市場的危機的演進，而非危機的始作俑者。因此，在推動離岸市場發展的過程中，必須始終對宏觀情況的穩健性保持高度的關注。各國在不同時點出現的金融危機都有一些共性，但也都有不同的具體特點和宏觀背景，因此要窮盡所有宏觀政策的失敗教訓是不太可能的。但至少如下典型的教訓應該在中國發展離岸市場過程中切記：

　　1. 在本幣持續升值時，必須嚴格控制離岸市場與境內的滲透；

　　2. 在岸與離岸市場之間本幣利率有巨大差異時，向境內的回流必須嚴格管制；

3. 短期外債佔外債比重必須嚴格控制在安全線以下；

4. 外匯儲備很低的情況下，應該嚴格限制在岸市場向離岸市場的滲透，防止投機者通過離岸市場做空本幣；

5. 離岸市場的發展在經常性順差或逆差佔 GDP 比重很大的情況下需要謹慎；

6. 在境內出現明顯的資產泡沫的階段，尤其需要嚴格控制離岸市場對在岸的滲透。

上述這些教訓，有些與中國目前的情況相關，有些相差甚遠。總的來說，對中國而言，短期內由於人民幣仍面臨升值預期，境內外人民幣利率差異較大，離岸市場的發展一定是在規模和滲透有控制的情況下進行的。應該在幾年之內，逐步創造更好的宏觀條件，使人民幣升值預期逐步減弱、境內外人民幣利差明顯縮小、國內資產泡沫得到控制。在那樣的宏觀條件下，就可以容納人民幣資本項目的基本可兌換和更大規模的離岸市場。

十一、改革不配套帶來的風險

筆者多次強調，人民幣國際化的最主要的風險是改革不配套。這裏主要強調三項具體的改革。如果三個方面在五年內改革不到位，人民幣國際化（資本賬戶開放和做大離岸市場）就將面臨兩種結局：一是導致大規模的資金流動和資本市場大起大落、匯率大幅波動、貨幣政策工具失效等嚴重問題；二是人民幣國際化進程將被迫停滯。因此，人民幣國際化一定要在最高的決策層面有總體設計，保證幾項重要的改革齊頭並進，而不是互相掣肘。

第一，匯率改革不配套。比如，人民幣如果在五年後實現基本可兌換，而屆時人民幣匯率尚遠遠偏離均衡匯率，就會導致跨境資本大規模流動的風險。所以，匯率改革的窗口期就應該是今後五年。

第二，利率改革滯後。人民幣如果在幾年後實現基本可兌換，而銀行的利率又繼續受到管制，則境內就會出現兩種利率（一種為管制利率，另一種為外匯隱含利率（FX implied rates），會導致大量的套利交易，使利率管制失效。另外，資本項目開放和相關的金融自由化一般會伴隨着境內金融產品創新的加速，導致傳統的 M2 與經濟增長和 CPI 通脹之間相關性的進一步弱化，這將加大貨幣政策操作目標從盯住貨幣供應量向盯住政策利率為主模式轉變的壓力。而政策利率的有效傳導就要求利率的市場化。換句話説，如果給定了人民幣國際化的目標，利率市場化的機遇期也只有五年。

第三，境內資本市場的開放滯後。根據亞洲一些國家和地區的經驗，境內資本市場的開放度達到 5% – 7%（即外資投資佔境內資本市場市值的比重）時候，開放資本項目管制的條件才基本成熟。如果在開放度很小的情況下突然解除資本項目管制，就可能導致極具破壞性的大規模跨境資本流動，導致境內資本市場和匯率的大起大落。目前，中國的資本市場的開放度僅僅為 1% 左右。如果資本市場遲遲不開放，或步伐緩慢，會導致對人民幣國際化和對離岸市場發展的制約。

十二、結論

本章討論了離岸市場的發展可能對境內貨幣政策運行和金融市場造成的影響，對許多學者提出的一些風險進行了盡可能的量化和澄清，並討論了中期的一些改革思路。幾個主要結論是：

1. 今後幾年，由於人民幣貿易結算導致的外匯儲備的年增量估計僅僅在存量的 1% – 2%，因此是十分有限的。另外，並非由此而來導致的所有儲備增加都會導致相應境內 M2 的增加和對沖壓力的增加。

2. 與基準情景相比，如果將中資機構在離岸市場通過人民幣貸款或發債融得人民幣並匯入境內，會導致對境內貨幣供應量的增加和外匯儲備的對沖壓力。其他類型的人民幣的回流（包括外資企業的人民幣 FDI、用人民幣購買國內產品、中資企業用香港人民幣貸款代替外幣債融資等）和人民幣在香港本地和第三國的使用並不影響境內的貨幣供應量，也不額外增加國內外匯儲備的對沖壓力。

3. 人民幣國際化可能會在增加外匯儲備的同時增加人民幣對外負債，但其導致的中國對外淨資產損失風險即使存在，也是十分有限的。況且這種計算所得的結果是非常狹義的賬面損失，沒有考慮到國家購買力提高帶來的好處。更應該看到的是，人民幣國際化對中國對外資產負債表的影響有幾個長期的好處：1）中國對非居民發行的債券在相當長的時間內是事實上對非居民徵收的"鑄幣稅"。2）人民幣國際化之後，中國對外負債中固定收益類的比重將提高，從而大幅減少中國對非居民支付股權分紅的壓力。3）人民幣國際化可以降低中國對外融資的成本，而較低的人民幣融資成本可以用來支持中國擴大用人民幣對外直接投資和股本證券投資。對外直接投資和股本證券投資在中國對外資產中的比例的增加，將提高中國對外投資的平均收益率。4）人民幣國際化之後，由於中國對外負債中的相當部分為本幣債券，就可以減少目前主要儲備貨幣國的匯率波動對中國對外負債的風險。

4. 短期內人民幣升值預期確實是推動人民幣進口貿易結算的一個因素，但不是唯一的和永久性的推動力。中國巨大的國際貿易量、高速成長的對外直接投資、外商企業對人民幣 FDI 的需求、離岸人民幣金融產品交易的進一步活躍等，都是境外對人民幣需求的來源，將支持人民幣國際化的長期、可持續的進程。

5. 在幾年之內，在外匯市場上 CNY 有主要的定價權，CNH 匯率一般只能向 CNY 趨同。但從中長期來看，增加人民幣匯率彈性（即減少央行干預）、離岸市場交易量增加、資本項管制逐步開放是不可逆轉的大趨勢。在這些條件下，CNH 對 CNY 匯率的影響力的提高將不可避免。但是，即使 CNH 的影響力提高，由於內地與香港監管可以密切合作，並不意味着中國金融安全將受到威脅。

6. 近期內，境內外人民幣利差還會很大，適當的資本管制必不可少。在今後幾年內，利差會逐步縮小，應把握機會穩步擴大人民幣跨境資本雙向流動的渠道。這些渠道包括：1）擴大允許境外機構、RQFII 進入銀行間債券市場投資；2）擴大外資企業用人民幣進行 FDI；3）擴大境內機構赴港發債規模；4）鼓勵資本項目下人民幣輸出（如國外企業到中國發熊貓債、境內銀行對外提供人民幣貸款、人民幣 ODI 和境內機構投資與境外的人民幣證券等）。

7. 近期來看，境內和香港的監管部門手中有足夠的政策工具可以控制離岸市場的發展帶來的風險。這些手段包括：1）境內監管部門可以控制境外人民幣發債、貸款和 IPO 資金回流的審批，因此可以控制香港人民幣存款的派生和離岸市場發展的速度。2）中銀香港的換匯額度和香港金管理局的外匯互換規模是可控的，由此可在一定程度上控制香港人民幣的增長速度。 3）香港現有人民幣存款的流動性比率（25%）的限制，可以控制人民幣存款派生的速度。必要的時候這個比率還可以上調。4）人民銀行深圳分行可以調整對其對中銀香港的人民幣存款的利率，從而影響香港的存款和貸款利率，達到緊縮或放鬆貨幣條件的目的。5）香港金融管理局可以通過在離岸人民幣外匯市場上進行干預，減少匯率差價和緩解由此引起的人民幣過度跨境流動的問題。

8. 中期來看，外匯管制應該逐步鬆動，代之以經濟手段管理短期過度跨境資本流動。這些經濟手段包括對外資流入和境外人民幣流入徵收 URR（無息存款準備金要求）、徵收托賓稅、擴大人民幣匯率彈性（增加匯率波動以減少短期套利）等。這些辦法可以有效對應 1%~2% 的境內外利差所帶來的資本流動壓力的。

9. 宏觀政策失誤是導致日本、泰國等出現金融危機期間，離岸市場起了推波助瀾的作用的原因。應該高度關注境內外匯率、利率差等宏觀條件，來把握推動離岸市場的政策力度和對在岸市場的滲透性。

10. 人民幣匯率彈性的增加、境內利率市場化、境內資本市場的對外開放等資本項目開放的改革必須與人民幣國際化的進程相配合。如果這些改革在幾年內不到位，就會將人民幣國際化置於兩難的境地：或者由於資本賬戶開放的單兵獨進而導致資本市場大起大落、匯率大幅波動、貨幣政策工具失效等嚴重問題；或者是人民幣國際化進程將被迫停滯。因此，人民幣國際化一定要在最高的決策層面有總體設計，保證幾項重要的改革齊頭並進，而不是互相掣肘。

第二篇
人民幣離岸市場的
發展路徑

第四章

香港人民幣離岸市場的歷史和現狀

隨着內地對發展香港人民幣離岸市場政策的不斷開放和完善，香港的人民幣市場已經從簡單的人民幣零售存款業務發展到有一定規模的離岸人民幣貿易清算、人民幣外匯、人民幣債券和人民幣資產管理中心。到 2012 年 1 月，香港人民幣存款已達 5760 億。人民幣債券存量（點心債）已達 2810 億，相當於香港人民幣總存款的二分之一。市場上的人民幣產品和參與者不斷豐富和擴大，人民幣外匯交易量已達每天 20 億美元。隨着人民幣政策的透明度的增加，越來越多的跨國公司和投資者會利用這個迅速增長的人民幣市場來解決人民幣融資和貿易結算的需要，市場正在形成一個良性循環的發展趨勢。

本章描述香港人民幣市場過去幾年的歷史演變和現狀，為下一章的預測和政策建議提供背景資料。

一、人民幣貿易結算和人民幣存款

香港早期的人民幣存款主要來自於香港居民每天換匯（額度人民幣 2 萬元）和內地遊客隨身攜帶入境的人民幣現鈔。2004 年 2 月，32 家香港銀行開始接受人民幣存款，當時香港全部人民幣存款只有 8 億 9 千萬元。其後幾年人民幣存款增長較緩慢。在 2010 年 7 月中國人民銀行和香港金管局簽訂人民幣貿易清算補充協定以後，人民幣存款才有飛躍式的增長，每月平均增加 360 億人民幣，其中主要以企業貿易清算項目下的人民幣企業存款形式流入香港銀行體系。到 2012 年 1 月，香港人民幣存款佔香港銀行存款的比例達到 9.2%，而香港人民幣存款佔香港銀行外幣存款的比例達到 18.2%，人民幣成為香港主要的外幣存款幣種。

但自 2011 年 12 月以來，香港人民幣存款總量有所下降。主要原因是香港人民幣回流大陸的投資渠道的放開和人民幣現匯升值幅度減緩。人民幣對美元的匯率在 2012 年幾乎沒有升值。

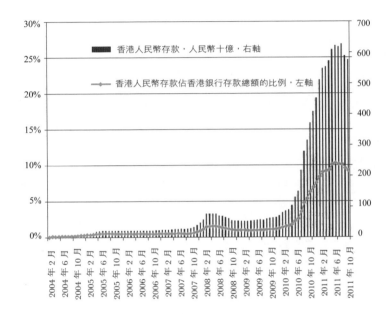

來源：CEIC

圖 4-1 香港銀行系統的人民幣存款

香港企業和銀行在 2010 年 7 月後被允許可以自由交易在香港的人民幣，從此香港形成了一個和上海外匯交易中心稍有差別的本地人民幣匯率（CNH）。雖然 2011 年第四季度 CNH 匯價相對於內地 CNY 有較大的折讓（1%-2%），但自 2010 年 8 月 CNH 市場成立以來，CNH 大部分處在一個小的溢價（0.3%）。這個小的溢價對人民幣存款在貿易結算項目下流到香港起到了推動的作用。人民幣貿易結算開始時，主要以大陸進口企業付出人民幣為主，隨着香港人民幣存量的增加，內地企業收到人民幣的貿易結算也在增加。雖然進出口中的人民幣結算的貿易並非均衡，但人民幣離岸市場發展的初期，內地向海外淨輸出人民幣是必要的，否則離岸市場就無法獲得足夠的流動性來發展各種金融工具和市場。

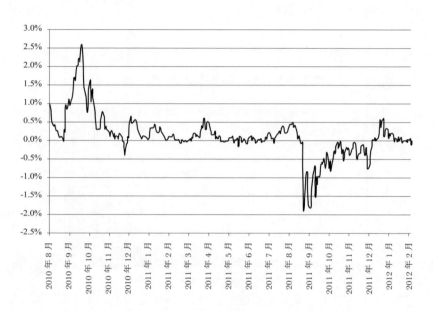

來源：彭博資訊

圖 4-2　香港的人民幣匯率的溢價／折讓

據了解，許多跨國企業和內地企業同時有進出口業務，對人民幣結算有真實的需求。以人民幣取代其他貨幣（比如美元）與內地企業進行貿易結算有助於其管理外匯風險。人民幣長期升值潛力和較高的利率對企業短期流動性管理亦有吸引力。在我們調研中發現，跨國公司使用人民幣貿易結算需要修改一些內部規則和基礎設施，有些正在觀察系統的可操作性，尤其是政策的透明度、持續性和穩定性。在獲得足夠的資訊和建立信心後，相信更多跨國公司會使用人民幣貿易結算。2012 年內地 10.5% 的對外貿易是以人民幣結算，目前內地監管機構已經開放了全國範圍的人民幣進出口貿易結算，相對於日本接近 40% 國際貿易以日元結算還有很大的增長空間。

（十億人民幣）

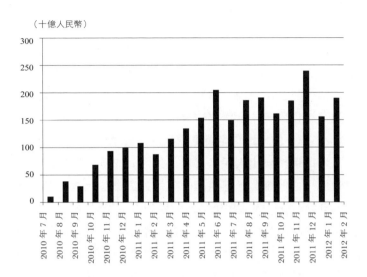

來源：人民銀行

圖 4-3　香港月度人民幣貿易結算量

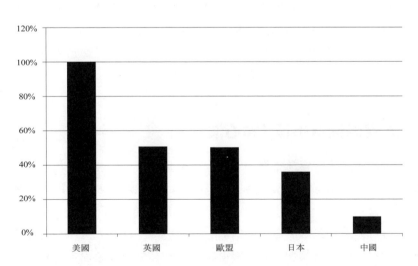

來源：中國資料來自人民銀行（2012 年 4 月）；其他國家資料（2001-2003 年）來自 Linda Goldberg and Gedric Tille, "Vehicle Currency Use in International Trade," *Journal of International Economics* .

圖 4-4　各國本幣貿易結算的比例

　　雖然人民幣貿易結算的潛力很大，但由於目前內地的資本管制使大陸和香港人民幣的匯率和利率有較大差別，為一些以貿易結算為名義的套利交易創造了機會。但最近 CNH 的大幅波動為許多套利交易增加了難度。套利的方式是多樣的。第一，在兩地匯價差別下，容易在一地買入便宜的人民幣，然後通過貿易結算渠道到另一地賣出較貴的價格。人民幣貿易結算初期，CNH平均處在 0.3% 溢價，內地進口企業更願意將人民幣付給其海外關聯企業，然後在香港以更好的價格賣出人民幣（買入外幣）來支付進口賬單。第二，由於香港利率較低，內地企業願意開出一年的人民幣信用證向海外關聯企業，然後香港銀行可以對此一年人民幣信用證貼現（可以貼成人民幣或美元），內地企業因此可以獲得低息的短期融資。在目前兩地不同的貨幣環境下，套利交易恐怕很難完全禁止。這種魚龍混雜的局面很難避免，但隨着離岸市場規模逐漸擴大和內地資本賬戶的開放，兩地的匯率和利率差逐步縮小，無風險套利的機會就會越來越少。最近央行禁止人民幣貿易結算不落地購匯對直接在兩地套匯增加了難度。

　　但長期來看，兩地套匯套利的交易是人民幣匯率形成機制的必要部分，對人民幣匯率市場均衡價格的發現有幫助。總的來説，我們認為在實現資本賬戶基本可兌換之前幾年，加速發展足夠規模的人民幣離岸市場對形成以市場主導的、有彈性的人民幣匯率是有幫助的。

二、人民幣債券市場（點心債）

　　香港離岸人民幣貿易結算和香港人民幣資產市場的發展是相輔相成的。要使人民幣貿易結算可持續發展，香港存留的人民幣需要相應的人民幣資產市場來投資。

　　在發行香港人民幣債券（俗稱點心債）之前，香港人民幣都是通過中銀香港存放在人民銀行深圳支行，獲得類似內地超額存款準備金的利率（目前為 0.72%）。自 2007 年 7 月香港發行第一隻人民幣債券以來，目前人民幣債券存量已經超過兩千億人民幣，發行者從開始的財政部、國家開發銀行等擴大到全球的許多銀行和企業。不少點心債已經在海外交易所（盧森堡交易所和紐約交易所）通過直接上市或 ETF 在交易所交易。從發行者和投資者的角度看，點心債市場已經有一定的國際化程度。點心債作為人民幣定息匯券產品為國際投資者提供了分散投資和管理風險的新工具。

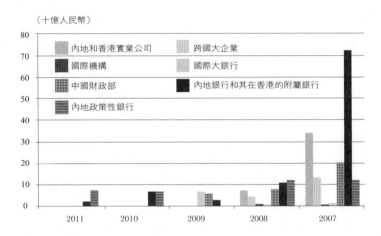

來源：德銀和彭博資訊

圖 4－5　2007~2011 離岸人民幣債券各類機構的發行量

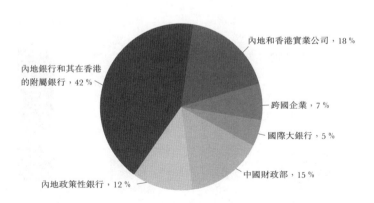

來源：德銀和彭博資訊

圖 4－6　離岸人民幣市場各類發行者的份額，2011

　　點心債目前主要由內地銀行及其在香港的附屬銀行發行，佔總發行量的 42%，內地政策性銀行（國開行和進出口銀行）佔發行量的 12%，中國財政部佔 15%，其餘的 30% 主要為國際大型銀行（5%），跨國企業（7%）和內地及香港實業公司（18%）。歐美跨國企業最近發行點心債有增加的趨勢，發債規模和期限有很大增加。譬如 Air Liquide 和 Bosch 都發行了 5－7 年的點心債，規模都在 20－30 億，利率在 3%－4% 之間。歐美企業發行點心債的成本雖然較美元債券不一定便宜，但這些跨國企業在大陸有很大的業務，許多營運收入和資本開支都是人民幣，使用人民幣融資有助於企業管理匯率錯配風險，相對於通過人民幣 NDF 來對沖人民幣外匯風險更為方便。隨着人民幣 FDI 政策的逐漸透明和跨國企業對點心債市場的了解增多，跨國企業以點心債取代美元融資 FDI 的空間是很大的。馬駿 2011 年上半年對 44 家跨國公司的調查發現，65% 的跨國公司有興趣在香港通過發點心債或貸款的形式籌集人民幣，來替代外幣 FDI。

　　從點心債的信用評級來看，只有 20% 的點心債是有標普和穆迪的信用評級，其餘 80% 發行的債券是沒有任何信用評級的。從信用品質來看，只有 12% 左右是低信用等級的高風險債券，其餘 88% 都是高品質的超過投資級別的低風險債券。

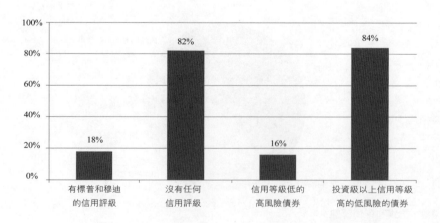

圖 4－7　離岸人民幣市場發行的債券信用評級

　　從點心債發行的期限來看，80% 都是在 3 年以內的短期融資債券，最長的債券是亞洲開發銀行發行的十年期債券。在市場發展的初期，一般以短期債券為主。隨着投資者信心的增加，點心債發行越來越多元化，更多的企業參與發債，債券的期限會有所增加。

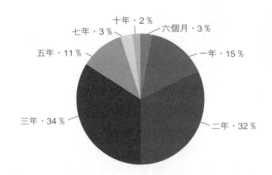

來源：德銀和彭博資訊

圖 4-8　離岸人民幣債券市場發行的債券年期

　　從點心債投資者的分類來看，機構投資者需求最為旺盛。資產管理公司和銀行佔 85% 的投資額，大部分在亞洲。歐洲投資者佔 8.1% 左右。從點心債券投資者的機構類別來看 85% 的投資者是商業銀行和基金，對沖基金僅佔 4.6%。

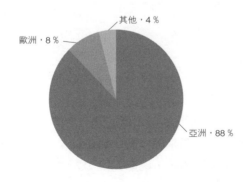

來源：德銀

圖 4-9　點心債券投資者的所在地結構

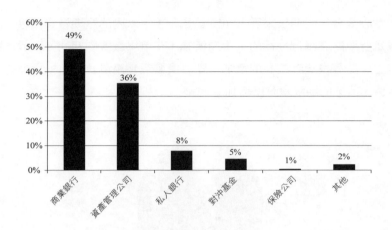

來源：德銀

圖 4 - 10　點心債券投資者的機構類別

　　隨着人民幣 FDI 政策的透明度的提高，點心債的供給和需求都將繼續保持快速增加。目前內地每月 FDI 大約有美元一百億左右，如果每年 20% - 30% 的外幣 FDI 能以香港人民幣發債的形式被替代，每年點心債發行規模可以增加一千五百億。累積到 2015 年，香港人民幣 FDI 債券的規模就可以接近八千億人民幣，這個規模將會是香港債券市場總量的一半。目前香港債券市場的總託管量估計是一萬六千億港幣左右。

三、人民幣股票

　　在香港股市融資的企業主要是中資企業。目前 55% 的香港股市市值和70% 的股市交易量都是中資背景的上市企業。其餘的上市企業在大陸的投資和運作也是他們重要的業務來源，所以這些企業對人民幣融資都有真實的需求。隨着人民幣直接投資的政策逐漸到位，人民幣股票融資的需求也會增加。隨着人民幣股票發行和交易的基礎設施的基本完成，港交所發行人民幣股票的潛力是很大的。

　　目前匯賢地產信託是唯一在香港交易所掛牌的人民幣股票類證券，**籌資103 億元人民幣**。港交所提出的雙幣雙股和人證港幣交易通有助於在目前人民幣存款數量有限的情況下發行人民幣股票。過去五年中資背景企業在港交所平均每年籌資 2400 億港幣。如果今後中資企業上市和再融資的一半能夠通過發行人民幣股票的形式進行，每年人民幣股票發行規模就達 1000 億人民幣。

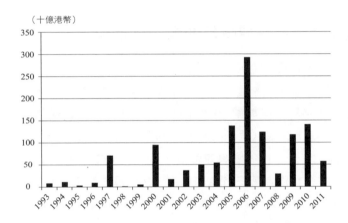

（十億港幣）

來源：CEIC

圖 4-11　港交所中資背景企業每年股票融資

　　目前港交所已經有七個債券和一個地產信託以人民幣形式交易。港交所和大部分（87%）會員已做好了交易更多的人民幣股票的技術準備。但目前人民幣存款規模還不大，因此一些企業擔心如果以人民幣發行股票，以後可能出現流動性不足的問題，從而會影響股價的表現。對於這種擔心，只能通過越來越多的人民幣股票在港交所上市，用事實證明流動性問題並非嚴重瓶頸，才能逐步打消。

　　除了新上市企業選擇以人民幣股票掛牌外，還有其他一些人民幣產品可以上市交易，比如人民幣 ETFs、人民幣債券、人民幣利率和匯率的衍生產品等。其中人民幣 ETF 可以依託內地股市產品，也可以和別國的股票為依託。

這些產品都可以為本地人民幣存款提供有吸引力的投資渠道。目前香港人民幣存款佔香港總存款的 10%。如果香港股市總市值（19 萬億港幣）的 10% 能以人民幣交易的話，人民幣股票市值應該接近人民幣 1.9 萬億。

　　大陸的 A 股股票也可以在香港同時掛牌，目前以港幣交易的中資股也可以轉換一部分股票在港交所用人民幣掛牌交易。人民幣股票的供應潛力是巨大的。

四、人民幣作為融資貨幣的第三方使用

　　一種貨幣的國際化程度的一個主要指標是被第三方廣泛使用，作為定價、貿易結算、投資和融資的工具。目前全球貿易（每年 32 萬億美元）估計 70% 是以美元結算，但美國 2010 年進出口總額 3.2 萬億僅佔全球貿易額的 10%。所以第三方貿易以美元結算是美國進出口貿易的六倍。國際外匯儲備中 60% 是美元資產。據德銀專家估計，歐洲美元市場中至少 30% 的融資量被美國以外的企業作為第三方貨幣使用。BIS 報告美元外匯交易量佔全球外匯交易的 40%，遠遠高於美國企業貿易和投資佔全球的比重（10% 和 20%），也表明美元的第三方使用至少為 50%。

　　最近已經有若干些人民幣點心債的發行是被第三方使用。俄國的一家主要銀行 VTB 發行的 10 億人民幣的人民幣債券，通過交叉貨幣掉期換成歐元，成為俄國銀行的一種籌資渠道。印度政府最近批准印度企業可以發行 10 億美元等值的點心債。印度的一些基建公司正積極籌備發行點心債，然後可能通過交叉貨幣掉期換回需要貨幣（印度盧布）回國使用。德國的 Landeskreditbank Baden – Wuerttemberg – Foerderbank 發行了 4.2 億人民幣的點心債，通過類似方式換成歐元。

　　這些作為第三方使用的點心債發行，使其成功的主要因素是信用風險溢價在點心債市場相對較低（因為存款大幅超過人民幣資產而造成人民幣資產短缺）和貨幣交叉掉期的價格比較有利。有時在點心債市場上的總的融資成本（包括利息和掉期成本）低於在其他幣種的市場上融資。除了籌資成本之外，人民幣點心債也為許多在歐洲美元市場經常融資的企業提供了一個新的

融資渠道，可以分散一些籌資風險，避免過分依賴美元離岸市場。比如最近全球金融市場不穩定和歐洲銀行的去槓桿化，全球避險需求造成美元需求大增和美元高風險債券融資困難。人民幣債券市場為許多國際企業提供了新的選擇。

　　許多新興市場的企業由於本國長期的經常賬戶赤字，籌資條件比較緊張，需要長期依賴海外市場籌資。中國作為經常賬戶盈餘的國家，正好為他們長期融資提供了方便。目前全球資本盈餘國家到赤字國家的資金流動大都以美元進行。中國通過大量買入美國政府債券，輸出國內資本到美國，美國銀行作為主要金融中介把這些資金再轉移到資本賬戶赤字的國家。實際上，通過點心債市場就可以繞過美國和美元的中介，直接把人民幣資本輸出到這些赤字的國家。這些新興市場（巴西，印度，南非等）通過發行點心債融入人民幣資金，可以換成別的貨幣或以人民幣購買中國的商品。

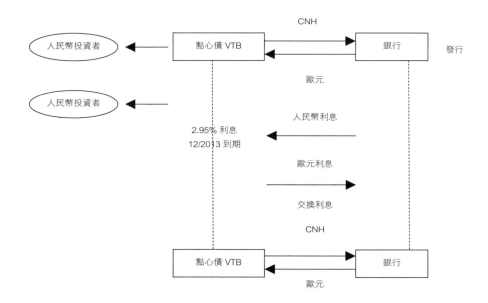

圖 4-12　VTB 通過人民幣 / 歐元交叉貨幣掉期將人民幣融資換成歐元的案例

附一：美元離岸市場的借鑒意義大於其他國際經驗

　　離岸市場一般是指為非居民投資者和借款者提供國際性的借貸、結算、投資工具等金融服務，不受交易貨幣發行國金融法規管制，並享受業務發生國提供的較大稅收優惠的金融市場。離岸金融市場主要有三種類型：一是內外混合型，如倫敦和香港，國內金融業務和離岸金融業務不分離，屬於市場自發形成；二是內外分離型，如新加坡、美國 IBF（International Banking Facility）和日本 JOM（Japan Offshore Market），專為非居民交易而創設的市場，與國內市場相分離，屬於政策推動形成；三是避稅港型，如加勒比海地區的離岸金融市場。從政策監管角度考慮，對離岸市場發展經驗的總結可從貨幣發行國和離岸市場所在國兩方面研究。

　　各國依據貨幣主權有權創立和發行獨立的貨幣，有權對本國貨幣的流通、適用範圍、進出境等實行管理和限制，貨幣發行國可以制定其監管法規和貨幣金融政策，決定離岸市場上以其貨幣進行交易的合法有效性。從貨幣發行國角度看，研究表明，美元等絕大部分主要儲備貨幣的國際使用是通過離岸市場實現的。各國私人和公共部門投資者選擇在貨幣發行國境外存儲該貨幣有多方面原因，包括離岸市場的地理位置、法律體系、監管制度和會計準則等因素讓非居民覺得更方便；離岸市場方便投資者分離貨幣市場與國家風險，以及分散結算、清算和交割等金融基礎設施的經營風險；離岸市場與在岸市場收益率存在差異，歷史資料顯示，在離岸市場常常可以獲得超額收益。因此，在一國貨幣國際化過程中，離岸市場的出現不可避免，作為貨幣發行國，關鍵是積極引導離岸市場有序發展，防止離岸市場對國內貨幣政策、金融穩定造成不良影響。

　　從美元離岸市場發展經驗看，美元的大量輸出以及美國對金融的管制導致歐洲美元市場迅速發展，自歐洲美元市場形成之後的近二十年，美國卻一直不准本國銀行在國內經營歐洲美元業務。雖然在 80 年代美國通過 IBF 建立了在岸的美元離岸市場，但其規模和影響力遠不及自發形成的歐洲美元市場。為了避免本國銀行海外機構在離岸業務競爭中處於劣勢，美國對其銀行在海外離岸金融市場上的機構的監管十分寬鬆。美國的一系列監管法令和政策不適用於美國銀行的海外分支機構，對於吸收的境外存入並預定在境外支取的存款，豁免聯邦儲備存款準備金制度的管制，對其存款利率也不加限制，對貸款比例也採取較為寬容的態度。這種內嚴外寬、區別對待的做法對於建立中國自己的離岸金融市場很有借鑑意義。

比較各國貨幣國際化和離岸市場的經驗，一個最重要的啟示是只有美元國際化和離岸市場對中國有最相關的意義。這是因為，中國在十年之後的 GDP 將超過美國，中國五年之後的貿易量和 FDI/ODI 將超過美國，中國對大宗商品的需求五年之內將全面超過美國。所以從基本面上來說，中國人民幣是唯一有潛力最終挑戰美元成為重要的全球性定價貨幣、結算貨幣和儲備貨幣的幣種。相反，日本的經濟實力僅僅為美國 1/4，因此日元無法成為定價貨幣、結算貨幣，即使其作為儲備貨幣也只佔全球的 5% 左右。因此，日元的離岸市場（歐洲日元和 JOM 市場）的規模相對有限。

由於中國的國力將超過美國，為人民幣成為主要國際貨幣提供了潛力。換句話說，由於人民幣可以在中長期成為全球大宗商品的定價和結算貨幣，就要求在全球範圍內有幾個很大規模的離岸人民幣市場來支持人民幣作為 "Vehicle Currency"（即中國以外其他國家之間交易和投資所使用的貨幣）的功能。另外，只要人民幣開始成為全球的投資和儲備貨幣，離岸市場的大規模發展也將是順勢而為。因此，美國離岸市場（歐洲美元市場等境外市場和 IBF 的境內市場）對中國有最重要的借鑑意義。日本、泰國等國發展離岸市場的歷程則更多的是提供了一些教訓。

從日本和泰國的離岸市場發展過程中的教訓來看，宏觀政策失誤會使離岸市場可能成為加大金融危機風險的因素。日本在 1980 年代末出現的資產泡沫的主要根源在於：1）在美國壓力之下允許日元大幅升值，在升值預期強烈的過程中離岸市場（包括歐洲日元市場和 JOM）都成為了熱錢流入日本的渠道；2）日本當局在日元升值過程中，錯誤以為升值會導致出口和經濟大幅萎縮，且當時日本通貨膨脹較低，為了抑制由於日元升值可能導致的資本流入，因此採用了低利率的政策，但卻導致了大規模的資產（地產和股市）泡沫。

泰國在 1997 年金融危機中的主要宏觀政策失誤包括，1）允許短期外債佔全部外債的比重大幅上升，從而在貨幣貶值的預期之下導致在離岸市場做空本幣、導致外匯儲備迅速流失，最終不得不大幅貶值；2）在 1997 年之前的幾年，經常性賬戶逆差大幅上升，政府還誤以為短期資本流入可以長期支持經常性賬戶的逆差；3）經濟增長過度依賴外資；4）維持不可持續的盯住美元的政策；5）在泰銖受到攻擊時，當局錯誤地試圖在離岸市場上阻擊投資者，拋售美元遠期，導致儲備進一步下降。當時應該採取的措施（但沒有採取的）是採取限制離岸市場的做空（借泰銖）。

從這些案例中可以發現，金融危機的出現有其獨立於離岸市場的宏觀基本面的問題。離岸市場規則設計和操作的漏洞（如日本的 JOM 市場允許通過海外分行間接將離岸日元滲透到在岸市場、泰國的滲透型 BIBF 使國內外信貸渠道基本打通）只是加速了匯率和資產市場的危機的演進，而非危機的始作俑者。因此，在推動離岸市場發展的過程中，必須始終對宏觀情況的穩健性保持高度的關注。各國的在不同時點出現的金融危機都有一些共性，但也都有不同的具體特點和宏觀背景，因此要窮盡所有宏觀政策的失敗教訓是不太可能的。但至少如下典型的教訓應該在中國發展離岸市場過程中切記：

1. 在本幣持續升值時，必須嚴格控制離岸市場與境內的滲透；

2. 在岸與離岸市場之間本幣利率有巨大差異時，向境內的回流必須嚴格管制；

3. 短期外債佔外債比重必須嚴格控制在安全線以下；

4. 外匯儲備很低的情況下，應該嚴格限制在岸市場向離岸市場的滲透，防止投機者通過離岸市場做空本幣。

5. 離岸市場的發展在經常性順差或逆差佔 GDP 比重很大的情況下需要謹慎；

6. 在境內出現明顯的資產泡沫階段，尤其需要嚴格控制離岸市場對在岸的滲透。

上述這些教訓，有些與中國目前的情況相關，有些相差甚遠。總的來說，對中國的含義是，短期內由於人民幣升值預期仍然較強、境內外人民幣利率差異較大，離岸市場的發展一定是在規模和滲透有控制的情況下進行的。應該在幾年之內，逐步創造更好的宏觀條件，使人民幣升值預期逐步減弱、境內外人民幣利差明顯縮小、國內資產泡沫得到控制。在那樣的宏觀條件下，就可以容納人民幣資本項目的基本可兌換和更大規模的離岸市場。

附二：倫敦作為美元離岸市場中心的經驗對香港的借鑒

二戰後，馬歇爾計劃使大量美元流入西歐，同時，為了借鑒朝鮮戰爭中美國凍結中國在美全部資產的教訓，前蘇聯及東歐國家將其美元轉存到歐洲國家的銀行，歐洲美元開始出現。1956 年蘇伊士運河危機引起的戰爭導致英鎊危機，其後果之一是英格蘭銀行禁止對外進行英鎊貸款，倫敦的許多金融機構紛紛轉向經營美元業務，開始大量吸收美元存款並貸給國際貿易商，倫敦開始出現一個在美國境外經營美元存貸款業務的資金市場，即歐洲美元市場。從 1958 年開始，西歐主要國家放鬆外匯管制，恢復了各國貨幣的自由兌換，同時對歐洲美元市場採取更為寬鬆的監管，境外銀行開展業務的效率更高，經營離岸業務的金融機構大量增加。與之相反，當時美國政府為控制不斷擴大的國際收支赤字而對在岸金融採取了諸多管制，這些措施促使美國企業及金融機構將資金由美國境內流向歐洲，刺激了歐洲貨幣市場的發展。這時期倫敦離岸市場的借貸活動超出了美元範圍，倫敦離岸金融市場逐步發展壯大。

目前，倫敦已發展成為全方位、全功能的國際金融市場，其發展規模、管理水準、國際化程度以及對世界國際金融市場的影響是舉足輕重的。總結倫敦發展美元離岸業務的經驗，主要有以下兩方面：一是推動倫敦美元離岸市場形成的一個最重要的外在原因是美國制定和實施了一系列干預主義政策。Richard Anthony Johns（1983）使用“摩擦力”的概念來描述政府干預市場的行為，這種“摩擦力”造成美元在岸市場與離岸市場之間在管制方面的落差。正是這種管制落差的存在，使得美元資金有動力向監管環境更寬鬆、“摩擦力”更小的離岸市場去開展金融業務，歐洲美元市場才能蓬勃發展起來。二是倫敦自身內部作用不可忽視，包括政局穩定、經濟發達、金融基礎設施完善、地理位置優越等，最重要的是其金融政策靈活，政府扶植金融業發展。英國政府鼓勵銀行自我約束，對銀行的管理和約束較少，並採取了較為優惠的稅收管理制度。

　　香港目前的情況與當時倫敦發展美元離岸市場有許多相似之處。比如，內地短期內還無法完全開放資本項目管制，對具體金融產品、利率、匯率還存在廣泛的干預；而香港則沒有外匯管制、有與大陸之間的大量投資與貿易活動的支撐，還有基礎設施、金融產品、人才、稅收等方面的優勢。因此，將香港發展成為人民幣離岸市場的中心有倫敦的歷史成功經驗可以借鑒。

第五章

香港人民幣離岸市場前景和政策建議

一、香港人民幣離岸市場的定位

我們認為，香港應該也能夠成為人民幣離岸市場的中心。具體地說，香港將主要承擔人民幣離岸市場中的"批發功能"，而其他地區（如新加坡、倫敦、紐約、上海等）的人民幣離岸市場則主要擔當"零售"的功能。作為"中心"或"批發市場"，該市場應該有如下特點：

（1）海外人民幣的資金中心。主要是指人民幣存款所在地。比如，倫敦作為美元離岸市場的中心，其美元存款佔全球海外美元存款的 40%－50%。香港的人民幣存款相當於境外全部人民幣總存款的 75%。香港已經事實上成為境外的人民幣資金中心。

具體推動香港人民幣存款繼續快速成長的因素包括：A）有貿易結算兌換人民幣額度；B）個人可兌換人民幣；C）中銀香港作為清算行可提供比其他地方相對有優勢的存款利率；D）香港已經有 200 多個人民幣債券供投資；E）香港已經開始形成一個人民幣銀行間市場。

（2）人民幣外匯、債券和離岸股票的定價中心和交易中心。對外匯和債券，主要做市商所在地就是定價中心。對股票，交易所所在地就是定價中心。批發市場外匯和債券交易佔全球交易量的比重應該接近 50%。其他離岸市場是接受定價（而非創造定價）並提供零售服務的市場。

香港已經開始成為離岸人民幣產品定價中心。由於作市商幾乎全部位於香港，CNH 匯率和債券的定價幾乎 100% 在香港。最近 CNH 已經形成 Fixing。香港的 CNH 債券也正開始形成收益率曲線。

（3）資產管理中心。比如，企業在離岸市場要發行較大規模的債券，必

須到香港做路演。比如，倫敦管理的資產佔全球機構資產的 9%。香港聚集着
全球投資中國的大批國際投資者（2000 個基金，管理資產約一萬億美元）。國
際資本對中國股權投資的絕大部分通過 H 股和紅籌股在香港進行，香港上市
的中國概念股佔股份總市值的一半。這表明，今後香港的人民幣產品市場一
旦形成，首先會凝聚一批在香港的人民幣國際機構投資者。另外，在 RQFII
的推出和三類機構獲得投資境內銀行間市場的過程中，香港的金融機構將持
有投資境內銀行間和股票市場的很大一部分的額度。這也有助於在香港推出
更多的人民幣理財產品，支持香港作為人民幣理財中心的地位。

　　除了上述金融市場本身的理由之外，還有一系列政治、政策和經濟基本
面的因素使香港比任何其他地方都適合成為人民幣離岸市場的中心：

　　（1）人民幣離岸市場對推動香港經濟、金融發展和繁榮穩定的重要意
義，表明香港離岸市場發展有政治上的特殊優勢。與香港 H 股對國內資本市
場發展的貢獻類似，香港離岸市場發展也將對在中國開放資本項目改革起特
殊作用（貢獻人才、監管經驗、基礎設施等）。

　　（2）在一國兩制的體制之下，香港與內地監管當局有監管合作的便利。

　　（3）30% 的中國對外貿易通過香港，使得香港成為人民幣貿易結算的最大
推動力。

　　（4）香港是 50% 的中國 FDI 的來源。FDI 的人民幣化，是香港推動人民
幣國際化的一大優勢。

二、對香港人民幣離岸市場的規模預測

（一）人民幣存款：2015 年可達 2.5 萬億

　　目前香港人民幣存款增加的主要來源是人民幣貿易結算。2011 年平均每
月淨增加人民幣 230 億。雖然香港人民幣存款增加的數量波動較大，但隨着
人民幣貿易結算總規模的擴大，人民幣存款的總體趨勢仍將是繼續增長。在
2011 年 9 月份後歐債危機惡化的一段時間內，由於國際市場普遍預期亞洲國
家貨幣對美元貶值而出現香港的 CNH 匯率相對 CNY 匯率的折讓，香港人民

幣存款增速下降，甚至在 2011 年 12 月和 2012 年 1 月出現了小幅度的負增長。但我們估計 2012 年中後 CNH 將恢復比較明顯的對 CNY 的溢價，幾年之內將繼續有利於吸引人民幣流入香港。

香港的人民幣的存款在 2011 年底為 5885 億元（這個統計沒有包括大額存單(CD)，而 2011 年一季度末大額存單的餘額已經達到約 1000 億人民幣）。我們估計 2012 年底可以達到 1 萬億，2015 年底達到 2.5 萬億左右。這個估計基於如下的假設：1）隨着貸款和債券市場的發展，香港銀行體系逐漸會產生一個貨幣乘數。假設該乘數可以達到 1.5。2）在此乘數之下，由大陸境內淨流入香港的流動性累計應該達到 1.6 萬億。減去目前已經有的 5885 億，還需要淨流入 1 萬億，平均每年為 2500 億。3）今後 4 年內，假設人民幣貿易結算量佔全部貿易量的比重從目前的 10% 提高到 30%，同時考慮到貿易量每年增加 10% 左右，人民幣貿易結算總量將提高到目前的 4 倍，與香港人民幣存款的增長基本吻合。4）人民幣的 FDI、ODI、本地使用、第三方使用等因素也將對離岸市場的發展提供額外的支持。

按照上述預測，四年之後，香港的人民幣存款餘額就可能接近到港幣存款餘額類似的規模。

表 5-1　香港人民幣市場的規模預測（年底）
（單位：億人民幣）

	2010	2011	2012F	2015F	2015 年水準相當與國內 2011 年的比例
存款餘額	3,000	5,885	10,000	25,000	3%
債券餘額	680	2,000	5,000	13,000	6%
股票餘額	-	262	00	750	0.3%
CNH 日交易量	20	150	400	800	51%
貸款餘額	-	300	600	5,000	1%
資產 / 存款比率	23%	44%	59%	75%	83%

來源：作者預測。

（二）人民幣債券市場

到2012年4月，香港人民幣債券餘額（包括債券和CD）已達3000億元，與2009年底（380億）和2010年底（680億）相比，增幅是相當驚人的。相對於目前5885億的人民幣存款而言，規模還是有很大增長空間。從現有存量的結構來看，目前發行者以財政部、政策銀行和香港中資銀行為主。但從2011年起，外資企業和銀行發行的人民幣債券也增加很快。

隨着流動性的增加和人民幣金融產品（貸款、債券、股票、衍生工具等）的豐富化，香港的離岸人民幣市場就形成良性循環。我們估計，到 2015 年，香港人民幣債券市場的規模可以達到一萬多億。

（1）預計隨着人民幣 FDI 政策細則的出台，香港人民幣債券市場的發展將面臨新的發展機遇。每年外商對大陸的直接投資（FDI）平均為一千億美元。如果 25% 的外資 FDI 能夠以人民幣籌資並匯入大陸使用，將增加香港人民幣債券每年 1 千 5 百億到 2 千億，相當於目前人民幣債券存量的總和。根據我們最近對 44 家在華經營的跨國公司問卷調查發現 65% 的受訪者對人民幣 FDI 感興趣。雖然港幣或美元融資成本更低，但出於貨幣錯配風險管理，大部分跨國企業對人民幣 FDI 感興趣。

（2）財政部將會繼續經常性地在香港發行人民幣債券。最近財政部 2 百億債券得到市場追捧。三年利率僅為 0.6% 左右，市場對信用品質高的中國政府債券需求是很大的。隨着國債發行品種和期限的逐漸完善，人民幣利率曲線的形成有助於人民幣產品的開發。

（3）去年李克強副總理訪問香港時宣佈了一系列推動香港離岸市場發展的政策。其中提及內地企業今年將被允許在香港發行 500 億人民幣債券，內地的銀行，國企和民企在符合政策的情況可以利用香港人民幣利率低的市場條件發行債券。內地銀行有很大的發債補充資本金的需求。

（4）企業還可以將其內地的房地產和基建等產生穩定現金收入的項目證券化，在香港發行人民幣房地產信託（REITS）和固定收益產品。最近發行的 100 億人民幣的匯賢房地產信託就是一例。我們估計外商在華直接投資的房地產和基建類項目的存量為 2000 億美元，如果 10% 資產離岸市場進行證券化融資，相對應的人民幣資產規模將達到 1300 億人民幣。

（5）人民幣的境外第三方使用。從美元和日元的國際化經驗看，境外第三方使用（即境外機構發行債券募集美元或日元，然後轉換幣種並在第三國使用）是非常重要的資產需求。德意志銀行債券研究人員估計，在總規模為 2.5 萬億美元的歐洲美元債券市場上，約有 30% 的債券是由非美國的公司發行，他們籌集的美元經過交叉貨幣掉期轉換為歐元等幣種，在美國境外使用，目前總規模約為 7500 億美元，約佔美國 GDP 的 6%。而在歐洲日元債券市場和武士債券市場上，境外第三方的發行和使用的規模估計也達到 2000 億美元，佔日本 GDP 的 5%。如果將離岸市場上為第三方使用的貸款也考慮進去，第三方使用的美元和日元的總量還會大得多。假設五年內境外第三方對人民幣債券和貸款的需求量達到中國 GDP 的 1% 的水準，其總規模就將達 6000 億元人民幣。短期來看，俄羅斯、巴西、印度、印尼等通脹和利率水準較高的新興市場國家的許多企業最有可能成為人民幣債券和貸款的第三方需求者，因為即使加上每年 2% 的匯率和利率的風險對沖成本，在離岸市場上人民幣的融資成本也比其本幣融資或在美元市場上融資更有吸引力。此外，來自 OECD 國家的高收益債券發行者對離岸人民幣也有一定需求。中長期來看，如果人民幣升值速度放緩，OECD 國家的高評級債券發行者也會逐漸對在香港發行人民幣債券產生興趣。

（6）貿易融資及貸款。目前離岸市場的人民幣貿易信貸餘額規模估計只有幾十億，其增長主要受到幾方面因素的限制：境外企業對人民幣貿易融資產品缺乏認識；中國國內參與人民幣貿易結算的出口企業受試點名單限制（直到最近為止）；人民幣升值預期等。中國政府已經認識到這些問題，並開始從一些談判能力較強的中國出口企業着手，推進人民幣貿易結算，並已經將允許人民幣結算的出口企業範圍擴大到"負面清單"之外的所有出口企業。預計未來隨着人民幣升值預期的逐漸減弱，境外人民幣貿易融資的需求將會上升；此外，隨着中國企業"走出去"步伐的加快，在海外承建工程項目的增多，也將推動相關人民幣結算需求的增長和對外投資的人民幣化，我們預計，中國將利用其在第三世界基建工程等方面的比較優勢，更多地參照中國國家開發銀行和委內瑞拉合作模式以人民幣貸款對外參加基建投資。

（三）人民幣股票市場

　　相對於人民幣債券市場，香港人民幣股票市場的規模面臨較大的不確定性。從技術層面上來看，目前許多市場參與者擔心香港人民幣流動性不足以支持大市值的股票上市和交易，所以不太願意用人民幣掛牌。另一方面，政策層面上對中資企業在香港用人民幣 IPO 或已經上市的 H 股同時以人民幣掛牌的意見尚不明確。需求面上來看，短期也有較大的不確定性。我們的觀點是，從中期來看技術性問題和需求問題不是關鍵。政策層面上應該更加明確地支持，才能有力地推動香港人民幣股票市場的發展。政策支持的話，2015年香港人民幣股票市場的市值提高到接近一千億人民幣是完全可能的。

（四）CNH 外匯市場

　　CNH 外匯市場的增長潛力比其他所有人民幣資產都要大得多。這是國際上資本賬戶開放過程中的普遍經驗。按美元的經驗，在資本賬戶開放的條件下，與貿易和 FDI 相關的美元外匯交易只佔所有交易的 5％，其餘 95％為證券投資、短期金融工具的交易（如貨幣市場）、對沖和投機等目的的外匯交易。這也意味着，僅僅是資本項目開放就可能將中國的外匯交易量提升二十倍。除此以外，中國每年經濟、貿易和跨境投資的增長還會帶來新的增量。還有，人民幣的第三方使用（即被其他國家之間的交易所使用）的需求也會帶來大量的外匯交易。

　　由於我們假設五年之內，境內資本項目還處於一個逐步開放的過程，所以人民幣外匯交易的最大增量肯定在香港。CNH 交易量在今後四年內增加5–10 倍，達到每天接近 1000 億元是是可以預期的。

（五）CNH 外匯及利率衍生工具市場

　　CNH 外匯及利率衍生工具市場是離岸人民幣市場的重要組成部分，它的發展規模依賴於 CNH 現匯市場和債券，股票的資本市場發展。發展這些市場

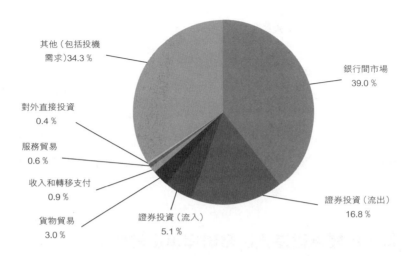

其他（包括投機需求）34.3%

銀行間市場 39.0%

對外直接投資 0.4%

服務貿易 0.6%

收入和轉移支付 0.9%

貨物貿易 3.0%

證券投資（流入）5.1%

證券投資（流出）16.8%

來源：美國商務部，美國財政部，國際清算銀行 2011 年調查，德意志銀行

圖 5-2 外匯交易的動機，以美元為例

的必要性主要包括三點：

（1）為中國進出口企業及其海外的貿易夥伴在離岸市場人民幣貿易結算所產生的 CNH 遠期外匯風險提供對沖工具；

（2）為中國企業和跨國公司通過離岸市場資本市場融資所產生的 CNH 負債的匯率及利率風險提供對沖風險的工具；

（3）為 CNH 資產投資者提供有效管理外匯及匯率風險的金融工具；

CNH 衍生工具市場自 2009 年啟動人民幣跨境貿易結算以來，在現匯和現券市場的帶動下，已經形成雛形。目前市場交易以場外交易為主（over the counter, OTC）。主要交易產品為可交割遠期匯率（deliverable forwards）、可交割人民幣美元貨幣互換（cross currency swaps）和可交割人民幣利率互換（interest rate swaps）。2012 年前幾個月，可交割遠期匯率（deliverable forwards）最為活躍，每日交易額為 15 億美元，可交割人民幣美元貨幣互換每週交易額為 5 億至 6 億美元。可交割人民幣利率互換市場還處於萌芽階段，交易規模十分有限，主要原因是缺乏活躍的離岸貨幣市場（money market），制約了離岸短期利率的發展。

如果 CNH 交易量在今後四年內增加到每天 1500 億人民幣,我們預期人民幣可交割遠期匯率日交易量有望上升至 500 億。可交割人民幣美元貨幣互換交易的主要用途是第三方使用人民幣融資後將貨幣掉期(CCS)為本國貨幣使用,和境外債券投資者以資產掉期鎖定以美元計價的掉期利差。我們估計 CCS 交易規模可能在幾年以後達到每天 150 億至 200 億人民幣。如果四五年後,離岸債券及貨幣市場規模發展至 2-3 萬億人民幣,由於可交割人民幣利率互換市場主要用於規避和管理利率風險,預計日交易量有望達到 100 億人民幣。

三、進一步發展香港人民幣離岸市場的政策

(一)認清離岸市場的主要推動力

對香港作為最主要的人民幣離岸市場這個問題,決策者需要有歷史眼光,需要看到十幾、二十年之後其地位的前瞻性。因此,政策不能短視,不能都是走一步看一步。政策步驟不能全都由具體利益方來推動。

香港離岸市場的存在和發展,從根本上說,是要適應人民幣國際化具體的需要。這些需求決定了將來香港人民幣流動性(比如存款餘額)的成長空間。決策者因此應該充分理解、預測和培育這些具體的需求。離岸市場有如下幾個主要的需求推動力:

第一,貿易結算帶來的對人民幣的需求。人民幣貿易結算目前只有佔全部中國對外貿易結算的 10%,日本在高點時曾經達到 40%。中國有潛力在 5 年後將此比例提高到 30%。因此,香港由於人民幣支付進口帶來的存款增長,由於人民幣出口信貸帶來的資產和結算業務就將得到成倍的增長。

第二,跨境直接投資對人民幣的需求。目前,人民幣 ODI 和 FDI 的政策已經有框架,但實施中遠遠沒有推開。其成長空間可能有幾十倍。

第三,離岸人民幣債券、股票市場交易對離岸人民幣的需求。活躍的二級市場交易要求投資者持有相應數量的人民幣存款和貨幣市場工具。根據歷史換手率和保證金存款與市場總市價值之間的關係,我們估計到 2015 年一萬

多億元餘額（市值）的人民幣債券和股票市場能將要求支持交易的存款達到一千億左右。

第四，第三方使用人民幣的需求。包括第三方（與中國貿易和投資無關的主體）對人民幣的融資需求和貿易結算需求。比如，第三國企業使用 CNH 融資，通過 CCS 掉期為另一種貨幣在第三國使用。還比如，中國之外的兩個企業之間使用人民幣進行貿易結算。參照美元離岸市場的經驗，從長期來看，第三方使用人民幣的需求有望上升到全部離岸人民幣交易的 50%。

（二）"回流機制" 和 "體外循環" 的協調

在推動香港人民幣流動性增長的同時，必須發展有一定收益的人民幣資產（投資產品）。如果資產嚴重缺乏，貿易商和投資者就缺乏持有人民幣的興趣，離岸市場就難以持續增長。在人民幣投資產品的發展過程中，也應該充分平衡不同產品對人民幣流動性的影響。部分人民幣資產的創造，如對中資機構和外商投資企業用於 FDI 的貸款和它們發行的債券（包括 RQFII、三類機構向銀行市場的投資），大部分會將籌集的資金匯回國內，從而減少香港的人民幣流動性（存款）。其他產品或資產，如香港本地人民幣證券交易所需的流動性（貨幣市場工具）、第三方使用、部分 ODI 人民幣貸款、部分人民幣貿易信貸等、在香港進行人民幣進行資產證券化等，則可以將流動性保持在香港，成為 "體外循環" 的機制。

發展香港的離岸市場，必須以創造 "回流機制" 和 "體外循環" 的兩條腿走路。

表 5-3　"回流機制" 和 "體外循環" 比例的估計

	回流機制	體外循環
財政部發債	100%	0%
三類機構投資於銀行間市場	100%	0%
RQFII	100%	0%

（續表）

中資銀行發債	95%	5%
中資企業發債和借款	95%	5%
外商 FDI 企業融資	95%	5%
ODI 企業融資	50%	50%
海外企業貿易信貸	50%	50%
第三方使用	0%	100%
支持本地人民幣產品交易的融資	0%	100%
人民幣資產證券化	0%	100%

來源：作者估計

（1）進一步開放人民幣回流機制

除了目前在貿易項目的人民幣回流渠道，資本賬戶下的回流也可以在可控的條件下逐步放開。如果沒有回流到大陸的資本市場（銀行間債券市場，股市和貸款），人民幣貿易結算產生的人民幣存量很難找到投資出路，對外國投資者來説長期持有人民幣缺乏增值的工具，因而不利於離岸市場的長期健康發展。具體的回流機制包括：人民幣出口支付、擴大三類機構進入銀行間市場（見下文）、人民幣 FDI、中資企業在香港融得人民幣的回流額度等、RQFII。

到 2011 年末，外國央行，人民幣海外清算行和人民幣貿易結算參加行等三類機構已經有配額 1100 億可投資於銀行間市場（佔國內債券市場餘額不到 1%）。在國外 17 個主要國家和地區，外資所持有的債券市場的比例平均為17%，中國債券市場的開放程度是主要經濟體中最低的。

（2）爭取在中長期將離岸人民幣"體外循環"的比率提高到 50%

如果離岸市場僅僅依賴"回流機制"，雖然能一時緩解人民幣出路的問題，提高資產收益率，但會嚴重抑制離岸市場的長期發展潛力。主要問題是，如果人民幣大量回流，香港就無法留存足夠的人民幣流動性，從而無法支持一個有規模的人民幣離岸金融市場。另外，如果主要依靠中資企業在香港融資使人民幣回流，將增加境內的流動性和對沖外儲增加的壓力。所以，必須認真研究和大力推動境外對人民幣的需求，提高離岸市場人民幣"體外循環"的比率。我們估計，在歐洲美元市場上，大部分歐洲美元的金融交易屬於"體外循環"，而非美國企業的融資。

（三）推動離岸市場發展的具體建議

（1）推動人民幣用於大宗商品的定價

比如可以推動中俄之間石油和天然氣貿易的人民幣計價和結算、中國和巴西與中國和南非之間鐵礦砂貿易的人民幣計價和結算、中國與印尼和馬來西亞之間的農產品貿易的人民幣計價和結算等。這些交易使海外出口商更多地接受人民幣支付，有助於增加香港等離岸市場的人民幣存量。比如，新加坡作為東南亞的金融中心和在大宗商品交易有優勢的金融中心，就有可能成為推動人民幣用於大宗商品計價的一個平台。中國決策機構在與新加坡政策協調的過程中，應該提出新加坡支持與建立人民幣大宗商品計價（如推出人民幣商品指數）的希望。另外，中國與俄羅斯之間高層戰略對話之中也應該加入推動人民幣計價和結算石油貿易的內容。

（2）切實推動人民幣 FDI 和 ODI，消除實施的瓶頸

每年各 1000 億美元左右的 FDI 和 ODI 中，如果有 30% 可以用人民幣融資，並考慮到貿易融資每年可循環幾次使用，帶來 1000 億美元（6000 億人民幣）的貿易結算額，就可以大幅度提升境外對人民幣的需求。[1]

我們建議應在保持與現有外商直接投資業務管理規定銜接和加強資金使用合規性監管的基礎上，進一步簡化人民幣資金結算業務的辦理手續，便利境外投資者使用人民幣來華開展直接投資。同時，應進一步減少政策障礙，簡化人民幣 ODI 的審批和辦理手續，鼓勵境內企業使用人民幣開展境外直接投資人民幣結算業務。同時，應明確人民幣對外擔保不納入現行外債額度管

---

[1] 我們十分高興地看到，人民幣 FDI 政策僅僅出台半年之後，在 2012 年 1 - 2 月人民幣 FDI 佔全部 FDI 的比例已經上升到 20% 左右。

理，鼓勵境內金融機構向 "走出去" 企業提供人民幣貸款融資。[②]

（3）推動人民幣債券、股票和其他金融工具的掛牌和交易。

二級市場的交易會產生對人民幣的需求，推動香港人民幣資金池的擴大。除了匯賢 REITS 外，港交所可以掛牌更多的人民幣股票或債券，ETE 等產品。人民幣 ETF 和大陸 A 股相關的指數產品也會有大的需求，同時可以交叉掛牌一些 A 股在港交所。

（4）推動第三方使用，加大宣傳和教育的力度

第三方使用人民幣（如俄國公司在香港發行人民幣債券，掉期成地三種貨幣在第三國使用）已經有幾個案例。但是，我們的研究表明，其潛力可能是幾十倍。在上千家已經發行美元債券的國際企業中，可能有 10% 的企業有潛在的經濟理由（如降低融資成本、在中國和香港市場建立聲譽等）考慮在香港發行人民幣債券。目前的主要瓶頸是多數國際企業完全本不了解香港離岸市場的融資功能，所以需要監管機構和金融機構的大力推廣。由於這種推廣活動帶有 "公共產品" 的性質，商業金融機構往往不願意承擔太多的成本，因此政府和監管部門應該更多和更加主動地對推廣活動提供支持。另外，應逐步提高 CCS 匯率掉期市場的流動性和定價效率，減少潛在發行者對外匯風險對沖工具的疑慮。

（5）簡化在貿易結算過程中的真實性單據審核流程

在我們的調研中，許多參與人民幣貿易結算的銀行和企業抱怨，監管當局對貿易真實性審核的程式過於複雜，明顯增加了業務成本和處理時間。有的外資銀行估計，因為人民幣貿易結算的單據審核要求許多特殊單據和原始憑證，需要人工處理，每筆交易的業務成本高於其他可兌換貨幣（全部可用系統自動處理）達幾十倍。這種情況嚴重制約了銀行和企業使用人民幣進行貿易結算的興趣。

---

② 這段建議是筆者在 2011 年三季度寫的。人民銀行於 2011 年 6 月在《關於明確跨境人民幣業務相關問題的通知》中已經說明人民幣對外擔保不納入外債額度管理。但外管局在 2011 年 8 月重申，境內機構提供人民幣對外擔保，原則上仍按照《國家外匯管理局關於境內機構對外擔保管理問題的通知》（匯發 [2010]39 號）的有關規定進行管理。最近，人民銀行正式下發文件明確以前者為準。

我們建議，既然在經常項目下，人民幣已實現完全可兌換，銀行在審核客戶提交的貿易單據時，就應該簡化流程。從政策制定角度看，結算環節要求的單據只有三個：合同、發票、進出口收（付）款說明，但商業銀行在審核過程中提出了許多額外的要求。我們建議，除了這三個單據，其他的單據都可以簡化或者取消。特別是對於大型跨國企業等優質客戶，可以根據銀行自身風險管理要求簡化相關手續。

（6）保證離岸市場有充裕的人民幣流動性，增強企業使用人民幣結算的信心。

我們的調研表明，人民幣貿易結算的參與者普遍擔心，香港和新加坡的銀行是否能夠提供足夠的 CNY 的流動性，以保證人民幣貿易結算持續地、有規模地進行。一些跨國公司表示，因為將公司所有與中國相關業務的會計系統、結算系統、IT 和人員培訓都改為人民幣會產生很大的成本，而如果離岸市場的人民幣流動性不能持續保持足夠的規模，公司就不太情願冒風險將外幣結算改為人民幣結算。而造成對流動性擔心的具體問題包括：1）中銀香港的 CNY 淨頭寸有每個季度 80 億人民幣的額度限制；2）境內代理行也有 NOP 的額度限制；3）香港金融管理局沒有承諾在 CNY 供給不足的情況下（比如 CNH 對 CNY 的溢價很高的情況下）會啟動與人民幣銀行的貨幣互換機制，向市場提供人民幣流動性的保證。

我們建議，進一步放鬆中銀香港和境內代理行的 NOP 限制，並由香港金融管理局在 CNH 對 CNY 的溢價／折扣過大的情況下啟動互換機制、注入流動性的操作。即使香港金融管理局不正式承諾將 CNH 對 CNY 的溢價控制在一定水準內，市場也會逐漸形成這種流動性將保持穩定的預期，就會有利於增加使用人民幣進行貿易、投資結算的企業的信心。

（7）進一步放寬香港監管當局對香港本地銀行人民幣淨頭寸（NOP）的限制。

目前的限制在很大程度上造成了香港本地銀行在人民幣頭寸管理上的不

確定性。一些銀行因此不敢承諾較大規模的人民幣信用證和外匯遠期合約等業務，也使得一些業務流失到新加坡。建議進一步放鬆這方面的限制。

（8）建立離岸人民幣市場的利率和匯率的基準

香港財貿協會（TMA）在為形成人民幣匯率和利率的逐步標準化提出一些建議。人民幣貨幣市場利率的標準化，利率和匯率的基準價格（fixing）的形成對貨幣市場利率曲線和其他衍生產品的開發都有很重要的作用。

（9）建立債券的回購和期貨市場

定期發行政府債券和建立政府債券的回購市場有助於提高債券市場的流動性。還應該發展債券期貨市場，對回購債券市場在產品開發和市場發展方面形成良性互動，從而最終形成有市場深度和廣度的市場。

（10）建立人民幣匯率期貨市場

鼓勵香港聯合交易所發展人民幣匯率期貨市場，建立高透明度和標準化的交易所場內交易合約使人民幣匯率風險管理更加方便，對以人民幣非交割遠期為主的場外交易市場是有益的補充和完善，有利於香港人民幣交易市場的流動性和發現不受管制的國際環境下的人民幣的均衡匯率，為人民幣匯率改革提供很好的參考匯率價格和波幅。

第六章

新加坡 —— 東南亞的
人民幣離岸市場

　　我們認為，新加坡人民幣離岸市場的總體定位應該是，為東南亞各國與中國的貿易和直接投資提供人民幣金融業務的平台，並在中長期成為該地區投資於人民幣金融產品的一個地區性市場。今後幾年內，新加坡的離岸人民幣存款有潛力上升到全部境外人民幣存款的 20%。新加坡有可能在推動人民幣大宗商品的計價和結算方面作出有用的貢獻。在政策層面，應該建立保證新加坡人民幣流動性的機制，鼓勵東南亞金融機構進入中國市場以便其熟悉和推動人民幣境外使用，鼓勵新加坡企業用人民幣融資。

一、新加坡作為離岸金融市場的現狀和歷史

　　新加坡是美元、歐元、日元、英磅、瑞士法郎等貨幣在亞洲的重要離岸市場。國際清算銀行全球外匯市場最新年度統計表明，2010 年 4 月，新加坡外匯市場日均交易量達 2660 億美元，佔全球外匯市場日均交易量的 5.3%，僅低於英國、美國、日本，居全球第四位，亞洲第二位。其中，新加坡的美元、歐元、日元交易量分別佔全球交易量的 5.5%、3.1%、4.4%。香港外匯市場日均交易量達 2376 億美元，佔全球外匯市場日均交易量的 4.7%，低於新加坡，居全球第六位，亞洲第三位。 其中，香港的美元、歐元、日元交易量分別佔全球交易量的 5.3%、1.9%、3.3%。

　　新加坡是亞洲美元市場和亞洲本幣市場的重要交易中心，90% 的國際金融機構（投資銀行）以新加坡作為亞洲債券（包括本幣）交易中心，主要原因是新加坡集中了許多國際機構投資者及對沖基金。 2010 年，機構投資者資產管理的資產為 1.4 萬億新元，對沖基金資產為 680 億新元。亞洲美元市場自

1968年開創以來，成為亞洲最重要的離岸貨幣市場，1970年資產規模只有3.84億美元。但到 2011 年 8 月，亞洲美元市場資產額已經達 1.09 萬億美元，過去十年內增長 136%。

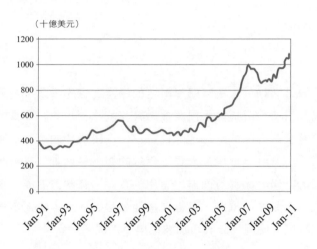

（十億美元）

圖 6－1　新加坡亞洲美元市場資產

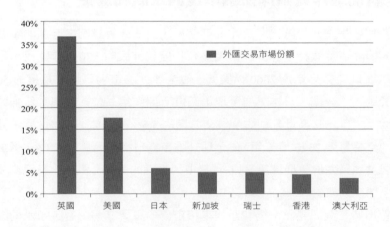

■ 外匯交易市場份額

英國　美國　日本　新加坡　瑞士　香港　澳大利亞

資料來源：BIS

圖 6－2　主要市場佔全球外匯交易份額（2010 年 4 月）

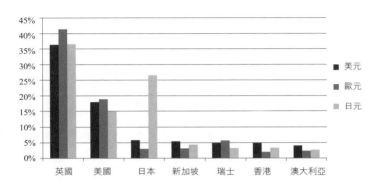

資料來源：BIS

圖 6-3　主要幣種外匯市場交易份額（2010 年 4 月）

　　新加坡離岸金融市場誕生於 1968 年 10 月 1 日。當時，新加坡政府允許美洲銀行新加坡分行在銀行內部設立一個亞洲貨幣經營單位（ASIAN CURRENCY UNIT，簡稱 ACU），以歐洲貨幣市場同樣的方式接受非居民的外國貨幣存款，為非居民提供外匯交易以及資金借貸等各項業務。在 1968~1975 年間，新加坡政府採取了一系列的政策措施推動亞洲美元市場產生的發展。1968 年新加坡政府取消了亞洲美元市場的外匯管制。1972 年，新加坡金管局取消了對亞洲美元市場上操作的 ACU 的存款 20% 的流動準備。到 1975 年，新加坡逐步形成了一個以經營美元為主，兼營馬克、英鎊、加元、法國法郎、日元等 10 多種硬通貨的國際貨幣市場和國際資本市場。

　　1976 年至 1997 年，新加坡政府加快了推動金融改革的步伐。1976 年 6 月放寬外匯管制，與東盟各國自由通匯，允許東盟各國在其境內發行證券，並給予更多的稅務優惠。1977 年 ACU 的利得稅從 40% 下調到 10%。1978 年 6 月 1 日全面開放外匯市場，取消外匯管制，以吸引外資銀行到新加坡設立 ACU，從事離岸金融業務。1981 年，允許 ACU 通過貨幣互換安排獲得新加坡元。1984 年，新加坡國際金融交易所（SIMEX）成立。這是亞洲第一家金融期貨交易所。成立之初，SIMEX 推出了亞洲第一個歐洲美元存款利率期貨和歐洲日元期權交易。1990 年 6 月，外國人持有新加坡本地銀行股權限制由

20% 提高到 40%。1992 年 8 月放寬離岸銀行的新元貸款額度限制,其上限由原來的 5000 萬新元提高到 7000 萬新元。

新加坡的金融開放的措施有力地刺激了其離岸金融業務的發展。90 年代末,作為亞洲美元交易中心的新加坡,其外資銀行的資產已佔銀行業總資產比重的 80%,亞洲貨幣單位增加到 100 多家。亞洲美元債券比前一階段更有起色,累計發行 361 筆,金額 20.54 億美元。外匯交易也突飛猛進,1998 年外匯業務營業額達 1390 億新元,僅次於倫敦、紐約、東京,成為世界第四大外匯交易市場。此外,新加坡政府還推出了離岸保險業務,1992 年該項收入達到 11 億新元(折合 6.82 億美元),佔新加坡保險業總值的 10%。

1998 年以來,新加坡繼續深化了離岸金融市場的發展。新加坡金管局 1999 年 5 月 17 日,取消外資在本地銀行不可擁有 40% 以上股權的上限,銀行股雙軌制被廢除;放寬符合資格離岸銀行的新元貸款額上限,由原來的 3 億新元,提高到 10 億新元,使掉期交易的資金流動性大大提高,促進債券市場的發展;2000 年 1 月起,外資機構為新加坡投資者處理的最低交易額從原先的 500 萬新元下調至 50 萬新元;從 2000 年 1 月起,逐步放鬆對交易佣金的管制,各證券經營機構可自行決定佣金水準;鼓勵外國證券進入新加坡,積極吸引外國公司到新加坡發行股票、債券及其他證券,並在新加坡證券交易所上市,同時,積極開發和發展新的金融衍生產品,提高新加坡資本市場對東南亞及國際金融市場的影響力度。

二、新元非國際化的歷史背景和經驗

新加坡一方面支持在本地形成其他貨幣的離岸市場,但同時長期以來不鼓勵新加坡元(本幣)成為國際貨幣。 其主要原因是,新加坡金管局以匯率為首要貨幣政策工具。其貨幣政策的操作以管理新元對貿易夥伴的一攬子貨幣的匯率為重心。由於進出口貿易佔新加坡的 GDP 高達 300%,國內價格水準在很大程度上受制於國際價格和匯率水準。由於新加坡經濟的高度開放,而利率、貨幣供應量等傳統的針對相對內向性經濟的貨幣政策工具難以有效管理國內產出和價格水準,因此保持穩定和有公信力的匯率成為新加坡最主要的宏觀政策工具。

為發展新加坡成為國際金融中心，在 1970~1978 年間，新加坡取消對匯率的管制措施。但是，如果新元被廣泛為非居民所使用（尤其是用於非實體經濟的活動），而新加坡的經濟規模和境內貨幣發行總量有限，非居民對新元的需求和供給的變動就可能嚴重衝擊新元匯率的穩定，加大貨幣政策操作的難度，從而成對實體經濟的波動。於是金管局 1983 年發佈 621 通知，明確不鼓勵新元成為國際性貨幣的立場，內容包括不允許新元在境外用於非實體經濟活動，具體措施包括限制銀行對非居民提供用於非經濟活動的新元貸款、銀行間市場外匯和利率的衍生產品的交易僅限於對沖現存新元風險、限制以投機為目的的新元頭寸等。

至今，新加坡還保持兩項主要新元非國際化政策：一、限制投機性的新元貸款（新元 500 萬以上給非居民的銀行貸款）；二、要求非居民將以貸款（新元 500 萬以上）、債券、股票等融資方式籌集並用於境外使用的新元，兌換為外匯。 金管局認為維持兩項新元非國際化的基本措施不會阻礙市場的合理投資，同時有助於維持匯率市場穩定。

三、發展新加坡的人民幣離岸市場對中新兩國是雙贏

新加坡的官員認識到，人民幣最終將挑戰美元成為亞洲區域化和全球化的國際貨幣。人民幣貿易結算和人民幣資本市場將成為全球金融業務和資本市場的重要組成部分。新加坡作為區域性、國際性金融中心，發展離岸人民幣業務，有助於滿足東南亞各國與中國的貿易和直接投資等人民幣金融業務的需求，應該成為新加坡離岸金融市場的必要組成部分。隨着其他美元和其他國際貨幣的貿易結算業務逐步被人民幣業務替代，不發展離岸人民幣業務使新加坡失去在亞洲外匯市場和資本市場的競爭優勢、喪失市場份額。這與它成為國際金融中心的發展目標相背離。

我們從在新加坡的調研中也發現，新加坡有條件發揮其在亞洲貿易、資本市場的競爭優勢，推動人民幣在東南亞貿易投資中的廣泛運用，提高人民幣在大宗商品的定價和結算的比重，降低亞洲經濟體對美元的依賴性。因

此，推動新加坡人民幣離岸市場的發展對人民幣國際化進程和新加坡金融業的持續發展都是雙贏的。

四、新加坡人民幣離岸市場的現狀

隨着 2009 年跨境人民幣貿易結算試點的推出和擴展，人民幣業務逐漸擴展至當地銀行及外資銀行對公司企業客戶提供。目前許多當地金融機構提供人民幣相關業務，大致分為幾個方面：

（1）銀行提供人民幣結算、貿易融資、遠期交易、代理行的清算、資金拆借、定期和活期存款、人民幣信用證服務；

（2）新交所正在計劃推出人民幣匯率期貨結算服務。

（3）人民幣投資與資產管理。新加坡的銀行（包括 DBS 等）、基金（包括 Fullerton，Income Partners 和 Barclays Capital Fund Solutions）已經開始向客戶提供人民幣債券基金類的產品。

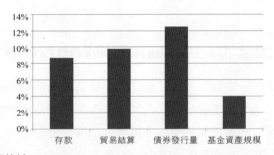

來源：德意志銀行估計。

圖 6-4　新加坡人民幣業務規模與香港的比率

新加坡的人民幣業務總體規模顯著低於香港，2011 年底人民幣存款規模估計在 400 − 600 億。新加坡企業目前只有一家參與了人民幣離岸市場債券的發行，佔總發行量的 1%（香港企業發行量佔市場 8%）。但自 2010 年以來，新加坡投資者持有人民幣債券增長較快，人民幣債券持有額佔離岸人民幣債券的餘額接近 30%。另外，以美元交割的人民幣業務（外匯、利率衍生工具以及其他場外交易的人民幣產品）與香港市場的規模相似。

五、新加坡與香港相比的若干劣勢

與香港相比，新加坡的人民幣離岸市場在如下幾個方面劣勢：

（1）新加坡與中國的貿易是中港貿易的三分之一。

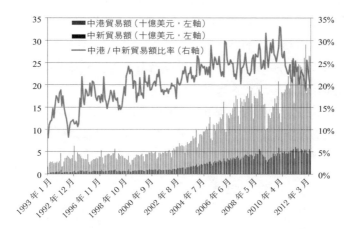

來源：CEIC

圖 6-5　新加坡對中國貿易額與香港的比率

（2）新加坡對中國的直接投資只有香港向大陸投資的 10–15%。

（3）新加坡股票市場為中資企業的融資規模遠小於香港。2011 年第三季度末，中資公司在新交所上市公司有 155 家，總市值達 457.39 億新元，相當於新交所主板的 6%，交易額的 13%。2011 年 9 月，港交所中資公司 H 股的交易額佔 66.6%，市值佔 55%。由於中資機構通過亞洲美元債券市場融資，在新加坡市場與香港市場沒有明顯的區別。

（4）中國到新加坡的旅遊者人數為到香港的 12%。2010 年中國大陸赴新加坡遊客達 110 萬，同期內地遊客赴香港達 2000 萬人次。

（5）新加坡金管局與人民銀行的互換協議的額度遠小於香港的額度。中國人民銀行和新加坡金融管理局於 2010 年 7 月 23 日在北京簽署了雙邊本幣互換協議。該協定互換規模為 1500 億元人民幣，約 300 億新元。2008 年簽署的人民銀行與香港金融管理局的本幣互換協定規模為 2000 億元人民幣，2010 年底增加了 200 億元人民幣互換協定用於提供貿易結算所需的人民幣流動性。這兩種互換協定實施有效期均為 3 年，經雙方同意可以展期。

（6）新元自 2005 年以來，平均每年對美元升值 4.5%。自 2009 至 2011 年 9 月初，新元對美元升值達 16%，明顯快於人民幣升值幅度（7%），使得投資者持有人民幣的興趣有限。在外匯市場波動較大或美元對全球貨幣普遍走強時，人民幣對美元的相對穩定將提高持有人民幣的意願。

（7）新加坡還沒有一家人民幣清算行。

（8）與香港及北京在同一個時區（東八區）。

（9）地理位置與香港相比，與中國大陸距離相對較遠。

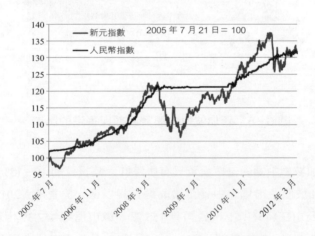

來源：Bloomberg

圖 6-6　新元與人民幣對美元匯率的比較

六、新加坡的相對優勢

當然，與其他地區相比，新加坡也有發展人民幣離岸市場的一些優勢。首先，新加坡政府十分積極地推動人民幣離岸市場的發展，政府高層與金融管理局給予了高度關注，並反覆重申新加坡政府會與中國政府在監管方面充分協作。第二，新加坡正在爭取一家中資銀行成為新加坡的人民幣清算行。（新加坡目前沒有清算行，只能通過二級清算進行，使新加坡的人民幣存款只能得到比香港較低的利率，限制了其人民幣存款的增長。）如果在這方面取得突破，對新加坡來説能明顯提升其人民幣業務的盈利和保證本地人民幣流動性。第三，新加坡在司法和行政透明、政府清廉、政局穩定、公司治理、基礎設施便利、低税收、人才、租金成本（較香港低）等方面都比許多其他國家和地區都保持優勢。第四，新加坡是眾多跨國公司的財務中心，有人民幣結算和融資的實際需求，有利於推廣人民幣離岸業務。 第五，人民幣可兑換之後，由於外匯和債券交易的 OTC 性質，和其現有的優勢，不能排除新加坡取得市場份額的可能。第六，新加坡是東南亞貿易和大宗商品交易中心，是連接亞洲、非洲、拉丁美洲的商品、貿易和資本市場的樞紐。它是世界第四大外匯交易中心，在亞洲僅次於東京的第二大外匯交易中心。第七，新加坡是亞洲的資產管理中心之一，管理資產總額在最近五年來每年增長率為 16%，2010 年底約 1.4 萬億新元，其中 80% 的資產源於國際資本。大多數全球領先的資產管理（以股票、債券投資為主）公司都在新加坡駐有分支機構其中最大的 20 家投資機構佔市場份額穩定在 43%。

綜上所述，我們的結論是，在人民幣資本項目尚未開放的階段，香港的優勢十分明顯，因此新加坡離岸市場的地位只能是從屬性的。目前，新加坡的人民幣存款約為香港的 10%，估計五年內新加坡的人民幣市場規模可能會增長到香港市場的 20% 左右。

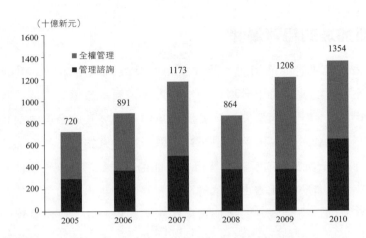

（十億新元）

來源：德意志銀行估計

圖6-7　新加坡管理資產額

七、對新加坡發展人民幣離岸市場的政策建議

　　新加坡匯集了諸多跨國公司的財務部門，人民幣取代大部分美元貿易結算的潛力很大，但是人民幣貿易結算在整體供應鏈的佔比較小。在新加坡推廣人民幣貿易結算業務目前面臨三個瓶頸：

　　一、境外人民幣流動性缺乏保障。缺乏政策機制保證跨境貿易項下人民幣可兌換所應有的流動性。由於沒有本地人民幣清算行，只能使用香港的清算中心或上海等境內代理行系統清算，而清算行和代理行的人民幣頭寸受限於香港金管局和人民幣銀行與外管局的頭寸管理，銀行供應人民幣的能力多數優先考慮自有客戶，因而缺乏對新加坡客戶的人民幣流動性保障。同時，本地貨幣當局（新加坡金管局）提供人民幣規模只有貨幣互換協定，但對人民幣貿易結算的清算業務沒有任何制度安排。市場最大擔心是如果人民幣在離岸市場供求在任何時點出現嚴重不對稱，造成 CNS（新加坡人民幣）市場匯率的異常波動，而市場又缺乏自動穩定機制，貨幣當局也沒有干預市場能力，就只能依賴於香港市場流動性機制。但是，過去幾次香港出現 CNH 人民幣匯率波動的情況下，監管當局都沒有及時採取措施穩定市場，尚未取得市場信任，更何況新加坡。尤其在銀行間市場，人民幣流動性差，制約了銀行擴大人民幣業務，包括貿易融資的積極性。

二、政策的清晰度和透明度有待提高。貿易結算的兩種渠道，或通過建立在香港清算行（中銀香港的）的結算賬戶，或通過境內代理行進行人民幣結算。通過香港結算，受限於中銀香港的結算額度及香港金管局對人民幣頭寸的管理；使用境內代理行，受限於境內銀行結售匯綜合頭寸管理（當前的頭寸管理辦法自 2011 年 4 月 1 日起實施，按照 11 月 8 日頭寸餘額低於 −20 億美元（含）的，下限調整為該餘額的 40%；頭寸餘額在 −20 億美元至 0 區間內的，下限調整為該餘額的 50%）。香港和境內對人民幣監管政策的存在較大差異，政策的清晰度和透明度有待提高，理解和操作起來，困難較多。尤其是對 90 天貿易項下人民幣結算的要求，操作成本高，實施阻力大。

三、人民幣貿易結算審核文件要求過於複雜。國際貿易在使用其他國際貨幣，如美元、歐元等，現金收支的處理完全電子化，銀行體系支付系統處理效率高（單筆交易通常耗時不到一分鐘），系統可以同時處理幾筆交易，結算量大。由於人民幣貿易結算對文件審核要求高，人工作業成本高，難以即時進行收支結算。我們調查結果顯示人民幣收付結算過程較美元和歐元結算費時 15~20 倍。

針對以上問題，我們提出以下幾點建議：

（1）將新加坡定位為東南亞人民幣中心。東南亞（ASEAN）對中國有很大的貿易順差，當地的華僑經濟佔主導，相對較容易推廣人民幣產品和貿易融資。東南亞人口六億，GDP 總量達 6 萬億美元，貿易量達 4 萬 5 千億美元。中國正在推動東南亞自由貿易區的發展，這也為推動人民幣貿易結算提供了機遇。

（2）發揮新加坡作為東南亞商品交易中心的優勢，推動大宗商品交易（天然橡膠，棕櫚油等）以人民幣為計價和結算貨幣。

（3）加強與東南亞金融體系的合作與市場滲透，配合中國商業銀行進入東南亞（ASEAN）國家建立分支機構，同時鼓勵東南亞銀行進入中國，幫助跨國公司企業人民幣貿易結算。新加坡和許多東南亞企業有銀行關係，在推銷人民幣產品和服務方面有明顯優勢。

（4）健全新加坡人民幣市場流動性機制，包括人民幣清算機制。可以考慮明確香港人民幣結算中心，擴大結算額度，以便於新加坡通過香港結算賬戶，或單獨在新加坡設立清算行；

（5）提高人民幣跨境貿易的政策清晰度、透明度和連貫性，加強監管機構與市場的適時溝通，減少政策的混淆，增強市場信心。可以考慮在香港和新加坡人民幣市場監管之間建立協調機制。

（6）簡化貿易合規文件審核要求，提高人民幣支付效率，降低金融機構和企業的業務成本，從而提高海外對人民幣結算的需求。

（7）鼓勵新加坡企業以人民幣融資，增加東南亞投資者所熟悉的企業所發行的人民幣債券。

第七章

倫敦和紐約的
人民幣離岸業務

一、倫敦作為人民幣離岸市場的潛力

除了香港、新加坡已經開始形成的人民幣離岸市場之外，倫敦也開始爭取人民幣離岸市場的地位。2011 年 4 月，倫敦金融城市長白爾雅就在上海表示，人民幣離岸市場的前景非常廣闊，多個離岸中心的建設將有利於人民幣市場健康發展。"我們希望並有信心讓倫敦儘快參與進來"，英國首相也在最近表示希望推動倫敦的人民幣業務。

短期之內，倫敦對人民幣的需求將主要是國際投資者對人民幣產品的需求。這是因為倫敦聚集着全球對亞洲和中國投資的大批機構投資者。這些投資者有參與投資人民幣產品的興趣。持有英鎊或歐元的投資者對人民幣的興趣相對美元投資者較小，因為前兩者對人民幣匯率波動很大，而美元則對人民幣基本上呈直線貶值趨勢。

倫敦也可以為歐洲對中國的貿易和直接投資提供人民幣的金融服務。歐洲是中國最大的貿易夥伴。歐洲是中國最大的出口地（20% 的出口值），第二大的進口地（12%）。目前，在香港有分支機構的國際銀行都已經開始在倫敦等歐洲主要城市開始向其客戶提供人民幣的存款和人民幣貿易結算業務，有些也開始提供人民幣的金融產品（如人民幣債券基金等）。

經過倫敦的人民幣貿易結算量近年來增長迅速，到 2011 年底的累計結算量估計在 350 億人民幣左右，佔全部人民幣貿易結算量的 1.3% 左右。人民幣貿易結算的增長也推動人民幣支付（包括貿易和非貿易的支付）與人民幣外匯交易量的增長。尤其是自 2011 年起，倫敦人民幣支付和外匯交易量有明顯上升。① 2011 年第四季度，在除中國和香港以外的離岸市場上，發生在倫敦市場的人民幣支付量佔同期人民幣支付量的 30%，倫敦人民幣外匯市場交易量佔同期人民幣交易量的 46%，與新加坡持平。按季度變化看，2011 年第一季度到第四季度，新加坡市場的人民幣支付量從佔離岸市場（除中國和香港以外）交易量的 52. 9% 下降到 30. 6%，倫敦市場的人民幣支付量佔比則從 22. 1% 上升到 30%。

目前，倫敦人民幣外匯交易市場中，現匯交易量已達日均 3－5 億美元，人民幣外匯掉期 3－6.5 億美元，人民幣外匯互換約 5000 萬美元。倫敦人民幣支付與外匯市場近年來的逐步活躍將使它有望成為香港之外的最大的離岸人民幣中心。

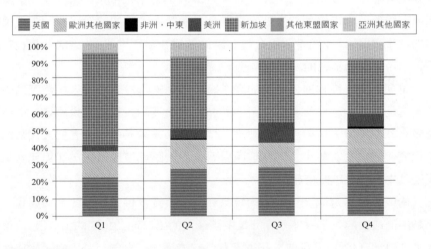

資料來源：SWIFT

圖 7－1　2011 年除中國和香港以外的人民幣支付量佔比

---

① 據 SWIFT 統計數字，2011 年在 SWIFT 統計內（基本涵蓋了源自海外的跨境人民幣結算）的人民幣支付量平均月度環比增長為 14％，同期其他貨幣支付量的月度環比增量僅為 0.7％。比如，2011 年，在 SWIFT 統計內的盧布支付量月度環比增長 7.4%，印度盧比增長 4.1%，巴西瑞爾增長 2.3%。儘管人民幣在 SWIFT 統計內的支付總量佔比僅 0.29%，遠低於歐元支付量的 43%，但是 2011 年人民幣在全球結算貨幣的排名由第 30 位上升至的 17 位。

倫敦有潛力發展成為人民幣在歐洲的最主要的離岸市場。其優勢在於：

（1）許多歐洲企業以倫敦為金融和財務中心，有利於推銷人民幣產品和服務給歐洲客戶。英國 100 強公司（英國富時 100 指數所包含的公司）中的 70% 和歐洲 500 強公司的 75% 將總部設在倫敦。倫敦是全球最大的銀行業中心，在英國的銀行（包括國外銀行在英國的分行）提供了全球 20% 的跨境銀行業務。2010 年 12 月，在英國的銀行對外國企業及機構提供的境外貸款達 4.5 萬億美元，英國銀行業持有的資產額為 8 萬億英鎊，相當於英國 GDP 的五倍。全球多數最大的銀行機構都選擇英國開展國際業務，目前大約 241 家外國銀行在英國設有分支機構，英國的外資銀行數量超過世界其他國家。外資銀行持有資產額與英國本土銀行相近。

（2）倫敦作為金融中心和外匯交易中心，是推廣人民幣產品的必不可少的一個時區。倫敦外匯市場日均交易量為 1.9 萬億美元，佔全球外匯市場日均交易量的 36.7%。 美國位居第二，佔全球外匯市場日均交易量的 17.9%。倫敦擁有全球最活躍的歐洲債券市場，債券幣種多樣，以美元和歐元為主。2010 年新發行的歐洲債券達 4166 億英鎊。歐洲債券市場交易量的 70% 發生在倫敦市場。同時英國保險業規模居歐洲之首，全球第三位。據 2010 年 9 月統計，英國保費收入（約 2000 億英鎊）佔全球市場的 8%，保險業僱傭 275000 人，佔金融業從業人員的三分之一。

英國也擁有全球最大的利率衍生品市場，英國利率衍生品日均交易量為 1.4 萬億英鎊，佔全球利率衍生品市場日均交易量的 45.8%。美國位居第二，佔全球利率衍生品日均交易量的 23.8%。

表 7-2　英國資產管理的規模和佔歐洲的份額

資產管理市場	總資產額（億英鎊）	市場份額
英國	€ 31,810	29.5%
法國	€ 25,540	23.7%
德國	€ 13,270	12.3%
意大利	€ 5,620	5.2%

資料來源：歐洲基金和資產管理協會，2010 年。

倫敦擁有全球最大的金屬交易所，每年平均 1.2 億筆金屬交易合約，日均交易量達 460 億美元。英國是歐洲最大的資產管理中心，淨資產管理額佔歐洲市場的三分之一，資產管理行業僱傭 24000 人。

綜上所述，倫敦金融市場不論從外匯、債券、利率衍生產品、股票、商品等金融產品類別看，或者從銀行、保險、資產管理等業務種類來看，集中了非常豐富的金融產品、活躍的交易平台和資本市場，有助於中國與歐洲企業和投資者在歐洲市場使用人民幣進行貿易結算、投融資和大宗商品的交易等。

作為香港人民幣業務清算行，中銀香港為進一步滿足方便倫敦等地區使用清算行的人民幣即時支付結算服務，計劃於 2012 年 6 月 25 日開始將人民幣即時支付結算服務時間延長 5 小時，由目前早上 8 點半至晚上 6 點（GMT 0:30 – 10:00），延長至晚上 11 點半（GMT 0:30 – 15:30）。延長營業時間後，可覆蓋歐洲及美國東部人民幣業務參加行，便於其在正常辦公時段使用香港清算平台進行人民幣即時交收，提升人民幣收付效率，減少資金結算風險。下一步根據人民幣即時支付結算系統的不斷完善改進，將會延長至覆蓋美國西部交易時段（初步計劃再延長 5 小時至 GMT 0:30 – 20:30）。

（3）按照歐洲美元的慣例，英國對離岸貨幣採取較為寬鬆的監管，以市場自律為主。寬鬆的監管降低了融資成本和交易成本，市場的自律則有利於提高資本配置的效率，引導市場定價。倫敦在此基礎上確立了以歐洲美元市場為主導的國際金融中心的地位。

（4）由於歷史原因，倫敦和香港在經濟和金融方面的緊密聯繫也有利香港人民幣產品通過倫敦在歐洲行銷。

2010 年以來，歐洲企業和投資者開始參與離岸人民幣市場。在債券一級市場上，14 家歐洲銀行和企業在香港發行人民幣債券，累計規模發行量達 111 億人民幣，佔市場發行量的 3.7%。歐洲基金投資者持有離岸人民幣固定收益產品在市場佔比約 5% – 8%，而不少賣方的銷售服務是由位於倫敦的金融機構提供的。

為拓展倫敦人民幣業務，中國政策性銀行（國家開發銀行，進出口銀行，農業發展銀行），將發行第一批在倫敦股票交易所上市的離岸人民幣債券，直接面對歐洲投資者。

二、紐約作為人民幣離岸市場的潛力

紐約覆蓋了美洲地區的重要時區。紐約市是世界最大的國際金融中心，匯聚了來自 50 個國家的 168 家銀行，全球 20 家最大的國際銀行有 18 家將總部設在紐約。與新加坡和倫敦不同，紐約對發展人民幣離岸市場尚未公開表示明確的興趣。紐約的人民幣市場更可能是一個自然形成，而非政策推動的結果。其參與對象包括美國的投資者、有對中國貿易和投資結算需求的企業等。一些美國的政治家對人民幣的崛起還存有疑懼的心理。相對於英國，美國的劣勢是管制障礙較多（比如對中資銀行的牌照等限制仍較多）。但是，美國的相對優勢是，由於人民幣對美元穩定的升值趨勢，美元投資者對人民幣的興趣大於其他貨幣持有者，這有利於紐約離岸市場的成長，也有利於美國對中國出口的人民幣結算。

紐約地區人民幣結算業務在中資銀行業務的推動下正逐步展開。自 2010 年以來，累計人民幣貿易結算量估計在人民幣 400 億左右。 SWIFT 資料表明以紐約為區域中心的美洲國家的人民幣支付量從 2011 年第一季度佔（除中國和香港外的）離岸市場人民幣支付量的 4% 上升到第三季度的 12%，但第四季度降到 8%。 紐約市場的人民幣外匯交易規模低於倫敦，目前紐約的人民幣現匯交易日均達 2 億美元，外匯貨幣市場合外匯掉期交易量日均 2.5 億美元。

自 2007 年離岸人民幣債券市場發展以來，儘管麥當勞（Mcdonald's）、卡特彼勒（Caterpillar）等著名美全球 500 強企業，是第一批發行人民幣債券的美國企業。但美國投資者參與程度遠遠低於香港、新加坡和倫敦，主要原因是國際企業在離岸人民幣債券的發行方式以 REGS[②] 為主，加上人民幣債券二級市場流動性低，限制了美國投資者的參與。

墨西哥美洲電信公司於 2012 年 2 月，在香港發行了 10 億元人民幣 3 年

---

② Regulation S（簡稱 REGS）是一個避風港條款，規定在美國以外的其他國家出售的證券不需要遵循 1933 證券法第五章的註冊要求。該條款有兩條細則：發行人的避風港規則和再出售的避風港規則。在這兩種情況下，該條款要求此證券的銷售在美國以外；該條款禁止發行人向美國人（包括在身處美國以外的美國人）出售證券。

期債券,成為第一個在離岸人民幣市場發行債券的拉美國家的公司。更有里程碑意義的是,這是第一筆以 144A 規則發行的債券,在一定程度上避免了 REGS 對美國投資者參與的約束。144A 規則(私募市場向機構投資者的證券再銷售)是美國"1933 債券法"的修訂版中規定的,1990 年 4 月由美國證監會批准實施,允許發行人向大型機構投資者出售的可以不受美國證監會的註冊和信息披露要求限制的證券。144A 規則的主要目的是吸引外國公司在美國發行證券(包括債券)。自 144A 規則實施以來,外國公司在美國的資本市場融資方式逐步由公募市場融資轉向 144A 私募市場融資。以 144A 規則發行的人民幣債券給美國機構投資者開闢了投資離岸人民幣債券的市場,這支美洲公司的債券總發行量的26%出售給了美國投資者。我們預計會有更多企業(尤其是美國投資者較為熟悉的美洲企業)以 144A 規則發債。另外,第三方融資、外匯和債券市場投資的活躍將帶動紐約人民幣離岸市場的資產和流動性需求。

總體而言,在香港以外的其他離岸市場中,我們估計紐約的發展會落後於新加坡和倫敦。

三、結論

與香港不同,倫敦、紐約等人民幣離岸業務或市場的前景基本上不是由政府推動,而在更大程度上是市場選擇的結果。具體來説,這些市場的發展取決當地參與人民幣貿易結算的企業、參與提供人民幣金融服務的銀行和投資於人民幣金融產品的機構投資者對基礎設施、人才、產品開發和銷售渠道的投入。比如説,人民幣離岸市場的發展需要銀行與企業增加包括內部會計、支付、風險管理系統的升級等基礎設施的投資以便於處理人民幣相關業務。但由於對人民幣匯率制度改革及資本項目開放的時間表信心不足,許多國外(尤其是美歐)的企業及金融機構尚缺乏投資意願,這也在一定程度上成為了這些地區離岸人民幣業務開展的瓶頸。因此,中國如果能夠承諾一個相對比較明確的資本項目開放的時間表,就有助於鼓勵國外企業和銀行對其基礎設施的投資,增加其用人民幣作為結算貨幣的信心。

　　另外，中國和香港方面也有傾聽歐美客戶的需求，改善跨境人民幣結算基礎設施的義務。 比如，歐美的銀行抱怨目前人民幣支付體系所接受的指令與 SWIFT 國際支付系統的指令相容性不足。如果中國公司名稱可以採用 SWIFT 中慣用拉丁文，不是目前使用的四角號碼，會更便於銀行處理和審核交易，以及資產負債匹配的管理。

第八章

關於建立境內
人民幣離岸市場的爭論

一、背景

在人民幣離岸市場的討論中，一個有較大爭議的問題是在境外發展離岸市場的同時，是否應該發展境內（如上海）的人民幣離岸市場。課題組於2011 年 5 月在上海與中國銀行上海分行、招商銀行上海分行、深圳發展銀行上海分行、浦發銀行、德意志銀行等五家銀行的離岸業務部、國際結算部門的負責人進行座談，了解中外資銀行在內地發展離岸銀行業務的現狀，存在的問題，討論了相關的建議。在與人民銀行等機構討論的基礎上，課題組七月份又在上海舉行了專家研討會，參會的代表包括主要商業銀行、人民銀行貨幣政策二司、人民銀行上海總部、貿易公司和出口保稅區的代表等。

經過幾輪討論，對目前是否應該和如何發展境內人民幣離岸市場的意見分歧仍然很大。主要存在以下兩類意見。

支持在境內（如上海等地）發展人民幣離岸市場的意見認為，中國可以仿效美國的 IBF，日本的 JOM，在境內建立內外分離型的人民幣離岸市場來防止以套利為目的的在兩個市場間的資金流動。操作上似乎也較簡單，在目前銀行開展的外幣離岸業務基礎上，增加人民幣幣種即可，風險管理可以沿用目前的外幣離岸業務管理的有效模式。從實體經濟的需求來看，上海發展其人民幣離岸市場，至少可以服務於中資背景的非居民的海外業務：比如走出去（ODI）企業、航運企業、保稅區貿易企業等。這些企業中的一部分，由於在海外開辦分支機構的成本太高，或在管理上（如人事、財務監管）方面相對不便，更願意在境內銀行的離岸部門開戶，進行跨境人民幣的貿易和投資業務。如果境內不允許人民幣離岸業務，潛在的業務就會流失到境外的離岸市場。

不同意目前開放境內離岸人民幣市場的觀點認為，一些國家也曾先後推動境內的離岸市場建設，但都無法與倫敦、紐約、香港、新加坡等主要的金融中心的境外離岸市場競爭，影響很有限。在非居民可以選擇境內人民幣市場或者香港、新加坡離岸市場持有人民幣資產的情況下，選擇進入境內人民幣離岸市場的意願會很低，即境內人民幣離岸市場未必有足夠的需求支持。在人民幣尚不可完全兌換的情況下，由政策推動建立的內外分離型境內離岸市場，因為需要與在岸市場嚴格分離，實行不同的稅收政策和金融管理政策，對銀行的經營水準和監管部門的管理能力要求都比較高，可能出現"嚴管就死，一放就亂"的局面。

總起來說，對境內是否應該發展離岸市場的討論，焦點在於兩個問題，一是是否有足夠的需求，二是風險管控是否很困難。如果需求不足，就沒有必要推動；如果風險難以控制，就不應該推進。我們經過與商業銀行、企業、專家的討論和調研，尚沒有令人確信的證據對這兩個問題作出有十分把握的回答。

二、境內銀行經營非居民業務的監管規定和現狀

境內銀行經營非居民業務的載體有兩個[①]：離岸銀行賬戶（OSA）和非居民賬戶（NRA）。OSA 是一個集吸收存款、提供融資和現金管理服務等業務為一體的離岸持牌經營單位，其監管原則基本比照境外銀行以及中資銀行的境外分支機構。NRA 則是為了方便境外企業經常項目下資金收付的結算賬戶，本質上是在岸賬戶，只是要求開戶銀行進行資金用途的審查備案。

---

① 除此之外，境內註冊外資銀行是一個經營離岸業務的特殊載體。其特點是：1）無需審批即可辦理對非居民的離岸銀行業務和 NRA 賬戶業務；2）在銀行內部採取內外混合的"資金池"，不區分資金來源於離岸還是在岸；3）採取"限額制"管控對非居民負債的總規模，非居民存款佔用短期外債指標。

（一）離岸銀行賬戶（OSA,Offshore Bank Account）

2002 年，監管部門批准浦發、深發、交行、招商四家銀行設立離岸銀行賬戶（OSA），在離岸吸收外幣存款並發放外幣貸款，其他中資銀行只能在海外分支行經營離岸業務。OSA 人民幣業務仍然沒有相關的准入審批和監管規定。

OSA 主要的監管規定（表 8－1）包括：（1）離岸對境外機構貸款，不佔用銀行信貸規模，存、貸款利率不受限制，離岸銀行不提取存款準備金；（2）客戶在離岸賬戶的外匯存款，允許自由調撥、自由轉移到其他國家，但不經審核無法直接匯入境內；（3）銀行對離岸賬戶的資金管理和使用應與在岸完全隔離，只能用於境外貸款和投資，不經審批不能流入境內；（4）在岸銀行從離岸銀行融入的頭寸需佔用短期外債指標，離岸賬戶從在岸銀行融入的頭寸不得超過離岸資產規模的 10%，在岸資產不能用於離岸融資擔保。

表 8－1　離岸銀行業務監管規定和產品限制

OSA 監管規定	資金滲透（IN 離岸，OUT 在岸）			產品	
	方向	外幣	人民幣	外幣	人民幣
客戶資金管理	OUT－IN	經常項目可滲透；資本項目須經審核	仍然沒有啟動，也沒有相關法規	存貸款利率不受限制 可以自由投資於境外金融市場 跨境結算業務	仍未啟動，也沒有相關法規
	IN－OUT				
	OUT－OUT	可自由流動和投資運用			
銀行資金管理	OUT－IN	淨流入佔用短期外匯指標		離岸吸收外匯存款 不提取存款準備金 離岸賬戶可自由對境外機構貸款，不佔用銀行信貸規模，存貸款利率不受限制	
	IN－OUT	淨流出額不得超過離岸資產 10%；在岸不得為離岸擔保			
	OUT－OUT	可自由流動和投資運用			

根據調研，截至到 2011 年 5 月底，上海外幣離岸賬戶存款規模約為 200 億美元，年均增速超過 30%。主要業務是貿易結算，每年結算業務流量約為 1000 多億美元，此外還有外幣貿易融資、買方信貸、併購貸款等融資類業務

以及外匯 NDF 等交易性業務。離岸外匯的存貸款利率由市場供求機制決定，基本與香港等市場接軌。由於客戶群體的不同，上海離岸外匯的貸款利率比香港略高 20－30 基點。上海外幣離岸賬戶開戶數約為 7 萬多家，其中 80% 是"走出去"的大型中資機構和開展跨境貿易的中小企業註冊在海外（如香港、開曼等避稅港）的平台公司，20% 是純外資背景企業。

（二）非居民賬戶（NRA, Non－resident Account）

2009 年，外管局允許境內銀行為境外機構開立外匯賬戶（NRA）。主要監管規定（表 8－2）有：（1）境內機構和個人與 NRA 之間的外匯收支，按照跨境交易進行管理，經辦銀行應充分審核備案有效的商業單據和憑證，確保其用於貿易項下用途後辦理，資本項下資金不能直接劃轉。（2）NRA 外匯賬戶的資金餘額，納入境內銀行短期外債管理，央行對各家境內銀行的短期外債每年核定限額。（3）NRA 賬戶性質上屬於境內賬戶，因此境內銀行可以利用賬戶資金在境內投資和拆借。

表 8－2　非居民賬戶監管規定和產品限制

NRA 監管規定	資金滲透			產品	
	方向	外幣	人民幣	外幣	人民幣
客戶資金管理	NRA 與境內之間的資金收付	貿易項下可自由滲透，經辦銀行應充分審核有效商業單據和憑證，辦理國際收支申報備案；投注差以內的直接投資可備案後滲透；其他資本項目不可自由滲透	與外幣相同	NRA 外匯賬戶：只提供定活期存款、匯款、外匯買賣等現金結算業務，不能進行融資；不得存取外幣現鈔、不得結匯、不得與離岸賬戶混合	NRA 人民幣賬戶只能支付活期存款利息；只能夠進行現金結算，不能融資
	NRA 與境外之間的資金收付	須辦理國際收支申報；操作中銀行很難區分進入 NRA 賬戶的資金是屬於經常項目還是資本項目			

（續表）

銀行資金管理	在境內使用	NRA 賬戶外匯存款佔用短期外匯指標 銀行可以將 NRA 賬戶的外匯資金自由投資運用於境內金融市場	NRA 賬戶人民幣存款不佔用短期外匯指標 在國內的投資範圍沒有規定，銀行理解為可以自由投資運用	NRA 賬戶的本、外幣存款被銀行納入境內業務統一的資金池，其投資運用在境內不受限制
	在境外使用	不可自由投資運用於境外金融市場		

2010 年以來，人民幣貿易結算增長迅速，央行因此於 2010 年 10 月出台了《境外機構人民幣銀行結算賬戶管理辦法》，允許境外機構在境內銀行開立 NRA 人民幣賬戶，用於跨境貿易結算。其管理方式基本與外幣賬戶相同，最大的區別是賬戶內人民幣資金不計入外債額度，因此其規模增長不受限制；為防範跨境套利，央行 2010 年 11 月起規定 NRA 人民幣賬戶只能支付活期存款利率（0.5%）。

三、支持發展境內人民幣離岸市場的觀點

接受調研的銀行普遍反映，目前非居民人民幣業務範圍過於狹窄，因此缺乏競爭力，業務普遍流失海外。另外，實體經濟中有對擴大非居民人民幣實際需求，因此應該考慮擴大非居民業務的範圍。已經操作離岸外幣業務的銀行則要求，將離岸外幣業務擴大到人民幣業務，認為針對外幣離岸業務的行之有效的風險管理模式可以運用到人民幣離岸業務中。以下綜述這些銀行的基本觀點。

（一）非居民銀行業務面臨的主要問題

在調研過程中，商業銀行普遍反映，目前 OSA 和 NRA 產品競爭力不足、客戶流失海外的問題比較普遍。他們認為，主要的發展瓶頸有三個：

OSA 沒有經營人民幣業務的准入許可；NRA 僅允許人民幣結算，並與 OSA 業務功能重複交叉；在利率、貸款標準、產品創新上受到限制。

1. OSA 沒有經營人民幣業務的准入許可

2010 年以來，人民幣跨境支付快速增長，離岸人民幣的規模快速上升，然而這些人民幣存款絕大多數都流入了香港、新加坡等地的離岸市場，離岸人民幣的存貸款、貿易項下收付、債券投融資等業務基本上由香港、新加坡等境外銀行經營，內地的離岸銀行業務並沒有受益。最主要的原因是內地的離岸銀行經營機構沒有獲准經營人民幣業務。一些中資銀行認為，境外銀行快速發展離岸人民幣業務的同時，限制中資機構 OSA 的人民幣業務准入，事實上造成了中、外資銀行在離岸業務上"不公平待遇"。

2. NRA 僅允許人民幣結算業務，並與 OSA 業務功能重複交叉

NRA 外幣和人民幣賬戶分別從 2009 年和 2010 年開始運行。從現狀看，NRA 沒有貸款和現金管理功能，對客戶的吸引力有限，業務增長較慢，在風險管理方面則存在隱憂。

其一，NRA 僅有結算業務，與 OSA 業務功能交叉重複。目前 NRA 外幣賬戶佔用銀行短期外債指標，因此銀行開展業務的積極性受限；而 NRA 人民幣賬戶存款只能支付活期利率，客戶把人民幣支付到香港的離岸賬戶可供選擇的產品更多，放在內地銀行利息更高，因此對 NRA 人民幣賬戶的興趣不大。我們在調研中發現，目前銀行受外債指標限制，NRA 外幣賬戶基本沒有業務；央行 2010 年 11 月限制 NRA 人民幣存款利率以後，NRA 人民幣賬戶的增長較慢。

其二，NRA 本質上是一個在岸賬戶，在目前的監管體制下，NRA 的人民幣資金在銀行內部的資金池中，銀行可以將這部分資金用於境內的貸款，也就是可滲透的。目前 NRA 賬戶內的人民幣餘額比較有限，還沒有體現出對境內貨幣和金融穩定的影響。但如果在餘額很大情況下，NRA 的人民幣被大量用於境內貸款（滲透）就可能成為重要的風險來源。

其三，對一些 NRA 客戶來說，由於沒有活期存款以外的其他人民幣資產可以購買（即利息太低），這些客戶就傾向於用 NRA 賬戶中的人民幣存款質押給香港銀行取得美元的貸款。某種意義上來說，NRA 缺乏投資渠道導致了一些企業過度舉借外債，從而可能增加長期的匯率風險。

3. 業務限制過死，產品創新受到限制

業務限制過死會造成境內離岸銀行失去競爭力。一個案例是招商銀行 2010 年 10 月獲批開展離岸人民幣業務，但同時規定利率參照國內貸款相關規定（下限為基準利率下浮 10%，目前一年期為 5.5%），遠遠高於香港人民幣離岸市場的利率水準（2% – 3%）。直到 2011 年 5 月底，招商銀行基本沒有在離岸賬戶吸收存款和發放人民幣貸款，而是出於對存貸比考核的需要，把境外客戶人民幣存款放入 NRA 賬戶，核算進入全行資產負債表，在境內獲得更多的人民幣貸款額度（平均利率 7% – 8%）。另一個案例，監管部門要求，客戶開立離岸賬戶時，即使完全符合規定，仍需繳納 5 萬美元的 "鋪底資金"，一些中小企業因無法接受此類要求而放棄開戶。

（二）實體經濟對非居民銀行業務存在需求

1. 有非居民銀行業務需求的幾類客戶 "流失海外"

一些具有實際貿易和跨境項目投資背景的中資企業表示對非居民金融服務具有需求。大致的有四類：保稅區企業、中小企業、"走出去" 企業、航運企業。由於境內銀行提供的服務有限，這些客戶大多 "流失海外"。

（1）保稅區企業

在保稅區內從事倉儲、出口加工和轉口貿易的企業，日常經營中有大量頻繁的跨境收付款，以上海綜合保稅區（包括洋山保稅港區、外高橋保稅區、浦東機場綜合保稅區）為例，2010 年累計完成進出口貿易額 806 億美元，同比增長 42%。

目前，越來越多的保稅區企業註冊離岸公司，把資金運作中心放在香

港、新加坡等國際金融中心的銀行，主要的原因是在離岸存款、貸款、資金結算、理財等業務都可以有"一站式"、多樣化的選擇；可以享受到外匯套期保值、證券發行、衍生產品等深度的金融服務；在稅收方面可能擁有更多的優惠；資金的安全、保密性等需求也能夠得到充分保障。

與境外的金融機構相比，中資銀行的業務競爭力明顯不足。NRA 賬戶雖然可以在一定程度上解決跨境結算問題，但 NRA 並沒有融資和資金管理等服務，不能滿足企業多樣化需求；OSA 雖然具有離岸外匯業務，但規模有限，且產品和服務品種單一、深度不夠。

(2) 外向型的中小企業

一些金融機構認為，許多外向型的中小企業在境外（如香港）由於成本原因關係沒有實力設立地區總部，因此難以利用境外離岸市場融資和獲得其他離岸金融服務。另外，由於這些企業與境外銀行沒有長期的業務關係和在海外認可的信用評級，也使其在境外融資面臨困難。因此，它們對境內銀行的離岸服務就有很大需求。境內銀行由於對這些企業（原本就是老客戶）的情況更為了解，如果政策允許，就能為其提供離岸人民幣服務。

(3) "走出去" 企業

在境外開展項目投資的 "走出去" 企業也是非居民金融業務的重要潛在客戶。2009 年和 2010 年，國內企業的對外直接投資（ODI）總額分別達到565 億美元和 920 億美元。2011 年，隨着人民幣 ODI 政策放開，ODI 規模可能加速增長。

為方便海外項目運作，"走出去" 企業往往需要設立海外資金中心，負責海外資金頭寸調度、日常收支。特別是一些在非洲等國別風險較高地區的投資，考慮到投資地政局動盪和金融體系的風險，"走出去" 企業往往需把資金中心放在項目國以外的 "第三國（地）"。如在利比亞的投資項目，資金結算中心可能放在倫敦、法蘭克福或香港。此外，海外資金中心的融資功能也非常重要。"走出去" 企業的海外投資、併購活動需要大量的資金，而目前為此類項目提供支持的金融機構僅限於國開行等政策性銀行以及中資銀行海外的分支機構。

在"走出去" 客戶服務方面 OSA 面臨的問題有：OSA 沒有人民幣業務，

無法參與人民幣 ODI 項目;銀行發放貸款的標準是否需要參照境內的監管標準並不明確,例如,離岸發放項目併購貸款或流動資金貸款時,是否需要執行"三個辦法、一個指引";OSA 的資產規模較小,給企業的支持力度有限;與香港等地的境外銀行相比,產品和服務水準競爭力較弱。

(4)航運企業

遠洋航運企業的特殊性表現為"船籍、資金結算、船舶融資"業務的"三個外流":

一是船籍外流。出於航行運營的需要,再加之中國不允許註冊"雙重"船籍,中國航運企業擁有的貨船船籍大都註冊在海外。

二是資金結算業務外流。國際大型航運企業的業務遍佈世界各主要港口,頻繁發生運費的收繳以及各項日常性支出(停靠港口加油、物資補給等),而且其資金流量相當大,以中遠集團為例,其海外資產和收入已超過總量的半數,2010 年實現海外業務收入 140 億美元。航運企業一般選擇在資金可以自由進出的地區設立國際結算中心,在具有全球網絡的國際大型銀行開設結算賬戶。如香港具有自由港的便利條件,很多大型船舶公司把東亞地區航運業務的結算中心設在香港,結算賬戶一般開設在花旗銀行、滙豐銀行等國際大銀行。

三是航運金融業務外流。目前全球與航運金融有關的交易每年有數千億美元,其中船舶貨款約 3000 億美元,航運用品約 1500 億美元,船舶租賃、海上保險約 1100 億美元。這些業務幾乎全部掌握在倫敦、紐約和漢堡三大國際航運金融中心手上,上海的市場佔有比重不足 1%。國內航運企業在進行融資租賃業務時,通常是在香港註冊 SPV,然後在離岸組織美元銀團貸款。此外,航空公司的飛機融資租賃業務也存在相同的問題。

2. 境內銀行在服務"四類企業"方面具有競爭優勢

境內銀行認為,在為四類企業提供服務方面,他們比境外銀行更具有如下優勢:

一是地緣優勢。中資企業的經營實體、盈利收入、管理中心都在國內,與國內銀行建立了長期的業務合作關係,彼此之間的了解程度和信息溝通都比外資銀行更加充分，開展業務也會更加便利。在財會、法律等配套服務，乃至語言、文化等方面，境內銀行與客戶之間更加能夠進行"無障礙"的溝通。一個案例是保稅區倉單質押式貿易融資業務，融資主體、抵質押物、資金使用都在中國，境內銀行開展這項業務，比香港、新加坡的銀行具有先天的優勢。

二是成本優勢。中資企業在海外建立資金中心和開展跨境融資，必須在人力、財力上增加投入。由於財務、法律、語言、文化等環境的差異，再加之國際金融中心的物業價格高企、人員僱用成本和差旅費用水準較高，因此企業建立海外資金中心的投入不菲，對於一些中小企業來說更是難以承擔。然而，在上海、天津、深圳等地的離岸銀行設立離岸資金中心，所需的成本投入就會小很多。

三是管理優勢。這一點對於"走出去"中資企業尤其重要。為確保海外資金的安全性，這些企業往往需要把發佈資金劃撥、調度指令的權利上收到國內的企業總部。如一家投資開發應用新材料的中資國有企業，在美國投資和設立離岸資金中心，但其海外資金劃撥的指令必須由西安的企業總部發出。出於時差、語言、監督審計成本等方面的考慮，這家企業更好的選擇是把原來設立在美國境內銀行的資金管理中心轉移到上海的離岸銀行。

四是監管優勢。境內離岸銀行隸屬於國內銀行機構，接受國內金融監管部門的監測和核查。針對其經營中存在的違規問題和風險，監管機構能夠更加便利的發現和及時採取措施；在發現威脅到國內宏觀經濟金融穩定的重大隱患時，更方便高效地進行處理。而境外的離岸銀行如果出現同樣問題，跨境監管協調、法律程式差異等所需花費的時間和精力都會更大。

四、擴大非居民人民幣業務的三種具體思路

2011 年 7 月，在我們召集的關於非居民業務的上海研討會上，課題組整理了三種擴大現有非居民業務範圍的思路並與參會的銀行、企業和監管部門代表進行了討論。

1. 思路一：允許部分試點銀行做離岸（OSA）人民幣業務。

框架設計：選擇幾家已經做過離岸外幣業務的銀行，允許其 OSA 做離岸人民幣業務。該離岸人民幣業務與香港等境外金融市場打通，原則上香港所有的離岸金融服務 OSA 都可以做。中長期內，批准更多符合條件的銀行經營 OSA 業務。

風險管理：從用戶端和銀行端均將離岸業務與在岸業務基本隔離。具體如下：

（1）經常項下的交易可以在在岸與 OSA 賬戶之間互相滲透；

（2）資本項下的滲透採用額度審批制。短期內，可參照對境外銀行的辦法，境內離岸人民幣業務可以申請一定額度將離岸人民幣投資於境內銀行間市場；禁止離岸賬戶與在岸賬戶之間的互相擔保。中期內，可考慮控制在岸拆入比（從在岸向離岸的淨流出額不得超過離岸資產總規模的一定比例）來替代額度控制的辦法，並逐步允許有限的離岸與在岸的互保；

（3）目前可以不使用存款準備金等監管指標。但必要時，可以啟動存款準備金、流動比、貸存比等指標控制離岸資產規模的擴張，防範離岸賬戶過快擴張可能產生的風險；

（4）發展初期對開戶企業採取"名單式"管理，只向若干類企業開放。

（5）關於對離岸資金向在岸滲透的控制，可以沿用 OSA 對外幣業務控制的有效管理模式。過去，OSA 外幣利率明顯低於在岸利率，也沒有出現大規模套利的情況，說明目前的管理模式是有效的。

優點：對試點銀行來說 OSA 人民幣業務會有明顯增長。有針對性的服務於境內實體經濟（如註冊成離岸實體的四類企業），風險控制沿用對離岸外幣的成功管理方式，有比較成熟的經驗可循。

缺點：試點銀行僅限於開展 OSA 外幣業務的銀行，整體業務規模太小，改革對實體經濟意義可能比較有限。

2. 思路二：擴大 NRA 人民幣業務範圍，但限制銀行 NRA 資金向境內滲透。

框架設計：在所有已經開展 NRA 業務的銀行，允許增加幾方面的業務：

（1）允許參照境外市場利率提供人民幣定期存款業務；
（2）允許對非居民客戶和海外賬戶提供人民幣貸款，利率不受管制，不佔用銀行信貸規模。由於 NRA 賬戶主要提供活期存款和參照境外利率的定期存款，平均存款利率（資金成本）較低，所以可以用較低的利率向"走出去（ODI）"、航運等企業提供貸款，也可以提供成本較低的貿易信貸，從而推動保稅區人民幣貿易結算的增長；
（3）對有真實貿易背景的非居民提供人民幣兌換外匯和外匯兌換人民幣的業務（用 CNY 匯率）；
（4）對沒有真實貿易背景的非居民，提供人民幣兌換成外匯的業務（用 CNH 匯率）；
（5）對沒有真實貿易背景的非居民，提供外匯兌換人民幣的業務（用 CNH 匯率）；
（6）允許在銀行端將 NRA 資金與境外打通（允許與境外拆借）。

風險管理：銀行 NRA 資金不得無限制地進入的境內業務資金池（即非滲透）。只有在一定額度之內（比如給所有已經滲透的銀行一定額度，高於目前實際的滲透額，每年可有一定增長），NRA 資金才能用境內貸款和進入境內銀行間市場。

限制銀行端滲透的原因是，如果資金進入境內業務資金池，銀行必然只有興趣將 NRA 資金用高利率貸給國內客戶，不會用 NRA 人民幣用較低市場利率貸給走出去、航運、貿易企業。所以對實體經濟沒有實際意義。在國內利率較高的情況下，NRA 資金只有在銀行端限制向境內滲透，才能使 NRA 資金擁有"體外循環"的激勵機制。

優點：因為 NRA 已經在許多銀行實行，擴大 NRA 業務範圍對推動實體經濟發展的效果會大於 OSA 人民幣業務試點。另外，增加 NRA 業務範圍，可以吸引更多的客戶，NRA 存款增長會加速，中長期來看業務量會明顯增加。由於採用不滲透模式，風險可控（同思路一）。

缺點：(1) NRA 的現狀是銀行端與境內完全滲透，與境外有限滲透；如將銀行端改為與境內非滲透，難度是否很大。另外，NRA 從原來的滲透改成非滲透，短期內銀行的淨利差（本來可以以境內利率貸款，改革後只能以離岸市場利率貸款）受到衝擊。(2) 即使允許 NRA 向非居民和境外貸款，也不一定有需求（看香港的例子）。(3) 如果 NRA 銀行端與境內不滲透，是否需要像四家外幣離岸銀行那樣設立獨立部門，成本較大。(4) 目前 NRA 已經在銀行端於境內滲透，如果改為不滲透，似乎是改革的倒退，以後再重新開放是否有些"折騰"。

3. 思路三：保持滲透性的 NRA，但比較緩慢地擴展人民幣業務範圍。

框架設計：思路二中的 (1)、(2)、(5)、(6) 項改革在保持滲透型的 NRA 模式之前提下，都難以推進。關於 (1)，如果放開定期存款（銀行肯定會提供有吸引力的利率），就會導致境外人民幣大量湧入，最後被銀行用於國內貸款，影響國內貨幣供應和宏觀經濟。關於 (2)，在可滲透的條件下，只要銀行可以用高利率貸給境內客戶，就不可能有興趣用較低（類似香港）的利率貸給非居民客戶，所以用貸款支持四類企業就成了空話。關於 (5)，如果現在允許沒有真實貿易背景的外匯兌換人民幣，而銀行端又可滲透，基本上就相當於資本項目突然開放，風險很大。關於 (6)，如果 NRA 資金在境內是可滲透的，就不能允許其與境外打通，否則就相當於將境外與境外資金完全打通。

所以，在 NRA 保持滲透模式的前提下，可能只能開放思路二中的 (3)、(4) 兩項，而這兩項則是相對來說不太重要的改革。

缺點：改革速度慢。實質性的擴大業務範圍（放開存款、貸款、人民幣購買業務）可能要等到境內外利差基本消失時才可能，所需等待的時間可能長達五年。在此期間，本來境內可以提供的一些非居民業務將繼續流失海外。

優點：銀行端可與境內滲透是 NRA 基本的制度安排。在堅持這個基本制度安排的條件下，雖然速度慢一些，但改革的大方向可以保持不變。

討論：在保持 NRA 可滲透的前提下，是否可以推進境內銀行對非居民的貸款利率市場化；非居民人民幣存款購匯匯出；擴大銀行間的人民幣跨境借款？

五、對當前擴大境內非居民人民幣業務的反對意見

在研討會和其他場合的討論中，對目前擴大境內非居民人民幣業務的想法也有許多反對的意見。主要集中在如下幾個方面。

1. 國際經驗並不完全支持境內離岸市場

一些國家也曾先後推動境內的離岸市場建設，但都無法與倫敦、紐約、香港、新加坡等主要的金融中心的境外離岸市場競爭，影響很有限。從國際經驗來看，國際上最成功的是歐洲美元、歐洲日元等境外的離岸市場，已經成為美元和日元國際化的最主要平台。相對來說，美國的 IBF、日本的 JOM 都曾經繁榮過，但最後隨着資本項目開放相對作用逐漸下降。比如，美元離岸市場的美元存款（包括銀行間存款）規模為 IBF 的美元存款規模的十倍。另外，日本的 JOM 和泰國的離岸市場在監管上的漏洞對這些國家的金融危機起了推波助瀾（雖然不是決定性）的作用。

2. 對非居民人民幣業務的實體經濟需求未必很大

在非居民可以選擇境內人民幣市場或者香港、新加坡離岸市場持有人民幣資產的情況下，選擇進入境內人民幣離岸市場的意願會很低，即境內人民幣離岸市場未必有足夠的需求支持。

雖然許多境內的銀行認為，實體經濟中對境內人民幣離岸業務的需求很大，但實體經濟中企業的反應相對來說比較謹慎。一些企業表示，目前體制

下對他們業務最大的障礙是外匯管制，而不是非居民賬戶中的存款利率（過低）和向境外的轉賬、投資等限制。這可能表明銀行在擴大人民幣離岸業務中能獲得更多的好處（如更大量的低成本的人民幣存款可以從銀行端用於境內利率較高的貸款），而實體經濟得到的好處相對有限。

許多在保稅區內註冊的企業、中小企業和在境內註冊的航運企業屬於居民企業，可考慮給予特殊的走出去支持政策，但與是否擴大非居民人民幣業務範圍無關。如果其身份不轉換為非居民，銀行即使開展離岸人民幣業務也不能覆蓋他們的需求。

另外，如果是非居民企業，只要有一些規模的，都可以在香港設立分支機構，使用香港的人民幣離岸市場。所以對境內非離岸人民幣業務的需求未必很大。

3. 將非居民（NRA）人民幣業務的銀行端改為非滲透難度大

在人民幣尚不可完全兌換的情況下，由政策推動建立的內外分離型境內離岸市場，因為需要與在岸市場嚴格分離，實行不同的稅收政策和金融管理政策，對銀行的經營水準和監管部門的管理能力要求都比較高，可能出現“嚴管就死，一放就亂”的局面。

境內銀行開展非居民業務（即 NRA）的現狀是：銀行端與境內完全滲透，與境外有限滲透；用戶端與境外基本滲透，與境內有管理滲透。如果出於風險控制的考慮，如將銀行端改為與境內非滲透，難度非常大，涉及幾乎所有銀行：895 個銀行同業賬戶 1233 億元存款，2948 個非居民企業賬戶 755 億存款，大量的非居民個人賬戶 4500 億左右的人民幣存款，境外人民幣項目融資已批貸 1485 億元，已放貸 425 億元。

將銀行端與境內隔離的可能結果是：一是存款利率與境外相同，沒有了與境內滲透的希望，部分非居民會將存款移存香港；二是香港人民幣存款6000 多億但人民幣貸款很少，表明即使貸款利率市場化，非居民企業向境內銀行借人民幣的意願也未必會提高。

人民幣不同於外幣，沒有結售匯環節，有利率和準備金管理，如企業端和銀行端都與境內不滲透，管理壓力會較大。如所有銀行都如此處理，至少需要像四家外幣離岸銀行那樣設立獨立部門，成本較大。

NRA 的改革可以在不大變（即不改變銀行端滲透體制）的前提下，考慮逐步推進境內銀行對非居民的貸款利率市場化、非居民企業人民幣存款購匯匯出、擴大銀行間的人民幣跨境借款等。

4. 將 OSA 從外幣業務擴大到人民幣業務效果不大

目前只有四家股份制銀行開展 OSA 外幣業務，整體業務規模很小，在此基礎上改革將業務範圍擴大到人民幣，雖然對這些銀行有提升業務的空間，但對整個實體經濟來說意義比較有限。另外，四家已經開展外幣離岸業務的銀行，除深發展外，都已在香港設立分支機構。對這些機構，境內外聯動可基本滿足為走出去企業提供金融服務的需求，沒有很大必要在境內開展離岸業務。

六、目前的結論

以上的討論表明，目前還沒有令人信服的證據說明境內的人民幣離岸市場有巨大的實體經濟的需求。另外，從風險控制角度來說，如果要避免境外低成本的人民幣通過 NRA 大量湧入境內，NRA 賬戶在銀行端就需要改為不可滲透，而這項目改革涉及到的體制和管理成本可能很大。如果在實體經濟的需求並不確定的情況下就冒然行事，就可能創造出一個像 B 股市場一樣"留着難受，割了很痛"的市場。

我們的初步意見是，需要等到香港和新加坡人民幣市場有進一步的發展之後，顯示出離岸市場對企業和投資者的充分吸引力，才能對境內（如上海）不發展離岸市場是否會成為金融業的重要瓶頸作出比較明確的判斷。換句話說，如果香港離岸業務與上海缺乏離岸業務的反差足夠之大，才能產生推動上海開放離岸業務的足夠動力。美國的 IBF 和日本 JOM 市場的發展，也是在歐洲美元市場和歐洲日元市場已經發展了十多年，形成對境內市場和銀行業務的明顯衝擊之後才形成政策共識的。

在近年內，我們建議可以在保持目前離岸人民幣賬戶（NRA）銀行端可滲透的制度基礎上，逐步擴大允許客戶投資的境內人民幣產品的範圍，其步伐與香港離岸市場人民幣產品的發展速度保持基本協調。

附：上海綜合保稅區國際貿易結算中心外匯管理試點的基本情況

一、賬戶基本情況

2010 年 8 月，國家外匯管理局批准上海綜合保稅區企業開展國際貿易結算中心外匯管理試點。試點主要內容是試點企業國際貿易結算中心 項下與境外、境內發生的外匯收支，憑外匯登記證、訂單（合同）、發票直接辦理，不再需要海關單據。從本質上看，此次試點是簡化試點企業特定國際貿易業務外匯管理的一項改革，目的是解決新型貿易模式下保稅區企業國際貿易資金流與貨物流不一致，難以滿足現行外匯管理要求的問題。

根據規定，合格試點企業需申請開立國際貿易結算中心專用賬戶，辦理相關收付外匯業務。試點企業由上海綜合保稅區管理委員會在徵詢海關、稅務、工商、檢驗檢疫等相關部門意見基礎上初選推薦，外匯局上海市分局審核確定。目前，中行、工行、交行、浦發、花旗、三井住友及瑞穗等 7 家中外資銀行，索尼、西門子、惠普等 8 家企業參加試點。此次調研的松下電器電機（中國）有限公司，截止 6 月，這一賬戶下共發生業務 176 筆，金額 1992 萬美元。

二、賬戶特點

這一賬戶（下稱專用賬戶）從本質上來看，仍然是一個在岸賬戶，主要特點主要可以概括為三個方面：

一、專用賬戶資金與在岸資金混合管理（我判斷其為在岸賬戶的主要依據）。專用賬戶餘額計入銀行資產負債表，其存款餘額計算在銀行計算貸存比時，可計為分母項。但專用賬戶不能單獨發放貸款。

二、專用賬戶幣種只有外幣而無人民幣。一方面因為專用賬戶主要是對外支付的功能，當前境外對於人民幣的接收願意不強烈；另一方面則是當初在開立專用賬戶時，即規定該賬戶只能經營外幣幣種。

三、專用賬戶與銀行在境內的一般賬戶仍有隔離。雖然專用賬戶本質上是一個在岸賬戶，但此賬戶與銀行在境內的一般賬戶間資金的劃轉仍需要外管局的逐筆審批。因此，相對來說，專用賬戶與境內一般賬戶的隔離要強於與海外賬戶的隔離（前提是海外賬戶專用賬戶之間的資金劃轉有真實貿易背景）。

三、結論

從專用賬戶設立的目的來看，主要是加快國際貿易中資金流的流轉速度，使之與物流流轉匹配。加之其在岸賬戶的屬性，因此，專用賬戶應該不是離岸人民幣藉以發展的有效平台。

第三篇
資本項目開放

第九章

人民幣國際化與資本項目開放的協調

人民幣國際化和資本賬戶開放（可兌換）經常被許多人用作同義詞或近義詞。本章在討論這兩個概念的異同的基礎上，研究人民幣國際化、離岸市場發展（國際化的一個重要部分）和資本賬戶開放之間的配套和協調。

本章指出，如果資本賬戶遲遲不開放，人民幣國際化最多只能完成10%，而且僅僅在貿易項下輸出人民幣將使人民幣國際化不可持續。因此必須推動人民幣跨境資本流動。而推動人民幣跨境資本流動和實現資本項目的開放（可兌換）在本質上是可替代的兩類改革。單方面推動人民幣跨境資本流動會使資本項目管制失效，因此這兩類改革應該同步進行。

本章重點討論了控制資本項目開放的速度的宏觀思路。基本結論是，資本項目開放和推動人民幣跨境投資的速度應該與人民幣升值預期的下降和境內外利差的下降相吻合。也就是説，隨着人民幣升值預期的下降和境內外利差的收窄，資本項目開放的程度應該逐步提高。

目前，中國境內資本市場的開放度幾乎是全球最低的，是主要新興市場經濟體的資本市場開放度的幾十分之一。從國際收支分析的結果來看，今後幾年中國完全可以在不影響宏觀穩定的前提下，接受非居民對境內資本市場投資每年幾百億美元投資的規模。按此速度，中國境內債券市場的開放度可以平均每年提高 1 個百分點，五年之後接近其他國家在資本項目基本可兌換時的市場開放度。

本章建議啟動如下幾個方面的資本賬戶開放的改革：(1) 儘快提高個人和企業將人民幣兌換成外幣的額度。可以考慮將個人換匯和匯出限額提高到每人每年 20 萬美元，允許企業每年無理由換匯 200 萬美元；(2) 與上述改革配套，同時允許個人和企業向境外匯出相應額度的人民幣；(3) 較快地增加境外機構進入境內銀行間市場的額度，2012 年可以考慮批 1500 億人民幣的額度；（4）提高 QFII 對境內投資的額度，2012 年可考慮批 100 億美元的額度；（5）逐步開放非居民企業在境內人民幣（包括熊貓債）市場融資，並允許將融得的人民幣兌換成外匯；（6）逐步允許非居民（通過 NRA 賬戶）投資於更多的境內人民幣產品，並將其開放速度與香港人民幣產品的發展程度保持協調。

一、如資本賬戶不可兌換，人民幣國際化只能完成不到 10%

人民幣國際化的一個主要標誌是允許非居民廣泛地使用人民幣。人民幣國際化的用途包括國際貿易結算、投資、融資、儲備等。資本賬戶可兌換指的是允許居民和非居民在非貿易項下自由兌換人民幣和外幣。

如果資本賬戶不可兌換，人民幣國際化是否還可以進行？回答是，可以實現有限的人民幣國際化，但無法達到與中國國力相匹配的國際化程度，其可持續性也值得懷疑。離岸市場作為國際化的一個組成部分，也一定會因為資本項目不可兌換而受嚴重制約。

第一，人民幣貿易結算可以在資本賬戶不可兌換的情況下發生，但會受到制約。只要人民幣通過支付進口輸出到境外離岸市場，這些人民幣就可以在境外被非居民用於進口中國產品。這就是目前人民幣國際化的主要模式。但是，境外獲得人民幣 CNY 的規模有限（由於清算行和代理行 NOP 額度限制等），一旦境外貿易商無法獲得 CNY（或覺得在 CNH 市場上購買人民幣成本過高），人民幣貿易結算就受會到一定制約。如果資本項目開放，境內外均可自由兌換人民幣，則能更有利於人民幣用於貿易結算。另外，如果境外的人民幣能投資於豐富的人民幣金融產品，從而提高非居民持有的人民幣的收益率，非居民（包括跨國公司等）就會更願意使用人民幣來進行貿易結算。

第二，人民幣作為投資工具的作用在資本項目不可兌換的情況下，發展空間極為有限。在資本項目不開放的情況下，境外居民獲得人民幣主要通過貿易渠道（中國進口商向國外支付人民幣）。通過這種渠道每年可以增加的人民幣流動性十分有限。如果人民幣輸出只通過貿易渠道，我們估計人民幣離岸市場的存款餘額最多可能在幾年內增加到 3 萬億人民幣，境外債券餘額可能增加到 1－2 萬億人民幣。這與歐洲美元市場上 4 萬億美元的存款和開放的、餘額達近 30 萬億的美元債券市場相比，即使到 2015 年，人民幣的國際投資功能恐怕也只有美元的幾十分之一。

第三，在資本項目不可兌換的情況下，人民幣作為融資工具的空間也十分有限。目前，香港的離岸市場已經具備了一些融資功能，十幾家跨國公司已經在點心債市場發行了債券。但是，該市場的總量受貿易結算帶來的人民幣流動性的明顯制約（存款只有 6000 億）。境內熊貓債市場的審批程式繁複，事實上使國外機構無法進入。另外，在境內發行人民幣債券之後能否自由兌換成外幣使用還沒有明確規定。用途上的限制也降低了外企在境內發行人民幣債券的意願。

第四，在資本項目不可兌換的情況下，人民幣作為儲備貨幣的功能幾乎不可能實現。理由是，作為儲備貨幣的一個基本條件是該貨幣可兌換，因為部分儲備應隨時用來支持該國流動性的需求。某些央行可能願意將一小部分儲備投資於流動性和可兌換性較差的資產類別（如人民幣）。但實際操作中來看，這個比例會非常小，最多也就是百分之幾。另外，如果僅僅依靠貿易項目下輸出人民幣，由於其規模之有限，境外人民幣產品在全球儲備中（約 10 萬億美元）的比重即使在中期也不太可能超過 2%。

第五，從更宏觀的層次來看，如果人民幣只在貿易項下輸出，最終可能導致貿易逆差悖論所預言的結果：長期來看人民幣國際化的程度的提高會伴隨貿易逆差的增加，而大規模逆差將導致人民幣貶值，最終使人民幣國際化失敗（見 "特里芬悖論與人民幣國際化" 一章）。

我們可以用國際經驗來估算在資本項目不開放和開放兩種條件下人民幣國際化可能達到的程度。根據日本的經驗，如果僅僅通過貿易結算，本幣貿易結算可能上升到全部中國對外貿易的 40%，為目前的 4 倍左右。這意味着海外的人民幣存款可能會從目前的 6000 億人民幣上升到 2.4 萬億（這還是個樂觀的估計，因為今後出口結算的比重可能增加，使境外人民幣存款增長速度低於貿易結算增長的速度）。但是，如果資本項目開放，根據美元國際化的經驗，非居民持有本幣的資產可以上升到 GDP 的 80%。對中國來説，即使按 25% 的比例來計算，由於 10 年後中國 GDP 很可能達到 120 萬億人民幣，非居民持有的人民幣總量也可以上升到 5 萬億美元，或 30 萬億人民幣。換句話説，如果沒有資本項目的開放，人民幣國際化只可能達到潛在目標的 10% 之內。這個比例與全球外匯市場上與貿易相關的外匯交易（佔 4% 不到）與全部外匯交易量的比例是吻合的。

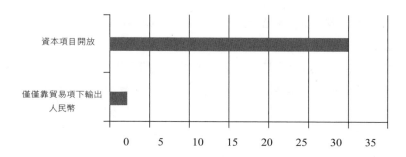

來源：作者估計。

圖 9-1　非居民持有人民幣資產中期預測
（單位：萬億人民幣）

二、深度人民幣國際化和資本賬戶開放必須同步

人民幣國際化如果要深入進行（超越貿易結算），比如允許人民幣進行跨境資本流動，必將涉及到一系列資本賬戶開放的問題。從本質上來講，推動人民幣跨境資本流動和實現資本項目的開放（可兑換）是可替代的兩類改革。單方面推動人民幣跨境資本流動會使資本項目管制失效，因此這兩類改革應該同步進行。這裏舉幾個例子説明。

例一：允許三類機構將海外融得的人民幣投資於境內的銀行間債券市場與擴大 QFII 在實質上是類似的。這個類似性至少體現在兩個方面。第一，因為香港已經有 CNH 的自由的外匯市場，這些人民幣的來源事實上是外幣兑換成的人民幣。允許三類機構將這些人民幣投資於境內的銀行間債券市場，對境外機構投資者來說，與給予其更多的 QFII 額度沒有實質區別。當然，有一點不同的是香港 CNH 市場上的人民幣主要來自於貿易結算，而總量相對有限度。但在 CNH 與 CNY 匯率差不是特別大的情況下，這個區別沒有大的意義。第二，QFII 用外匯直接匯入境內，迫使央行購匯，從而創造人民幣流動性；而三類機構在境外獲得人民幣再匯入境內，只是增加外匯儲備的時點提前了（在貿易項目下輸出人民幣時已經發生），而對人民幣流動性的影響則是與 QFII 一樣的（見 "離岸市場對境內貨幣與金融的影響和風險控制" 一章）。

　　例二：允許國內個人和企業在一定額度內向境外自由匯出人民幣，與提高個人和企業換匯與向境外匯出外匯額度的政策在本質上是類似的。從個人和企業的角度看，一旦允許該居民匯出人民幣，因為他（她）可以在 CNH 市場上自由兌換成外匯，實際上就相當於允許其在境內自由兌換外匯。從對境內流動性的影響來看，理論上說兩者也是一樣的。對儲備的影響會有不同。

　　以上例子說明，資本項目之下的人民幣國際化無法獨立於資本賬戶可兌換的改革來進行。事實上，多數資本項目下人民幣國際化的開放措施本身就是資本賬戶可兌換改革或其變種。**因此這些資本項目下人民幣國際化的開放措施，應該與相關的資本賬戶可兌換改革同步進行，否則前者將成為後者的替代（或使對後者的管制事實上失效）。**

三、應爭取將境內資本市場開放度平均每年提高 一個百分點

　　如果五年內需要實現資本項目的基本可兌換，就應該持續穩定地推進境內金融市場的開放，並同時不停頓地進行其他配套的金融改革（如匯率、利率改革）。根據其他新興國家和地區（如韓國、台灣、印尼、馬來西亞、印度等）的經驗，在資本項目基本實現可兌換的時點（或資本賬戶開放的初期），這些經濟體的債券市場開放度平均達到 8%（即境外資金持有境內債券市場託管額的 8%），股票市場的開放度則平均達到 11%。在這種開放度的上下，外資的流入和流出的壓力比較接近均衡，可以降低資本項目的進一步開放導致大規模資本流動的風險。

表 9-2　新興市場資本賬戶開放初期的資本市場開放度

	股票	債券
韓國（1998）	5%	7%
台灣（2003）	12%	6%
巴西（1993）	27%	8%
印度（2000）	9%	2%
馬來西亞（2000）	11%	11%
土耳其（2000）	6%	16%
南非（1994~1997）	6%	9%
平均	11%	8%

來源：WIND, IMF, World Bank, BIS

　　自 2003～2011 年的八年以來，中國已經批准的 QFII 總額僅僅為 200 億美元左右，考慮到所投資證券的升值，估計至 2011 年年底目前市值約為 400 億美元（或 3000 億人民幣）。假設 80% 的 QFII 資金投資於股票，其餘投資於債券，加上最近人民幣銀行給予境外機構投資銀行間債券市場額度，我們估計中國 A 股市場開放度（外資佔總值比重）為 0.8%，境內債券市場（包括銀行間和交易所兩個市場）的開放度也為 0.8%。這個開放程度是所有新興市場國家中最低的。目前，其他新興市場經濟體的股票市場開放度平均為 26%，債券市場開放度平均為 13%，均為中國境內資本市場開放程度的十幾到幾十倍（見下表）。

表 9-3　中國資本市場與其他資本市場開放度比較（2009~2011）

	股票	債券
中國（不包括海外掛牌的中國證券）	0.8%	0.8%
中國（包括海外掛牌的中國證券）	8.3%	1.5%
韓國	31%	11%
台灣	28%	8%
巴西	27%	9%
印度	20%	3%
印尼	64%	25%
馬來西亞	25%	28%
俄國	14%	18%

（續表）

越南	8%	3%
南非	12%	14%
阿根庭	9%	14%
泰國	52%	8%
土耳其	19%	17%
墨西哥	28%	12%
德國	51%	45%
日本	21%	4%
美國	13%	17%
英國	47%	39%
13 新興市場（除中國外）平均	25.9%	13.1%
17 國（除中國外）平均	27.6%	16.2%

來源：德意志銀行，IMF（CPIS）, World Bank, BIS, CEIC

　　如果將外資投資在海外（如香港、美國）上市或掛牌的中國股票和債券計入中國證券市場的開放度，則中國股票市場的開放度就大幅增加到 8.3%。這是因為，在海外上市的中國企業的股份中，被外資持有的流通股市值估計達到 2.5 萬億人民幣，約為 QFII 持有 A 股市值的十倍。如果加上香港點心債券市場，中國債券市場的開放度也略有提高，達到 1.5%。

　　我們即使用廣義口徑來（即包括境內和境外中國股票和債券市場）來計算中國資本市場的開放度，中國債券市場的開放度仍然遠遠小於其他新興市場經濟體，也明顯小於這些經濟體當時初步開放資本項目時的開放度。因此，中國要達到資本項目可兌換，就有必要在今後幾年積極推進境內債券市場的開放，同時適當加速開放A股市場的步伐。我們的具體建議是，今後五年內，應該爭取將境內的債券市場開放度提高到6%左右[①]，也就是說，平均每年提高開放度約一個百分點。目前，一個百分點約為2000億人民幣。五年

---

① 在類似的經濟發展階段，大國資本市場的開放度一般小於經濟規模較小的國家。基於這個理由，中國在資本項基本開放時的資本市場開放度應該略小於其他新興產業市場經濟體在類似階段的 8% 的開放度。

之後，隨着市場總量的擴大，一個百分點可能是3000至4000億。在市場對人民幣升值預期相對平穩的前提下，應考慮2012年將境外機構投資於銀行間債券市場和QFII投資於交易所掛牌債券的新增量掌握在1700億人民幣（如1500億進入銀行間市場，200億通過QFII進入交易所市場），此後逐年增加。五年之後，年度總量可以提高近4000億元。到資本項目基本開放的時候，取消額度限制。

我們認為，A股市場的開放也應該加速，但與債券市場相比可以稍稍慢一些。一方面，股市波動的政治敏感性較債券市場更強，短期內大幅提高QFII額度的阻力可能較開放銀行間債券市場大一些。另一方面，由於海外投資者已經持有許多海外上市的中國企業的股份，相對人民幣債券來說，對A股的需求也未必很大。最近，由於中國股市波動很大，投資回報表現不佳，不少潛在的QFII投資者也變得謹慎。因此，即使大幅提高QFII進入股票市場的額度，短期內實際QFII的增長也未必有很快。因此，我們建議將2012年計劃發放的QFII額度定為100億美元（並假設其中97%為股票投資、3%為債券投資），此後逐步提高，爭取幾年後達到每年實際發放500億美元。按照這些假設，QFII對股票的投資約能提高A股市場開放度提高約兩個百分比點，到3%左右。加上海外的中資股市場，五年之後境內外中國股票市場的總體開放度可達到11%左右，接近其他新興市場經濟體在資本項目基本開放時的水準。

表9-4 建議每年允許外資進入債券和A股市場的規模（億人民幣）

年度	外資進入債市額度		境內債券市場開放度（%）	外資進入A股額度	A股市場開放度（%）	每年QFII批准額
	銀行間	交易所				
2012	1500	19	1.6%	611	1.0%	630
2013	2000	39	2.5%	1261	1.4%	1300
2014	2300	54	3.4%	1746	2.0%	1800
2015	2600	75	4.3%	2425	2.6%	2500
2016	3000	90	5.3%	2910	3.3%	3000

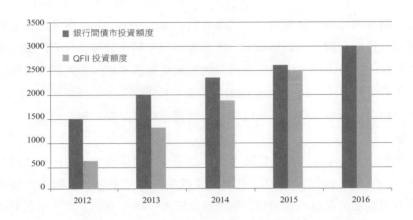

圖 9-5　建議每年允許外資進入於銀行間債市和 QFII 的額度
（單位：億人民幣）

四、這個開放速度可以在宏觀穩定的前提下實現

　　上文建議，應該考慮境內資本市場向境外投資者開放每年幾百億美元的額度（2012 年 300 億美元，此後每年逐步增加，到 2016 年達約 1000 億美元），才能有可能在五年內達到其他新興市場經濟在資本項目可兌換初期的開放度，和推動人民幣國際化程度的實質性提高。

　　對此，許多人第一反應恐怕是，這個類似"天文數字"（與過去每年僅僅批准幾十億美元的 QFII 的開放速度相比）的資金流入量是否會導致外匯儲備的大幅上升，是否對貨幣政策和宏觀穩定產生衝擊。我們的觀點是，這個開放速度是可以在儲備增速下降、保證宏觀穩定的前提下實現的。

　　筆者在 2011 年初所做的 CGE 模型研究表明，隨着中國經濟結構的明顯變化（勞動力人口的下降導致出口成本明顯提高）、匯率主動升值、社會保障體系的健全（降低儲蓄率，從而減少貿易順差），到 2016 年中國的貿易順差可能降低到零以下，因此人民幣匯率可以基本接近均衡水準（見圖 9-6）。這項研究表明，五年之內，由於這些因素可以使中國的貿易順差（包括商品和服務）每年平均減少約 500 億美元（約為 2010 年貿易順差的五分之一）。

如果能夠有效地推進中國的對外直接投資（每年增加 300 億美元[2]），同時增加匯率的彈性來減少短期資本流入[3]，就可以抵消每年 800 億美元的證券投資流入對中國國際收支平衡的影響，從而保持對貨幣政策影響的中性。因此，2012 年即使有 300 億美元的證券投資流入，也應該不會導致外匯佔款增長的加速，反而可以允許央行購匯的數額下降。從最近幾個月的情況來看，貿易順差下降的速度比我們原來想像得更快，外匯儲備增長率的降幅也比原來估計得更大。這為資本市場的加速開放進一步增加了空間。

今後的五年內，隨着貿易順差的逐步消失，人民幣匯率升值的速度也會逐步下降，非居民對人民幣升值的預期也將逐步減弱。這將有助於減少境內外人民幣的利差，為打通境內外人民幣市場（即允許離岸人民幣比較自由地進入境內資本市場）提供越來越有利的條件。另外，幾年以後，由於美元利率上升（估計到幾年後美國經濟週期恢復正常），人民幣與美元的利差也因此將明顯減小。因此，屆時應該有條件（對境外人民幣和外幣投資者）基本開放境內人民幣市場，也不至於造成大規模的資本跨境流動。

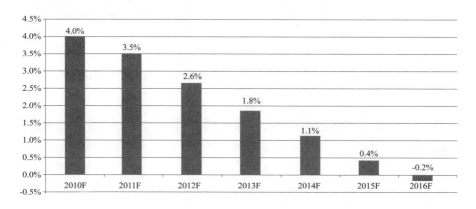

來源：馬駿，"對中國貿易順差的定量研究"，《貨幣的軌跡》，中國經濟出版社，2001 年 8 月。

圖 9-6　中國貿易（包括貨物與服務）順差與 GDP 的比率

---

[2] 2010 年中國對外直接投資為 600 億美元，業界估計在今後一、兩年內將超過 1000 億美元。

[3] 見本書第十章。

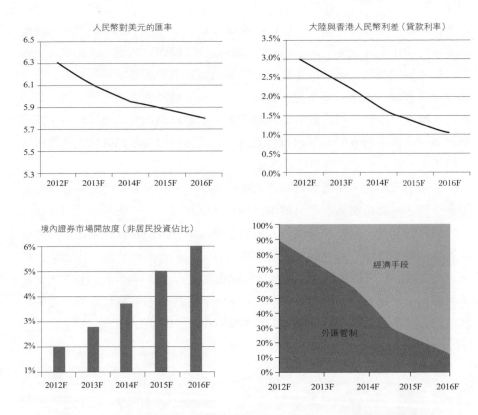

圖9-7 人民幣匯率、離岸市場和資本項目開放的關係和路線圖

在資本項目逐步開放的過程中，應該將目前行政性的外匯管制手段逐步改為經濟手段來控制過量的短期跨境資本流動。這些手段可以包括對全球外資流入和境外人民幣流入徵收托賓稅、擴大人民幣匯率彈性（增加匯率波動以減少短期套利）等辦法。這些辦法是可以有效地應對 1%-2% 的境內外利差所帶來的資本流動壓力的（見第十章）。

我們用圖9-7簡要總結人民幣匯率、離岸市場、境內資本項（資本市場）開放和對資本流動管理改革的相互關係以及一個示意性的改革路線圖。今後五年中，人民幣匯率逐步升值到接近均衡水準，使香港的人民幣利率與境內也逐步趨同，從而允許資本項目開放度逐步提高（而不至於造成對匯率和境內市場的大規模衝擊）。而這些變化又將允許對資本跨境流動的管理從行政手段為主，轉變為必要時採取經濟手段（如托賓稅等）。**結論是，資本項目開放的速度應該適應匯率改革和境內外人民幣利差的變化；應該抓住匯率升值減緩和利差縮小的機遇加速開放資本項目和推進人民幣跨境投資。**

五、對資本項目開放的具體政策建議

基於以上的理論分析，我們建議若干資本賬戶開放和推動人民幣跨境投融資的協調改革的措施。根據國際經驗，中國的資本帳戶開放應該主要在以下三個方面：（1）放開對個人和企業的外匯管制；（2）放開對非居民機構投資者對境內資本市場投資的限制；（3）放鬆對銀行的外債額度和外匯淨頭寸的限制。下文主要討論前兩項改革的一些具體內容及互相協調。

建議一：同步放鬆對個人和企業換匯限制和對人民幣匯出的管制。

我們認為，在目前的情況下，放鬆境內個人和企業換匯限制的時機已經成熟，啟動該項改革將緩解人民幣國際化的瓶頸。**應該考慮將個人"無理由"換匯和匯出限額提高到每人每年 20 萬美元，並允許企業每年"無理由"換匯 200 萬美元。**目前，推動人民幣跨境投資使用的一個障礙是，有人擔心如果允許更多的境外人民幣或外匯流入境內（資本市場或實體經濟），會造成外匯儲備上升，增加流動性過剩的壓力或對沖的成本。如果將境內個人和企業換匯限制放鬆，將促使外匯流出，從而減少流動性過剩的壓力或對沖的成本，就可以為提高境外機構投資於境內銀行間市場的額度和增加 QFII 額度創造額外的空間。

在放鬆個人和企業換匯限額的同時，應該允許境內個人和企業在同樣的額度內將境內人民幣匯出境外。前文已經說明，這兩種開放措施是互相替代的。開放一個項目，維持另一項目的管制是無效的。因此應該同步進行。

建議二：逐步增加境外機構向人民幣銀行間市場的投資額度，同時提高 QFII 額度。

根據前文的分析，我們建議考慮 2012 年批准境外機構投資於銀行間市場 1500 億人民幣的額度，另外批准 QFII 額度 100 億美元（630 億人民幣）。此後五年內逐步增加，到 2016 年銀行間和 QFII 的當年總額度可以提高到 6000

億人民幣。五年之後，如果宏觀條件符合預期（如匯率預期、經濟增長、通貨膨脹、資產價格變化趨勢基本穩定）的話，就應該取消這兩類額度，實現資本項目開放的最重要的一步。

另外，幾年之內，允許進入銀行間市場的投資的機構種類應該從目前的三類機構（中央銀行、清算行、參加行）逐步擴展到國際組織、主權基金、養老金、保險基金、捐贈基金、共同基金、券商等，最後對對沖基金開放。[④]

今後幾年中，除了給予額度讓這些境外機構用境外合法獲得的人民幣投資於境內銀行間債券市場外，還應該考慮給其額度將外匯兌換成人民幣投資於銀行間市場。前文已經説明，從本質上來講，不論是給予外匯或人民幣額度，對境外投資者和對中國貨幣政策的影響實際上是相同的。

前文已經説明，擴大三類機構向銀行間投資的規模和提高 QFII 向境內債券市場投資額度，從對投資者和宏觀影響兩個角度來説都有同質性。雖然QFII 投資於交易所市場，但由於銀行間與交易所存在套利機制，所以三類機構資金流入銀行間市場也會影響交易所市場。一個協調的計劃應該是將兩種渠道的開放同步進行。

建議三：允許非居民在境內通過發行債券、股票和借款三種方式融入人民幣，並同時允許這些資金兌換成外匯。

人民幣國際化的一個重要內容是讓人民幣成為融資貨幣。目前，香港的點心債市場已經開始初步提供這項功能，但規模還十分小（目前只是國內債券市場的 1%），在可預見的將來其規模也不可能與境內的資本市場規模同日而語。因此，必須在推動境外人民幣融資市場的同時逐步向非居民開放境內的人民幣融資市場。

允許非居民融入人民幣，如果資金在境內使用，不會造成對匯率的衝擊；如果融得的資金以人民幣形式匯出境外使用，會減少境內的貨幣供應量，有助於宏觀調控；如果融得的資金需要兌換成外匯出境，正好符合中國減少外匯儲備增量的需要，也給境內資本市場進一步對外開放提供了空間（對

---

④ 到 2012 年 4 月為止，被允許進入銀行間市場的境外機構已經從 "三類" 擴大到了包括國際清算銀行（國際組織）、GIC（主權基金）、中國人壽（保險）等其他類型。

沖一部分由於資本流動帶來的增加外匯儲備的壓力）。從這些角度來看，也有
必要推動非居民在境內的人民幣融資。

我們建議的具體措施包括：（1）銀行間債券市場是機構間市場，目前是
中國主要的債券市場，託管量和交易量都佔中國債券市場的絕對比重，已有
國際開發機構發行人民幣債券的成功經驗。**應該修改有關限制性的規定，進
一步允許和鼓勵非居民企業和金融機構在銀行間市場發行人民幣債券（熊貓
債）。**交易所債券市場規模相對較小，主要是上市公司債和國債的交易場所，
但也可鼓勵部分海外機構在交易所發債。（2）上海在推出國際板方面已經做
了許多基礎工作，技術上條件應該已經具備，2012年應該啟動。（3）鼓勵非
居民從境內銀行和企業借入人民幣。

**建議四：逐步向非居民開放人民幣投資市場，其步伐與離岸市場發展人
民幣投資工具的速度相吻合。**

香港正在通過三類機構、RQFII等渠道逐漸推出面對境外投資者的人民
幣產品。這些產品包括人民幣債券和股票基金、ETFs、與內地金融產品掛
鈎的人民幣存款等。如果非居民在境外可以間接投資於一系列境內人民幣產
品，同時適度開放非居民對境內市場有類似收益率的產品的投資就不會造成
對境內市場的巨大的衝擊。所以這兩類改革（發展香港的人民幣產品和允許
非居民投資境內產品）也應該基本同步。

關於具體的開放措施，近一、兩年可以考慮如下幾個方面：（1）鼓勵非居
民在境內銀行開立人民幣賬戶存放人民幣，取得利息收入。銀行吸收此類非居
民的人民幣存款屬於在岸業務，需遵守準備金、利率、稅收等管理規定。（2）
允許非居民人民幣存款購買銀行的理財產品，以保值增值。目前，銀行以存款
賬戶為依託向居民銷售種類繁多的理財產品，銀監會發佈了專門的管理辦法，
有比較嚴格的監管。為鼓勵非居民持有人民幣資產，可首先允許其購買銀行的
理財產品。（3）允許非居民購買基金，間接投資股票市場。短期內在不允許通
過兌換獲得人民幣的情況下，非居民的人民幣來源有限，允許其購買基金，不
會對股市造成大的衝擊。中期內，可以通過擴大三類機構和RQFII額度等辦法
為境外非居民提供更多的人民幣基金產品。（4）在已允許非居民在境內銀行開
立人民幣賬戶的基礎上，允許證券公司在一定額度內代理非居民投資股市。

第十章

資本項目開放和對短期資本流動的管理

追逐短期收益的國際資本大規模頻繁的進出某個國家的境內市場，會對該國的匯率、金融市場和經濟可能造成衝擊。發達國家由於資本項目開放已經有幾十年的歷史，匯率彈性很高，依靠匯率彈性本身可以比較有效地抑制短期資本持續大規模地流動（因為匯率會很快升值到市場一致預期水準，從而迅速消除對匯率繼續升值的預期），因此基本上沒有對短期資本流動採取管理措施。對新興市場來説，絕大多數國家在最近幾年到十幾年內基本開放了資本項目，但仍然對短期資本流動導致的匯率波動和對資本市場的影響心有餘悸。

這些擔心反映了幾個新興市場的特點：第一，新興市場國家國內經濟、外匯市場、金融市場的規模相對較小，一定規模的游資對美元的影響很小，但對這些國家的經濟和金融市場影響就可能很大。第二，新興市場國家的外匯對沖工具市場不發達，銀行和企業沒有充分使用這些工具對沖匯率風險，因此一旦出現匯率大幅波動，對銀行和企業的衝擊很大。第三，許多新興市場國家的外債（包括國家、企業、銀行）仍然很高，一旦本幣貶值，會造成較大的衝擊。第四，雖然資本項目基本開放，但貨幣當局對外匯市場的干預仍然十分頻繁，試圖減少匯率的波動。由於匯率被人為干預，更容易導致市場對匯率在中期會恢復均衡水準（不同與目前水準）的預期，因此穩定匯率的短期努力反而加劇了此後的資本流動。第五，歷史上匯率危機導致的新興市場國家的金融和經濟危機比較頻繁，決策者還有"一年被蛇咬，十年怕井繩"的心態，所以習慣性地傾向與使用對資本流動的管制手段。

我們認為，抑制短期資本大規模流動的有效的手段之一就是提高匯率的彈性（波動幅度）。對不同國家匯率彈性的一些實證研究表明，匯率彈性的提高不但沒有增加資本流動，反而能減少資本流動和流動的不穩定性。另外，目前很多資本項目半開放或基本開放（基本放棄了外匯管制之後）的國家都採用各種經濟手段（也稱"宏觀審慎"監管手段）來限制短期資本的流動。這些手段包括徵稅、外匯頭寸限制、準備金、最短持有期限限制等。這些政策的共同點就是要提高資本頻繁流動的成本，以減少其對金融市場的衝擊。在各國不同的金融體制環境下，各種政策的有效性很不一樣。對於這些國際經驗的研究，將對中國在逐步開放資本項目過程中採取恰當的政策措施大有裨益。

　　本章討論在資本項目基本開放的條件下，如何通過增加匯率彈性和宏觀審慎手段來管理資本流動的理論、國際經驗和對中國的借鑒。第一節討論增加匯率彈性的作用；第二節討論宏觀審慎工具的使用。

一、匯率彈性對抑制短期資本流動的作用

（一）提高匯率波幅可抑制短期資本流動：SHARPE 比率的角度

　　以增加匯率彈性來抑制短期資本流動的理論十分簡單，即由於匯率波動的加大，增加了投機者的風險，因此在回報率一定的前提下，投機性的資本流動會減少。筆者在 2010 年 2 月所寫的〈建議採取有彈性的"一籃子"匯率模式〉一文中曾指出，2005~2009 年間人民幣對美元的平均匯率實際波幅（年化的日均標準差）僅僅為 1.5%，而我們所計算的 107 種貨幣中的有 81 種的匯率波幅在 5% - 61% 之間。由於人民幣匯率波動很小，呈現出直線升值趨勢，導致對熱錢的很大的吸引力。根據筆者計算，如果將人民幣兌美元匯率的波幅提高到 3.5%（"有彈性的一籃子"模式），則用 Sharpe 比率（風險調整後的投資收益率，表明某投資機會的吸引力。該比率越低，表明對投資者的吸引力越低）來計算，則該比率會降低到 0.22，明顯低於 2005~2009 年實際投資於人民幣的 Sharpe 比率 0.57，也明顯低於投資黃金（0.71）、美國債券（0.53）和全球新興市場股票指數（0.35）的 Sharpe 比率。通過提高匯率波幅（提高 Sharpe 比率），可減少短期資本的流入。

表 10 - 1　2005~2009 年投機人民幣的 Sharpe 比率
與其他投資機會的比較

五年（2005~2009）	Sharpe 比率
黃金	0.71
美國債權綜合指數	0.53
美國國債	0.35
MSCI 新興股票市場指數	0.35
標準普爾 500 指數	－ 0.19
MSCI 全球股票市場指數	－ 0.09
人民幣 / 美元，歷史真實資料	0.57
人民幣 / 美元，"有彈性的一籃子模式"類比資料	0.22

註：Sharpe 比率＝（回報率－無風險利率）/ 波幅。公式中假設無風險利率為 3%。

來源:Bloomberg 和作者計算

（二）實證結果：匯率彈性大的國家，其資本流動的波動性較小

　　澳大利亞央行的 Chris Becker 和 Clare Noone（2008）[1] 的實證研究表明，匯率的彈性增加確實有助於減少資本流動的波動性。他們用 12 個發達和新興市場國家的歷史 PANEL 資料（1991~2005），研究了資本淨流入（與 GDP 比率）的波動幅度與其他一系列引數之間的關係。這些引數包括資本項目的開放程度、匯率靈活性（固定匯率為 1，完全浮動為 0）、資本市場發展的程度、FDI 和銀行及貨幣市場投資佔全部資本流動的比率。

　　Becker 和 Noone 研究的結果表明，**有靈活匯率體制的國家與固定匯率的國家相比，前者資本流動的波動率比（用資本賬戶佔 GDP 比重的標準差衡量）前者明顯降低**。這個關係在統計上是顯著的。

---

[1] 見 Chris Becker and Clare Noone, 2008, *Volatility and persistence of capital flows*, International Department of the Reserve Bank of Australia（RBA）.

　　理論上的解釋是，如果外國投資者對某貨幣有匯率升值（貶值）的預期，就會可能產生投資（拋售）該貨幣或以該貨幣定價的資產的動機。但是，只要匯率靈活，該匯率會迅速升值（貶值）到位，從而立刻消除由於匯率升值導致的資本繼續流入（流出）的動機。相反，如果匯率沒有靈活性，則國際投資者對該貨幣升值（或貶值）的預期就會長期存在，從而加劇資本的流動。

　　IMF 的 Jean－Louis Combes 等（2011）[②] 研究了 42 個國家的資本流動、匯率波動和實際有效匯率之間的實證關係。他們發現，匯率彈性較高的國家一般可以較為有效地防止資本流入導致的實際匯率的升值。這個結果表明，許多發展中國家試圖在短期資本流入時採用各種手段干預匯率市場以阻止短期內名義匯率升值，但從中長期來看這種做法事與願違，反而會導致了更多的資本流入並推高實際有效匯率。

（三）人民幣匯率波幅在主要貨幣中最低，有明顯提高的空間

　　自 2010 年 6 月 19 日二次匯改以來，人民幣匯率的實際波幅度稍稍有所提高，但比筆者原預計的更有限。2005 年以來人民幣實際波幅（年化日標準差）的變化如下圖所示意。最近一年，匯率波幅並沒有明顯超過 2007 年和 2008 年上半年的水準。

　　與主要國家的貨幣相比，人民幣在匯改七年之後，仍然是波動幅度最小的貨幣。今年以來，人民幣實際波幅度的年化率為 1.7%，而其他貨幣平均在 10％左右。

---

② Jean－Louis Combes, Tidiane Kinda, and Patrick Plane , 2011, *Capital Flows, Exchange Rate Flexibility, and the Real Exchange Rate*, IMF working paper No. WP/11/9.

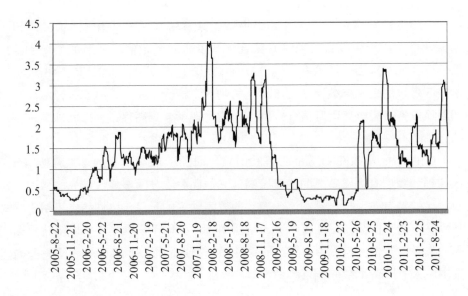

來源:Bloomberg

圖 10-2　人民幣 / 美元匯率：年化的 30 天波幅（%）

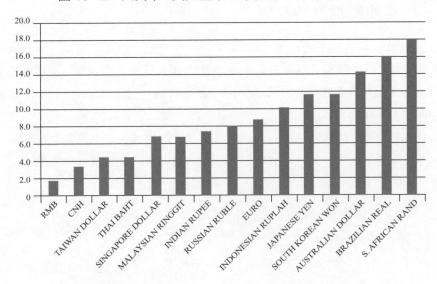

來源：Bloomberg, 2011 年 11 月 3 日。

圖 10-3　2011 年前 10 月人民幣與其他貨幣的年化日波幅（%）

　　尤其是與馬來西亞的林吉特（Ringgit）相比，雖然人民幣與林吉特於 2005 年 7 月 21 日同時啟動匯率彈性，但林吉特的彈性增加遠遠快於人民幣。這也是為什麼馬來西亞能在較快的時間內開放資本項目的原因之一。從 1998 年馬來西亞關閉資本賬戶之後，最近幾年的開放使得外資佔境內債券市場的比重已經達到 20%。而中國在啟動 QFII 八年之後，外資佔國內資本市場的比重還不到 1%，資本項目開放速度遠遠落後於馬來西亞。

　　從圖 10-4 和圖 10-5 可以看出，目前林吉特對美元的每日波幅度一般在 0.5％左右，比人民幣對美元的波動幅度高五倍左右。過去七年（2005 年匯改開始計算），林吉特對美元的累計升值幅度與人民幣對美元的累計升值幅度接近，但林吉特對美元的波幅較高，有幫助於減少流入馬來西亞的熱錢和外匯儲備的增長。在過去幾年中，馬來西亞的外匯儲備的增長幅度遠遠小於中國。2005 年 7 月以來，雖然馬來西亞的貿易順差與 GDP 的比率保持在 14% 到達 20% 之間（遠高於中國的 2%-8% 的水準），但馬來西亞的外匯儲備增長不到一倍。同時期中國的儲備卻增長了 3.5 倍。這表明，馬來西亞面臨的淨資本流入（包括熱錢）的壓力遠遠小於中國。

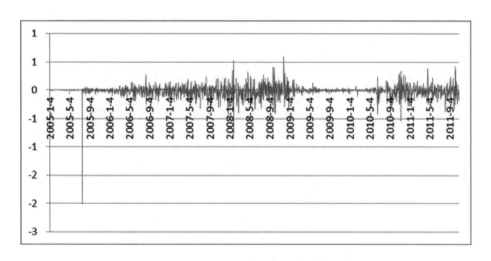

圖 10-4　人民幣對美元匯率每日變動幅度（％）

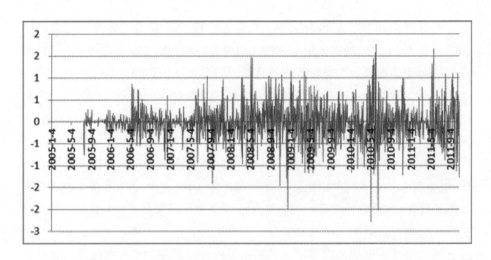

圖 10 - 5 林吉特對美元匯率每日變動幅度（%）

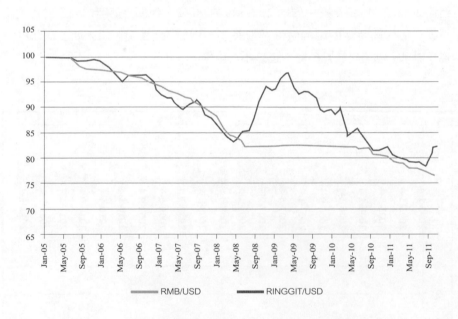

圖 10 - 6 05 年以來人民幣與林吉特匯率升值幅度類似，
但林吉特波幅大得多

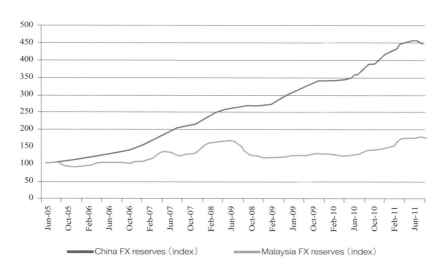

China FX reserves（index）　　Malaysia FX reserves（index）

資料來源：CEIC 和作者計算

圖 10－7　面臨類似升值壓力，中國外匯儲備增長率遠遠高於馬來西亞

　　雖然人民幣在主要新興市場國家的貨幣中波幅是最小的，但是中國的經濟基本面（比如，經濟增長率、外匯儲備、通脹、外債水準等）是這些國家中最好的之一，中國出口佔 GDP 的比重在亞洲國家中也是最低的之一。從這些意義上來説，中國實際上完全有條件承受更大的匯率波幅。

二、宏觀審慎手段的運用
（一）理論層面的討論

　　在理論層面，支持對短期資本流動採取托賓税和其他宏觀審慎措施的理由主要有兩個：一是認為對短期資本流動的管制能夠增強國內貨幣政策的自主性，防止本國貨幣當局為了應對短期資本流動而犧牲國內經濟穩定和發展的目標。比如，短期資本流動往往以套利為目的，資金從利率較低的國家（如美國）流入利率較高的國家（如巴西），在後者缺乏足夠匯率彈性的條件下，會迫使後者降低利率。如果後者為了減少套利資金的流入而降低利率，則可能與本國的貨幣政策的其他目標（如控制通脹、抑制地產泡沫）背道而馳。因此，採用審慎手段來控制短期資金流動可以幫助保持一定程度的貨幣政策的獨立性。

二是認為審慎手段能夠降低匯率的波動性，從而降低經濟主體所面臨的風險。如果沒有對短期資本流入的管理，短期資本大幅流入可能導致匯率突然上升，明顯超過均衡水準，從而對實體經濟造成過大的衝擊。

（二）國外的實際做法

儘管理論上還未有完全的共識，但在實踐中，資本項目基本開放的新興市場國家利用宏觀審慎手段對短期資本流動進行管理的做法由來已久。下面介紹一些典型的例子。

1. 托賓稅

對短期資本流入徵收預提稅、資本利得稅和額外費用等手段（簡稱為"托賓稅"）的目的是減少這些資本流入的回報率，從而達到抑制流入的目的，也可以防止由於大量流入之後突然大規模流出。

韓國 2011 年初開始恢復對外國人購買國債和貨幣穩定債券（monetary stabilization bonds，類似於中國的央票）的利息徵收 14% 的預提稅（withholding tax）。這些政策的主要動機是抑制國際短期資本投機韓元升值。單純從這個角度看，這些政策的效果還是顯著的。

2010 年 12 月，韓國對銀行的非存款類外幣負債額外收費。期限一年以內的，徵收 0.2%；1–3 年的徵 0.1%；3 年以上的徵 0.05%。

2009 年 10 月，巴西對投資本國股票和債券市場的外資徵收 2% 的預提稅（IOF）。2010 年 10 月，該稅率對債券投資提高到 6%、對股票基金投資提高到 4%，同時對一些潛在的漏洞進行了封堵（例如通過 ADR 市場試圖避免此稅的交易）。

2010 年 10 月，泰國對非居民新投資於國債的利息收入和資本利得恢復徵收 15% 的預提稅。

2010 年 12 月，對通過本國券商交易的非居民投資股票所得徵收 30% 的利得稅,對非居民券商交易的非居民投資股票所得徵收 5% 的利得稅。

2. 外匯頭寸限額

對外匯頭寸的控制一般是針對金融機構,尤其是銀行。在資本流入過快的時期,其目的主要是防止銀行通過外匯現貨、遠期以及衍生工具過多地借入外債,並防止銀行過多地作為中介向境內發放外幣貸款。

韓國在 2010 下半年開始要求本地銀行持有的外匯衍生品合約的敞口不得高於上個月末資本金的 50%、外資銀行不得高於 250%。

印尼在 2010 年 12 月規定,銀行的短期外匯借款不得超過資本金的 30%。

2010 年 2 月,秘魯對銀行的外匯淨頭寸調整了限額比率。對淨長頭寸,上限調整為 75% 的資本金;對淨短頭寸,上限調整為 15% 的資本金。

3. 徵收無償準備金和提高存款準備金率

對資本流入徵收無償準備金或提高準備金率的主要目的是通過提高資金成本,降低這些資金對銀行的回報率,從而抑制資本流入。

智利政府在 1991 到 1998 年間對外債以及其他一些類別的短期外資流入實行了無償準備金要求(Unremunerated Reserve Requirement, URR),其效果明顯。智利的短期對外負債佔整體對外負債的比重從政策實施初期的 19.4% 下降到政策執行期末的 5.4%。同時,智利對外負債的總量(亦即外資流入智利的總量)保持了穩步增長。

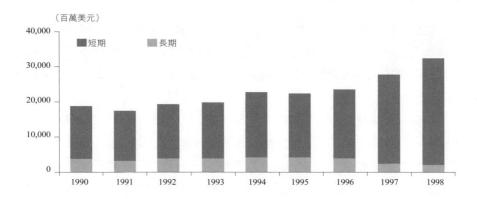

資料來源:智利中央銀行

圖 10-8　智利的對外負債

2011 年 1 月，巴西決定，要求銀行對其持有的超過一定限度的美元短頭寸（負債）向中央銀行繳納無償付準備金。存款準備金的數量為 60% 的美元負債減去一個免徵額（30 億美元或資本金，取較小者）。

2011 年 3 月，印尼將對外匯存款的準備金率從 1% 提高到 5%，三個月後提高到 8%。

2011 年 2 月，以色列對銀行與非居民的外匯互換和外匯遠期交易實行 10% 的存款準備金制度。

2010 年 12 月，台灣對非居民的新台幣活期存款餘額超過當年年底餘額之增加部分，按 90% 計提準備金。

4. 規定持有期限

限制短期資本流入的另一種更帶行政色彩的手段是直接禁止某期限之內的短期資本流入。比如，2010年7月，印尼規定外國人購買印尼的央票（Bank Indonesia Certificates, SBI）後持有期限必須在1個月以上。印尼政府認為外資進出其央票市場是造成印尼盧比匯率波動的一個重要因素。直觀地從數字上看，該政策短期內確實抑制了海外資本流入本國的央票市場，但是長期效果不是很明顯。

三、對中國的借鑒意義

總體來說，新興市場國家所採用的各種審慎手段在短期內都在一定程度上達到了其抑制資本流動的目的。否則也不會反覆、持續地被使用。比如，與其他新興市場國家相比，巴西最近使用的預提稅等措施確實減少了其匯率的波動性。

在對國際經驗的評估的基礎上，我們提出以下對中國的借鑒意義：

第一，中國在資本項目開放的初級階段（如今後五年內），應該是在逐步取消直接外匯管制（如放寬和最終取消對居民和非居民在資本項目下購售外匯的限制、放寬乃至最後取消外資進入境內資本市場額度、放寬對人民幣跨境流動的限制）的同時，提高匯率的波動幅度、適當採用審慎管理手段來抑制過度的短期資本流動。在 5–10 年內，人民幣匯率彈性估計接近主要國際貨幣的水準（如年化日均波幅達到 10% 以上）、主要企業和金融機構都能有效地使用外匯衍生工具。在這些條件下，就可以逐步減少審慎管理的干預性措施，達到比較完全的資本項目開放。

第二，資本項目開放的方向必須明確，步伐需要穩健。應該避免韓國在長期保持資本管制之後由於國際壓力突然大幅度開放資本項目，此後不斷反覆的做法。這種做法會導致匯率過大的波動。相比之下，台灣的資本項目開放的目標和政策的次序更加清晰、對資本流動的管理也更加有效和穩健。

第三，提高人民幣匯率波幅應該有明確目標。應該爭取在五年之內將實際日均匯率波幅從目前的2%左右提高到6% – 10%，接近林吉特目前的水準。

第四，各類托賓稅是管理資本流動最典型和有效的經濟手段，在各種審慎手段中應該最受重視。因為稅收手段直接影響投機者獲得的回報率，因此能直接制約其投機的動機。而通過銀行的管制手段，尤其是無償存款準備金等手段，只是間接地通過提高銀行（一個資本流入的中介）的成本來抑制資本流動，未必能有效地管理通過多種渠道（如券商、基金、信託等）進入本國資本市場的流入。

第五，按比例限制銀行的短期外債（如餘額不超過資本金的一定百分比）在資本項目開放的初期仍然是不可或缺的宏觀審慎手段。這些手段一方面可以限制短期資本流入，減少對匯率的衝擊；另一方面可以防止銀行和其客戶過度使用短期外債，在微觀層次上降低銀行和企業的面臨的匯率和流動性風險。

第六，一些對具體金融產品層面的管制措施，可能產生意想不到的效果。所以在具體設計政策使應該充分考慮金融市場的反應和金融創新帶來的複雜性。如果對某項短期金融交易徵稅，那麼這些交易就可能會借道於其他金融產品進行套利，出現即 "產品替代"。例如，如果政府限制外國人持有本幣存款，那麼這些人就可能轉而購買即將到期的本幣國債來規避管制。如對購買短期債券徵稅，就可能導致對長期債券的需求增加。

第十一章 資本項目開放條件下的跨境人民幣支付系統

一、目前的人民幣跨境支付體系的過渡性特點

在目前還存在許多資本項目管制的條件下，人民幣跨境貿易支付通過兩個進行渠道。一是通過香港、澳門的清算行系統。在這種安排下，境外貿易結算的參加行委託中國銀行香港分行或中國銀行澳門分行擔任清算行。二是境外參加行委託境內的人民幣貿易結算代理行代理結算業務。事實上，這兩種安排目前承擔了人民幣支付清算、在離岸市場上提供人民幣流動性和回流機制等幾大功能，具體可以分為四類：

第一，清算行和代理行為境外參加行進入人民幣大額支付系統的"接口"。 清算行和境內代理行（代表境外參加行和其參與貿易結算的客戶）與境內結算銀行（代表境內參加貿易結算的客戶）辦理人民幣跨境資金結算業務時，通過大額支付系統辦理。

第二，清算行和代理行在額度內為人民幣貿易結算提供一定程度的流動性的保證。 由於中國的資本項目尚未可兌換，因此無法保證參加貿易結算的企業所需要的人民幣流動性必然會在外匯市場獲得。因此，目前體制下，為了推動人民幣貿易結算，人民銀行給予了清算行和代理行一定的人民幣購售額度，因此在一定程度上（但尚不是完全地）提供了人民幣流動性的保證。

第三，清算行可以在一定額度內向境內銀行間拆借市場拆入和拆出人民幣資金，這個安排也為境外離岸市場提供了額外的流動性保證。 境內代理行由於本來就是境內銀行間市場的成員，也可以在境內銀行間拆借市場拆入和拆出人民幣資金。

第四，清算行為境外人民幣資金提供了最主要的回流渠道和人民幣存款

的定價基礎。比如，絕大部分香港的人民幣存款通過中國銀行香港分行存入人民銀行深圳分行的清算賬戶，目前年利率為 0.72%。這個利率構成了香港人民幣存款利率的一個重要的定價基礎。

二、在資本項目開放條件下，目前的清算行 部分功能將"退化"

但是，如果五年之後，人民幣資本項目基本開放，境外的 CNH 市場的交易量明顯增加（如達到每天 1000 億人民幣；目前為 100 多億的規模），境內外匯市場也對居民和非居民開放，目前的人民幣跨境支付與結算系統的框架就需要有重大的變化。這些變化至少體現在如下方面。

第一，資本項目可兌換之後，就沒有必要繼續給清算行和代理行以人民幣購售額度。這是因為，外匯管制的取消，使得境內和離岸的外匯市場可以提供充分的人民幣和外幣的流動性，沒有必要繼續以目前的清算行和代理行模式為客戶提供人民幣。

第二，資本項目可兌換之後，就沒有必要繼續為清算行提供在境內銀行間拆借市場拆入和拆出人民幣資金的額度。這也是因為資本項可兌換之後，境外人民幣拆借市場、人民幣外匯市場的流動性都將有明顯提高，境內外的人民幣拆借市場也基本打通，所以就沒有必要繼續保留清算行進入境內拆借市場的額度。

第三，資本項目可兌換之後，清算行將不再是境外人民幣的主要"出路"（回流機制）和離岸人民幣存款的定價基礎。隨着資本項目的開放，離岸市場規模將大幅成長，離岸市場上的人民幣資產規模在五年之內可能增長十倍，境外人民幣的"出路"（投資渠道）很大程度上將由市場提供。另外，由於資本項目開放，境外人民幣可以直接匯入境內幾乎任何銀行賬戶。因此，將離岸人民幣存入中國銀行香港分行就不再是人民幣的主要出路，因此也不會是人民幣的主要回流機制。人民銀行深圳分行為中銀香港提供的存款利率也將不再成為境外離岸人民幣存款的定價基礎。

綜上所述，在資本項可兌換之後，在本文第一節所述的清算行目前所發揮的四種功能中的第二至第四種都將不復存在。這意味着屆時清算行的功能將 "退化" 為一般的代理行。換句話説,目前意義上的清算行將消失,其作為進入境內大額支付系統的 "接口" 的功能也可以被中國銀行本身(作為代理行)所取代。

三、美國 CHIPS 作為主要美元跨境支付系統的經驗 [①]

美國銀行間的大額支付系統有兩套,一是 Fedwire,二是 CHIPS(Clearing House Interbank Payments System)。Fedwire 是聯儲擁有和營運的即時全額支付系統,成員為美國境內的 9000 多家在聯儲開戶的銀行。Fedwire 主要用於境內的美元支付,但也部分參與跨境美元支付。目前,95% 的跨境美元支付通過 CHIPS 來處理。CHIPS 採用淨額結算模式。

CHIPS 是按商業化模式運作的機構,但根據美國法律創立(Article 4A of Uniform Commercial Code)。CHIPS 是由 The Clearing House Payments Company LLC 所運行的一個系統。The Clearing House Payments Company LLC 的股東(英文為 Members,即會員)包括 The Clearing House Association LLC(組織會員)、18 家 A 類會員(國際銀行)和 4 家 A A 類會員(國際銀行)。CHIPS 的參與者(Participants)[②],即客戶,包括了部分會員(股東)銀行在內的總共 52 家國際大銀行(2012 年 2 月資料,名單見表 11–1)。

CHIPS 要求所有參與者銀行都在美國設有存款類分支機構,並有足夠融資渠道保證其滿足在 CHIPS 賬戶內達到每日初始餘額(openging position requirement)和日終餘額要求(closing position requirement)。這些成員銀行在本銀行全球各分行之間的美元支付一般在本銀行內部系統中完成,跨成員銀

[①] 筆者感謝 The Clearing House 高級副總裁、首席經濟學家 Bob Chakravorti,The Clearing House 負責產品的高級副總裁 Ray Mulhearn,德意志銀行(新澤西)負責支付服務的董事總經理 Russell Fitzgibbons,德意志銀行首席策略師(20 年前曾撰寫過關於 CHIPS 的教科書的)Peter Garber,德意志銀行香港分行負責支付業務的董事 Chrisitophe Lui 等專家提供的意見。

[②] Participants 在被譯成中文時,有時也被稱作成 CHIPS 的會員、成員或客戶。但注意,它們未必是 The Chearling House 的 Members(股東)。

行之間的美元支付則絕大部分通過 CHIPS 進行。國際上任何非 CHIPS 成員的
銀行可以委託一家 CHIPS 成員銀行作為其代理行,代其處理美元的跨境支付。

表 11 - 1　CHIPS 的參與者名單(2012 年 2 月)

CHIPS Routing Number	Name	Home Office
0184	Banco Bilbao Vizcaya, S. A.	Spain
0855	Banco de la Nacion Argentina	Argentina
0355	Banco do Brasil S. A.	Brazil
0869	Bangkok Bank Public Company Limited	Thailand
0886	Bank Hapoalim B. M.	Israel
0279	Bank Leumi USA	United States
0959	Bank of America, N. A.	United States
0326	Bank of China	China
1262	Bank of Communications	China
0253	Bank of Nova Scotia	Canada
0963	Bank of Tokyo - Mitsubishi UFJ, Ltd.	Japan
0257	Barclays Bank PLC	England
0160	BB&T	United States
0768	BNP Paribas New York	France
0480	Brown Brothers Harriman & Company	United States
1468	China Construction Bank Corporation	China
1455	China Merchants Bank	China
0008	Citibank, N. A.	United States
0600	Citic Bank International LTD.	China
0804	Commerzbank AG	Germany
0807	Credit Agricole Corporation and Investment Bank	France
0865	Credit Industriel et Commercial	France
0378	Deutsche Bank AG	Germany
0103	Deutsche Bank Trust Co Americas	United States
0736	Habib American Bank	United States
0780	Habib Bank Limited	Pakistan
0108	HSBC Bank USA	United States

（續表）

1209	Industrial Bank of Korea, New York Branch	Korea
1459	Industrial and Commercial Bank of China	China
0531	Intesa Sanpaolo S.p.A.	Italy
0976	Israel Discount Bank of New York	United States
0002	JPMorgan Chase Bank, N. A.	United States
0824	KBC Bank N. V.	Belgium
1345	Landesbank Baden－Wuerttemberg	Germany
0555	M & T Bank	United States
0174	Mashreqbank psc	United Arab Emirates
0908	Mega Int'l Commercial Bank Co.	Taiwan
0862	Mitsubishi UFJ Trust and Bkg Corp. NY Br.	Japan
0430	Mizuho Corporate Bank Ltd － NY	Japan
0112	Northern Trust Int'l Corp.	United States
0958	Royal Bank of Scotland N. V.	Netherlands
0422	Societe Generale	France
0256	Standard Chartered Bank	England
0914	State Bank of India	India
0487	State Street Bank and Trust Company	United States
0967	Sumitomo Mitsui Banking Corporation	Japan
0001	The Bank of New York Mellon	United States
0217	The National Bank of Kuwait SAK	Kuwait
0799	UBS AG	Switzerland
0049	Union Bank, N. A.	United States
0509	Wells Fargo NY Intl. fka Wachovia	United States
0407	Wells Fargo Bank, San Francisco	United States
52 Participants Last Updated 02/20/12		

資料來源：http://www.chips.org

美元跨境支付並非必須要通過 CHIPS，也可以通過 Fedwire，但 CHIPS 佔了全部跨境結算量的 95%。CHIPS 在跨境美元結算中佔主導地位（即比 Fedwire 更有優勢）的原因有如下幾個方面：

第一，由於 CHIPS 使用淨額結算模式，對參與者來說其被鎖定的流動性的成本遠遠低於 Fedwire 的即時全額模式。加上 CHIPS 在提高流動性使用效率方面（因為其使用最先進的演算法等）的不斷創新，CHIPS 對參與者的流動性的要求（和此流動性的機會成本）遠小於 Fedwire。比如，CHIPS 每天的起始資金頭寸（所有參與者的 CHIPS 賬戶內的初始餘額的總量）要求僅僅為 35 億美元左右，但每天清算的交易總量達到 2 萬億美元。換句話説，一元美元的起始頭寸可以支持 500 多倍的清算量。這個資金使用的效率（槓桿率）是全球清算系統中最高的。即使用對參與者的總淨流動性要求（初始頭寸和一日內追加的頭寸之和）為基數，其流動性使用的槓桿率也達到 20 多倍，而 Fedwire 的流動性槓桿率僅為 5－6 倍。

第二，多數跨境結算對時效的要求不特別高，即不需要在幾秒鐘內完成。因此，如果 CHIPS 能提供成本（尤其是對流動性要求）較低，既是費時稍稍多一些，多數客戶也傾向於使用 CHIPS。

第三，97% 的通過 CHIPS 的支付指令由系統自動處理，不需人工干預，這個 Straight Through Rate 也比 Fedwire（估計在 50% 左右）要高得多。絕大部分支付指令從加入排隊開始在十幾分鐘之內（平均在十幾秒鐘）可以完成執行，因此從時間效率上來看也基本與 Fedwire 的沒有太大的區別。因此，CHIPS 在不太損失時間效率的情況下，其流動性和人工成本都低於 Fedwire。

第四，Fedwire 為了保證流動性，為其成員銀行提供透支服務，而銀行因此要支付利息。CHIPS 由於採用淨額結算，本身對流動性要求就低，而且演算法效率高，因此在不提供透支服務的情況下也能保證絕大多數支付指令得到及時執行。由於 CHIPS 不提供透支，銀行就不需要支付相應的利息。

四、資本項目開放條件下，應考慮建立新的 跨境人民幣支付系統

筆者認為，中國在資本項目基本開放、人民幣的國際化程度大幅提高之後，人民幣的跨境支付系統的基本模式應借鑒美國的 CHIPS。這裏暫且將今後類似 CHIPS 的系統稱為 "跨境人民幣支付系統"（CIPS － Cross－Border

Interbank Payments System）"。CIPS 也應該以商業化模式運作，該系統的成員應該是國際主要銀行（比如 50 - 60 家）。全球參與跨境人民幣結算的其他客戶（主要是中小銀行）則通過這些成員銀行作為代理行進行清算。

筆者對 CIPS 的構架的初步設想如下：

（1）以法規形式，確定 CIPS 的股權結構、運模模式、監管責任、與其他支付系統的關係、風險管理等基本框架。CIPS 由中國人民幣銀行監管。

（2）CIPS 以商業模式操作，以中國國內的大銀行和若干國際大銀行為股東。股東個數限制在 10 家左右。允許 50 - 100 家國內大銀行和國際銀行作為成員，直接使用 CIPS 進行人民幣支付和清算。全球其他金融機構的人民幣跨境支付可委託 CIPS 成員銀行作為代理行進行。在目前體制下國內參與人民幣跨境支付的代理行原則上都應成為 CIPS 的成員。

（3）CIPS 應該能夠實現跨境支付的中文指令與英文指令的自動轉換，消除支付系統的語言障礙。

（4）CIPS 需要在中國時區的工作時間之外持續運行，爭取保證 24 小時中的大部分時間（至少 18 小時）運行，為在全球主要金融中心（如倫敦、紐約等）的人民幣支付與結算提供及時的服務。

（5）CIPS 與國際上其他主要外匯清算系統（包括 CLS）可以用跨貨幣同步交收方式進行鏈結。

（6）借鑒 CHIPS，引入提高流動性使用效率的演算法系統，大幅降低大額人民幣跨境支付的成本。CHIPS 有興趣為中國提供相關的技術諮詢服務。

有些人可能會問，既然中國已經有了人民幣大額支付系統，目前體制下的清算行和代理行也實際上為境外參加人民幣跨境結算的銀行和企業提供了進入該支付系統的接口，為什麼還要考慮另外建立一個也是提供大額支付服務的 "人民幣跨境結算支付系統（CIPS）"？我們的理由如下：

第一，有競爭才為能兩個系統提供足夠的壓力來提供效率。CHIPS 的經驗表明，在與 Fedwired 的競爭過程中，CHIPS 得以不斷創新，經過十幾年的努力，使其流動性使用效率和自動化程度（以降低人工成本）成為全球類似系統中最高的。CHIPS 的其他各種創新也大大減少了信用風險和流動性風險。

第二，運行獨立的人民幣跨境結算支付系統的公司如果使用非國有的股權結構，其公司治理和市場化的激勵機制將有助於提高系統的運行效率和創新能力。比如，由於 CHIPS 是私營機構，其主要目的就是為參與者銀行提供成本更低、效率更高的服務。這與政府運行的系統大不一樣。這是 CHIPS 不斷提高市場份額的一個重要原因。另外，如果 CIPS 的股東和成員銀行中有較多的國外大銀行，股東和國外銀行可以及時提供對跨境支付對系統設計的要求、管理經驗和人才，使其在一開始就與國際水準接軌。

第三，設立獨立的人民幣跨境支付系統有助於儘快實現專業化的運行。由於 CIPS 的成員銀行主要是從事國際交易的全球性銀行，CIPS 將發展成為專業化的人民幣跨境支付系統，為全球人民幣跨境結算提供每天 18-24 小時的服務。與 CNAP 相比，CIPS 應該為客戶提供更加便利國際支付、服務成本更低、對流動性要求更低的服務。具體地說，CIPS 的指令系統將以英文為主，與其他所有主要貨幣的清算支付系統有全面的接口，CIPS 的工作人員更具有為國際銀行服務的專業能力，而且不要求成員銀行在人民銀行持有較高餘額的賬戶（從而降低成本）。

如果跨境支付系統只是主要服務於境內業務的大額支付系統的一個部門，理論上通過部門的努力也可以為跨境業務提供更專業的服務。但是，從公司治理和人事安排角度，如果該機構的主管部門和主要領導的關注點和激勵機制不在跨境支付，很難想像其中一個部門能夠獲得像 CHIPS 一樣的機制和人力資源來提供專業化服務。

第四，如果今後兩套系統同時提供支付與清算服務，也有利於防範在突發情況下（如某一個系統突然中斷服務的情況下）的金融安全。在這些不可預測的情況下，兩個系統中至少一個系統仍然能夠維持運行的可能性要比兩個系統同時中斷的可能性要大得多。筆者在與 CHIPS 討論時，CHIPS 的專家也特別提到美國有 Fedwire 和 CHIPS 兩個大額支付系統在突發情況下對保證業務持續性

（business continuitity）的重要意義。

從金融安全角度來看，CIPS 還應該能允許監管當局監控跨境人民幣在銀行間的大額支付。這在提供安全遮罩，維護國家和國內金融安全方面將起到重要的作用。比如，該系統可以用於監控突發性、大規模的跨境資金流動，允許監管當局觀測這些資金流的來源和參與機構。在取得這些信息的基礎上，監管機構可以針對對國家金融安全構成威脅的機構和個人實行必要的制裁和制止某些支付活動。再如，從 CIPS 可監測到恐怖組織以及洗錢和腐敗分子的跨境人民幣交易活動，為國家有關部門採取對應措施提供重要的信息。

五、過渡階段的清算行體系安排

以上設想的是在中國資本項目基本開放、境內外人民幣外匯市場能為全球提供足夠流動性的條件下的新的跨境支付系統的框架。從現在到那個時候，恐怕還需要幾年的時間。在今後幾年的過渡期內，我們面臨的決策是，是否應該在新加坡、倫敦、紐約設立類似中銀香港分行的清算行系統。

關於這個問題，我們認為，在目前離岸市場的人民幣流動性仍然相對有限（香港人民幣存款只有 6000 億，每天 CNH 的交易量只有 100 多億人民幣），而且許多參加人民幣結算和有意向但仍未決定參加人民幣貿易結算的企業都擔心境外人民幣流動性是否有保障的情況下，目前的清算行在提供流動性方面的作用（見第一節）還十分重要。一旦取消這些功能，境外人民幣流動性不足或企業擔心流動性不足而不願意參加人民幣貿易結算的問題可能會更加嚴重。尤其是最近一段時間，由於全球宏觀經濟波動的影響，CNH 的匯率出現對 CNY 匯率的折讓，使部分境外人民幣通過套利機制回流，或降低了人民幣通過貿易渠道向香港流動的速度。再加上目前若干人民幣回流機制（如人民幣 FDI）開始發力，也在一定程度上導致了離岸市場人民幣流動性的增長率的下降。

因此，我們建議，在一段時間之內（如一兩年內），繼續維持目前中銀香港分行和澳門分行的清算行體制，同時考慮給新加坡類似的安排。這是因為，近年內新加坡成為香港之後第二大人民幣離岸市場的雛形已經開始形成，擴大人民幣在中國與東南亞國家間的貿易和投資結算功能的空間很大，新加坡政府對發展人民幣離岸市場持十分積極的態度，與其實現監管合作（包括今後改變清算行體制）也相對其他西方國家更加便利。

　　但是，關於是否要給歐洲、美國和其他地區的一些城市的離岸市場以同樣的清算行安排的問題，目前可以暫時擱置。如果兩年之內，CNH 市場的流動性明顯提升（如境外人民幣存款達到 2－3 萬億、CNH 外匯市場日均交易量提高到 600 億人民幣左右（為新台幣外匯日均交易的一半）），企業對 CNH 市場提供充分流動性的信心明顯提高時，便可以正式將人民幣跨境支付模式定位於建立 CIPS，所有新的人民幣離岸市場均可通過代理行進入 CIPS 或現有的大額支付系統進行人民幣結算。歐洲和美國的城市也就不需要類似中銀香港的清算行模式了。

第四篇
其他國家和地區的經驗

第十二章

歐洲美元市場的發展和經驗

上世紀 50 年代誕生的歐洲美元市場無疑是國際金融市場革命性的創新之一，它的發展改變了國際金融市場的運作方式，也在很大程度上促使美元替代英鎊，成為了世界上最重要的國際貨幣。本章首先回顧了歐洲美元市場的發展歷史，然後分析了倫敦能夠取得並維持歐洲美元市場的中心地位的原因，並討論了歐洲美元市場市場的作用，最後描述了歐洲美元市場的存在對美國境內貨幣政策和金融穩定的影響。

一、歐洲美元市場的發展

歐洲美元市場是指美國境外的美元市場，主要起源於歐洲，特別是倫敦。早在 1920 年代，就有美元存放在倫敦的商業銀行，二戰前美元存款規模呈現一定的增長趨勢。由於各國外匯管制制度的實施和 1930 年代國際貨幣體系的崩潰，增長趨勢受到遏制。1950 年代初，歐洲美元市場開始萌芽（Schenk, 1998）。

歐洲美元市場的產生是宏觀制度環境和微觀個體利益衝動共同作用的結果。1950 年代早期，美國政府在朝鮮戰爭中凍結了中國存放在美國的資金，蘇聯和東歐各國為了避免他們在美國的資金也被凍結紛紛將其存款轉移到歐洲，這些美元為歐洲美元市場提供了最初的資金來源。1955 年，由於國內較高的通貨膨脹率，英國政府實施了緊縮的貨幣政策。圖 12-1 為 1954~1959 年間英國的清算銀行規定的 7 天存款基準利率、央行貼現率和國庫券利率。可以看到，從 1955 年初到 1958 年初，幾種利率都大幅上升，平均上升幅度達到 300－400 個基點。

當時的米特蘭銀行（Midland Bank）（後被併入滙豐銀行）發現了一條利用

美元和英鎊之間的利率差獲取利潤的途徑。當時，由於 Q 條例的限制，美國的美元定期存款（少於 90 天）的利率僅為 1%。比如米特蘭銀行以 1.8% 的利率吸收美元存款，同時以 2.2% 的利率買美元遠期[1]（即當期賣出美元，換入英鎊，在遠期買回美元），再將換取的英鎊投資於英國國內銀行間市場，30 天後再將收回的英鎊換成美元。在這一操作中，米特蘭銀行付出的成本為 4%，而獲得的收益可以達到 4.5%。英國監管當局發現了米特蘭銀行的舉動，但是出於鞏固倫敦的國際金融中心地位的考慮默許了這一行為，於是米特蘭銀行的利率套利創新便成為了歐洲美元市場產生的直接導火索。這種套利行為一直進行到 1964 年美國上調 Q 條例利率上限。[2]

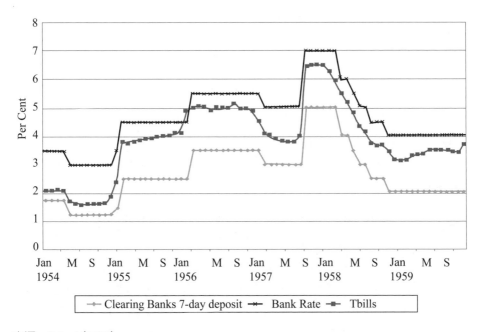

來源：Schenk(1998)。

圖 12-1　1954~1959 年英國的各類 30 天英鎊存款利率

---

[1] 1954 年，英國政府取消了英國銀行進入遠期外匯市場的限制。
[2] 1964 年 11 月，美國將定期存款（少於 90 天）的利率由 1% 上調到 4%。

由於進入門檻低，米特蘭銀行的套利方法很快被許多銀行複製，米特蘭銀行的競爭優勢也很快消失。但是，歐洲美元市場並沒有隨之消失，反而很快地發展起來（見圖 12–2）。一般來說，可以將歐洲美元市場的發展分為三個階段：

（1）初始階段，即 1955~1962 年。在這一階段，歐洲美元市場的規模還不是很大。1957~1960 年英國政府對於英鎊融資的限制[3]、1950 年代後期歐洲各國經常項目貨幣可兌換的實現，促使各國貿易商更多地使用美元作為結算貨幣，促進了歐洲美元市場的發展。據 BIS 的估計，1957 年末歐洲美元市場的規模約為 15 億美元，1959 年末約為 25 億美元，1962 年末約為 55 億美元。

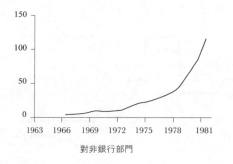

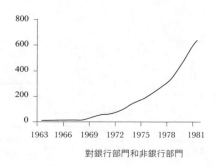

圖 12–2　1964~1981 年歐洲美元市場的存款規模
（單位：十億美元）

（2）發展階段，即 1963~1973 年。在這一階段，歐洲美元市場的存款規模由 1963 年末的 70 億美元上升到 1973 年末的 1321.1 億美元，年複合增長率達 134%。歐洲美元市場的快速發展首先得益於美國在國內實施的一系列的限制政策。為了改善國際收支狀況，減少資金外流，美國於 1963 年開始對本國居民購買外國債券徵收"利息平衡稅"，又於 1965 年執行了"自願限制

---

[3] 1957 年 9 月，英國政府限制英國銀行對第三方進行英鎊貿易融資及英鎊再融資，於 1959 年 2 月解除了英鎊貿易融資的限制，又於 1960 年 3 月解除了英鎊再融資的限制。

對外信用計劃"以限制美國銀行對外國的貸款。這些措施迫使外國企業以至於美國的跨國公司都轉向歐洲美元市場進行融資。另外，美國在 1966 年對可轉讓存單（CDs）也實施了 Q 條例，導致大量企業將資金轉移到歐洲美元市場。其次，歐洲美元市場參與者的多元化以及產品的多樣化是歐洲美元市場發展的另一動力。不同的市場參與者有着不同的需求：從資金去向上看，截止 1963 年底，在倫敦的各國銀行對非銀行部門的負債總額中，美國銀行佔了32.3% 的份額，日本銀行佔 9.8%，美國銀行將歐洲美元匯給美國總行以緩解流動性危機，日本銀行則將歐洲美元兌換成日元用於國內的工業擴張（Schenk, 1998）；從資金來源上看，除了美國的國際收支赤字外，各國中央銀行、BIS 等國際組織也出於不同的目的將資金投放於歐洲美元市場。在產品方面，歐洲美元存貸款在利率結構和存款期限上更為靈活，1962 年，歐洲美元 CDs 開始發行，1963 年，第一個三年期辛迪加貸款合同正式簽訂。在歐洲美元市場上，存款者可以獲得更高的利率並有更多的期限選擇，貸款者可以以更低的價格融得更多的資金。

（3）新的發展階段，即 1974 年以後。一些新的因素使得歐洲美元市場繼續快速發展，其中包括 1971 年布雷頓森林體系瓦解導致外匯買賣的增加、1973 年大量石油美元的流入、歐洲美元市場中長期貸款的增多等，此外，歐洲美元市場在 1970 年代擴大到了歐洲以外地區，如巴拿馬、新加坡、香港等。

二、倫敦 —— 歐洲美元市場的中心

自歐洲美元市場誕生，倫敦就是歐洲美元市場的中心，這一地位在後來的半個多世紀中也未曾動搖。從存款規模上看，1963 年 9 月底，歐洲美元市場的存款總規模為 92.1 億美元，其中倫敦美元市場佔比最高，為 34.3%，其次是日本，佔 19.8%。根據 BIS 的統計，到 2010 年底，歐洲美元市場上的美元存款（不包括銀行間的存款）達到 4.2 萬億元美元，相當於美國境內美元存款的三分之一左右。另外據 BIS 和英格蘭銀行（英國中央銀行）的資料估算，2010 年在英國（而其中大部分在倫敦）的銀行的美元存款（不包括銀行間存款）仍

然佔整個歐洲美元市場的美元存款的 30% 左右。④

　　圖 12 - 3 表明在外匯交易量以及利率衍生品交易量方面倫敦也是遠遠領先於其他金融市場。

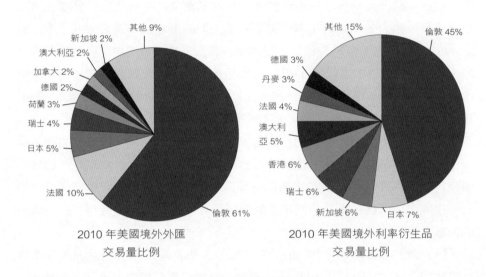

2010 年美國境外外匯
交易量比例

2010 年美國境外利率衍生品
交易量比例

來源：BIS

圖 12 - 3　倫敦國際金融中心在全球的中心地位

　　倫敦之所以成為歐洲美元市場的中心並持續保持這一地位主要有兩方面的原因：

　　（1）倫敦因素。一方面，18 世紀以來，英國在國際貿易中的傳統主導地位使得英國銀行在國際金融業務上積累了深厚的經驗。在倫敦，大量機構投資者彙集，許多外國銀行和跨國企業都選擇倫敦為總部，其中不乏眾多的美國銀行和跨國公司。此外，倫敦較大的經濟腹地、良好的金融基礎設施、穩定的政

____

④ 根據 BOE 數據，2010 年底，英國銀行體系中由非居民持有的美元存款約為 9500 億美元。同時，在英國銀行體系中的居民持有的外幣存款相當於非居民持有的外幣存款的 15% 左右。基於這兩個資料，我們估算在英國的美元存款總計為 1.1 萬億美元左右，相當於歐洲美元市場上的美元存款總額的約 30%。

局、成熟的法律體系、開放的外匯市場、對人才的重視以及英文語言環境等都促成了其成為歐洲美元中心。另一方面，英國政府對倫敦國際金融中心地位的極度重視。在歐洲美元市場形成初期，歐洲各國政府對這一市場對國內市場的影響都有顧慮，不少國家對該國歐洲美元市場的發展都採取了限制措施。德國銀行和法國銀行被各自政府禁止對歐洲美元存款支付利息。1960 年代中期，在瑞士政府的建議下，瑞士銀行對於歐洲美元存款不僅不支付利息反而徵收 1% 的管理費，同時承諾不使用歐洲美元購買本國資產。在法國和意大利，歐洲美元對本幣的互換合同是被禁止的。但是，與歐洲其他國家不同，英國的外匯控制是為了控制資金流出而不是資金流入，同時英國政府認為倫敦要想保持國際金融中心這一傳統地位，就不應該限制歐洲美元市場的發展，而倫敦的銀行也認為歐洲美元的業務是一項額外的業務，願意在較低利潤的條件下經營並發展這一國際業務。英國政府的不限制和倫敦銀行的積極參與促使倫敦在歐洲美元市場發展初期獲得了先發優勢。

（2）美國因素。首先，在歐洲美元市場發展之初，美國政府對其採取了不干涉的態度，這主要是因為美國政府認為歐洲美元市場給境外美元帶來的較高收益有利於緩解布雷頓森林體系下美元的貶值壓力，從而減少各國銀行用美元兌換黃金的數量。其次，美國政府對國內銀行採取了一系列限制國際信貸的措施，這些措施使得美國國內銀行與歐洲銀行（Euro - bank）相比在成本上處於不利的地位。美元的流出和美國銀行業務從國內向國外的轉移都刺激了歐洲美元市場發展。最後，美國政府並沒有限制歐洲美元市場中發生的存貸款事項通過美國的清算系統完成清算，非居民能夠自由支取清算差額，這也是歐洲美元市場得以存在的必要條件之一。

三、歐洲美元市場的作用 [5]

絕大部分國際貨幣最初的國際使用都是通過離岸市場實現的，美元也不例

---

[5] 本章第三節和第四節的部分內容經作者同意，取材於何東、麥考利：本國貨幣的離岸市場：貨幣和金融穩定問題，BIS 報告，2009。

外。外國人開始使用美元進行國際貿易或投資時，並不是在美國國內金融市場開展的，而是集中在倫敦等歐洲美元市場這樣的境外市場中進行。事實上，如果沒有歐洲美元市場，美元不會像現在這樣在國際貿易和支付中佔據統治地位。

　　從表 12－4 中的資料可以看出，美國居民偏好國內存款，而美國非居民則偏好境外存款。美國非居民對離岸市場的偏好是長期存在的。這種偏好起初是因為在歐洲美元市場發展的最初三十年多內，美聯儲對國內銀行的存款實行準備金制度，導致非銀行部門將資金存到境外以獲取更多收益。但是，儘管美聯儲在 1990 年將非個人賬戶 CDs 的存款準備金率下調為零，消除了這一項重要影響因素，美國的非居民仍然偏好將資金存放在美國境外的銀行中。

表 12－4　2008 年非銀行部門的存款在全球的分佈（單位：十億美元）

非銀行部門	銀行所在地		總計
	美國	美國以外	
美國居民	11,743*	1,520	13,263
非美國居民	809	2,580	3,389
總計	12,552	4,100	16,652
註：* 美國居民在美國銀行的存款的估計值為 M2 乘以 2006 年 2 月的 M3/M2（即 1.52）減去發行在外的現鈔。			

資料來源：美聯儲網站，國際清算銀行。

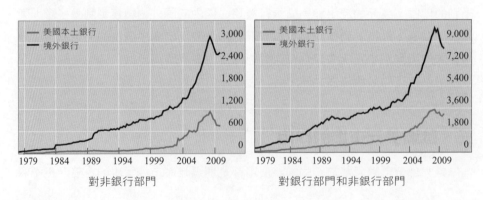

對非銀行部門　　　　　　對銀行部門和非銀行部門

來源：BIS

圖 12－5　美國本土銀行和境外銀行對外負債的規模（單位：十億美元）

　　圖 12-5 比較了美國本地銀行和境外銀行持有的對外負債的規模，可以看出，2010 年以來，在所有銀行的對外負債中，美國本地銀行只佔了 1/4 的比例，而境外銀行佔了其餘的 3/4，可見境外銀行在促進以美元計價的國際交易方面依舊發揮着重要的作用。

　　此外，從全球官方美元外匯儲備的分佈上也不難看出各國官方機構偏好於將美元存放在美國境外市場。國際清算銀行 1965 年的資料顯示，外國官方機構（主要指各國中央銀行）往往將絕大部分美元資產存放在歐洲美元市場。表 12-6 也表明，在最近幾年，超過六成的美元官方儲備被存放在美國境外的銀行中。

表 12-6　全球官方美元外匯儲備的地理分佈
（單位：十億美元）

存款所在地	2004 年 12 月			2007 年 12 月			2008 年 12 月		
	美國	離岸	總計	美國	離岸	總計	美國	離岸	總計
美國	73.6	7.8	81.4	143.1	28.1	171.3	127.6	32.5	160.1
其他	73.0	268.2	341.2	73.1	475.0	548.1	59.7	269.4	329.1
總計	146.6	276.0	422.7	216.2	503.2	719.4	187.3	301.8	489.2

來源：BIS

　　私人和公共部門均選擇將美元存放在離岸市場有多方面原因：(1) 離岸市場的地理位置、時區、法律體系、監管制度和會計準則，以及語言等因素使非居民覺得離岸市場比在岸市場更為方便。(2) 離岸市場有利於投資者分離貨幣風險與國家風險。對於一個投資者而言，國家風險是指人們無法自由支取其存放於某一主權國家內的資金的風險。通過離岸市場，非居民可以在不減少某種貨幣的頭寸的情況下降低其國家風險。不少經濟學家認為，歐洲美元市場就是以蘇聯將其美元資產轉移到歐洲銀行作為開端的（Einzig, 1970; Kindleberger, 1973），而蘇聯這樣安排的目的就是為了隱藏美元資金，避免美國政府的控制，從而減少國家風險。將貨幣風險和國家風險相分離是必要的，隨着國際投資組合的期限的延長，各國中央銀行總體流動性的獲取更加依賴於其資產所在國證券市場的有效運行。如果將所有美元資金存放在一個國家，存款人所面臨的營運風險將過於集中，國家風險較大。2001 年 9 月，美國遭受恐怖襲擊，美國國債交易市場的運行被中斷，但是與此同時倫敦歐洲美元市場的交易仍然正常進行，這讓各國央行都意識到交易場所多元化的潛在好處（McCauley, 2005）。（3）收益率的差異。絕大多數時期，將美元存款存放在倫敦的銀行或者美國之外的其他金融中心比存放在美國國內能夠獲得更高的收益（Kreicher, 1982）。

另外，全球美元債券市場的規模要大於全球美元存款市場的規模，然而非美國居民偏好離岸市場的這一現象在全球美元債券市場上同樣存在（見表 12－7）。從歷史上看，離岸美元債券市場的發展得益於美國於 1963~1973 年間實施的利息平衡稅政策以及直至 1980 年代中期才取消的對非居民實施的利息代扣稅（withholding taxes）政策。前一個政策使得外國債務人在美國發債變得困難，從而紛紛轉向歐洲美元市場發行債券，而後一個政策導致美國的非居民購買在美國發行的債券的收益變少，於是轉而購買離岸債券（Euro－bond）。事實上，在美國取消利息代扣稅之前，具有高評級的主權國家或公司（如瑞典和 IBM）發行的離岸美元債券的收益率都高於相同到期日的美國國庫券的收益率。

表 12－7　2008 年全球美元債券的發行情況
（單位：十億美元）

債券發行商	發行市場		總計
	美國	離岸	
美國發行商	19,206	4,567	23,773
其他	466	3,191	3,657
總計	19,672	7,758	27,430

來源：Dealogic；Euroclear；ISMA；Thomson Financial Securities Data；各國貨幣當局；國際清算銀行。

1980 年代中期以來，在岸市場和離岸市場在定價方面已經幾乎沒有差別了。不過，美國非居民投資者仍然是美國非居民發行的離岸美元債券的主要持有人（見表 12－8）。

表 12 - 8　2008 年美國非居民發行的美元債券的持有情況
（單位：十億美元）

債券持有人	最初出售的債券		
	在岸	離岸	總計
美國居民	NA	NA	917
美國非居民	NA	NA	2,740
合計	466	3,191	3,657

註：美國居民持有的美元債券的價值按市場價計算，而合計數是按歷史價值計算。 NA= 資料不可得。

來源：美國財政部；紐約聯邦儲備銀行；美聯儲理事會《截至 2008 年 12 月 31 日美國海外證券投資組合資產報告》，2009 年 10 月，第 14 頁；Dealogic；Euroclear；ISMA；Thomson Financial Securities Data；各國貨幣當局；國際清算銀行。

綜上所述，國外投資人更偏好於通過離岸市場來增加某種貨幣的頭寸，而歐洲美元市場正好為美國的非居民提供了這樣一個增加美元頭寸的場所。然而，離岸市場的發展是需要一定的先決條件的。一種貨幣的離岸市場出現的前提是離岸金融機構必須能夠在該貨幣的境內銀行保持清算賬戶，並且能夠自由地支取（Dufey & Giddy , 1978）。換句話説，一種貨幣的離岸市場要想形成至少需要對離岸銀行實現 "非居民可兑換"。一旦這個條件得以滿足，即使貨幣發行國的資本賬戶還沒有完全開放，可交割的離岸市場也可以存在。換句話説，在完全取消資本賬戶限制以前，發展本幣離岸市場是有可能的。

四、歐洲美元市場對美國境內貨幣政策和金融市場的影響

由於受到的管制較少，歐洲美元市場在誕生之後迅速發展，規模不斷變大，存貸款方式不斷增加。但由於歐洲美元市場活動的複雜性，就歐洲美元市場如何影響美國境內的貨幣政策和金融市場的問題還一直存在爭議。我們認為，以下四個方面的影響是值得關注的。

第一，歐洲美元市場的發展給美國貨幣總量和貨幣乘數的統計和分析增加了難度。

理論上講，如果離岸市場和在岸市場的替代程度很高，本國居民持有的離岸存款就應該被納入貨幣量的統計範圍。但是，這種統計操作在現實中困難重重，一方面貨幣乘數很難計算，另一方面歐洲美元市場存款種類繁多，分佈廣泛，彙集各國銀行的資料十分麻煩。於是，歐洲美元市場上的存款只能依據國際清算銀行等組織發佈的季度報告和年報來加以估計，但這些資料對於需要了解每月或每週的詳細資料的政策制定者來説價值有限。此外，有人提出在歐洲美元市場上對歐洲美元實行存款準備金制度（Frydl,1982），考慮這種可能性的前提是明確應該對單一貨幣還是對所有貨幣提出準備金要求。如果只針對單一貨幣，那麼市場參與者可以使用遠期合約來逃避準備金要求。例如，若歐洲美元存款需要交納存款準備金，但歐洲日元存款不受此限制，則投資者可以在離岸市場持有日元存款，同時簽訂遠期合同賣出日元買進美元，這實際上就相當於持有了"合成"美元存款而不需要繳納存款準備金。可見，對歐洲美元市場中美元貨幣量的準確估計和加以控制基本上是不可行的。

第二，歐洲美元市場加劇了貨幣量與 CPI、GDP 等宏觀變數之間相關性的下降，成為美國將貨幣政策中介目標從傳統的貨幣量改為聯邦基金利率的理由之一。

美聯儲將貨幣量（如 M1、M2）作為貨幣政策中介目標是從上世紀 70 年代開始的。由於貨幣量與通貨膨脹之間具有相關性，為了維持物價穩定，美聯儲自 1974 年開始依據模型的預測值來制定貨幣量的增長目標，然後再通過調整存款準備金的方式圍繞目標值加以控制，這樣的做法在 1970 年代後期十分成功。然而，自 1982 年開始，美聯儲不再延續這一操作方式，貨幣量也不再對貨幣政策的制定產生重大影響。

在 2006 年舉行的第四屆歐洲央行會議上，美聯儲主席伯南克發表了《從歷史的角度看美國貨幣量與美聯儲的貨幣政策》的演講，他在其中闡明了這一改變的原因。伯南克認為，這一改變是由於美國金融管制的放鬆、金融創新以及其他一些因素（如支付方式的改變等）使得貨幣量與其他宏觀變數間的關係變得不穩定，從而帶來了貨幣政策操作上的困難。比如，1970 年代中期，貨幣量增長速度的模型預測值往往大於實際值而被稱為"遺失的美元"的現象（Goldfeld, 1976），以及 1980 年代初期，可轉讓支付命令賬戶（NOW account）

和貨幣市場賬戶等新型金融產品的產生使得貨幣需求量難以計算。此外,伯南克還指出,一些特殊的因素加劇了貨幣量與其他宏觀變數之間相關性的降低,比如有 1/2－2/3 的美元貨幣流通在海外,由於跨境資金流動的不可測性,這些境外美元直接導致了美元貨幣總量的不穩定性。由此看出,歐洲美元市場的快速發展加劇了美元貨幣量統計上的困難、不穩定性和與實體經濟變數之間相關性的下降,因而對貨幣政策中介目標的轉變起到了一定的促進作用。

作為貨幣政策中介目標的狹義貨幣量 M1 失效後,美聯儲曾嘗試使用廣義貨幣量 M2,然而結果依然不盡人意。1993 年 7 月,美聯儲主席格林斯潘在國會證實,聯邦儲備銀行不再使用包括 M2 在內的貨幣供應量目標。事實上,自 1980 年代末開始,貨幣政策中介目標已經開始逐步變為聯邦基金利率。

第三,在固定匯率條件下,歐洲美元市場的美元大量流入美國境內確實導致了境內流動性過剩的壓力,但央行可以採用徵收存款準備金的手段減少這種流入。

雖然美聯儲不能對歐洲美元市場中的美元貨幣供應量直接加以控制,但是可以對境內機構的歐洲美元借款(包括向其海外分支機構的借款,向外國銀行的借款,以及通過向海外分支機構銷售資產所獲得的收入等)徵收存款準備金,以此來影響美國境內與歐洲美元市場之間的美元跨境流動。在利率自由化完成以及資本管制解除以前,美聯儲正是這樣做的。1966 年,美國國內貨幣政策緊縮,同時由於 Q 條例利率上限的限制,大量美國境內銀行從歐洲美元市場借入資金以緩解流動性緊張的局面。美聯儲將這些歐洲美元借款視為國內銀行新的融資來源。美聯儲對境內銀行的海外借款數量設定了一個額度,超過這一額度的存款要徵收 10% 的存款準備金(Cooper & Little, 2000)。此後,美聯儲曾多次調整歐洲美元借款的存款準備金率[⑥]。尤其是在 1970 年代後期,針對歐洲美元借款徵收存款準備金這一措施的實行,對於美聯儲控制貨幣過度擴張和維持物價穩定起到了一定的作用(Feinman,1993)。1980 年 11 月,《貨幣

---

⑥ 比如,1979 年 10 月 25 日,這一比率為 8%,1980 年 4 月 3 日為 10%,同年 6 月 12 日減少為 5%,並於 7 月 24 日再次減少為 0,詳見 Feinman J. N. *Reserve Requirement: History, Current Practice, and Potential Reform. Federal Reserve Bulletin*(June 1993),pp.589。

控制法》獲得通過，這一法令為所有存款性機構制定了統一的準備金要求。該法令將存款賬戶分為交易性賬戶（transaction accounts）和非交易性賬戶（non-transaction accounts）兩種類型，分別規定不同的準備金率，其中歐洲美元借款屬於非交易性賬戶。《貨幣控制法》規定，對境內銀行的海外淨負債（包括歐洲美元借款淨額）徵收 3% 的存款準備金，這一比率在此後多年一直保持不變。直至 1990 年 12 月，對非交易性賬戶的存款準備金要求被取消，對歐洲美元借款的準備金率由 3% 降為 0。

第四，歐洲美元市場的發展對於美國取消國內金融和資本項目管制措施產生了一定的倒逼作用。

美國國內金融和資本項目的管制措施（如 Q 條例、"利息平衡稅"、"自願限制對外信用計劃" 等）促進了歐洲美元市場的發展，而歐洲美元市場的迅速發展又導致了美國境內金融業務的萎縮，反過來又推動了美國國內金融和資本項目的管制措施的解除。這種 "倒逼" 作用體現在多個方面。

首先是歐洲美元市場倒逼美國利率市場化。由於歐洲美元市場的貸款利率較低，存款利率較高，大量美元資金流向歐洲美元市場。迫於資金外流和銀行業務流失的壓力，美聯儲於 1966 年末修改 Q 條例提高了部分定期存款賬戶（大於 10 萬美元）的利率上限，又於 1970 年解除了對存款期在 90 天以內的大額可轉讓存單的利率管制。顯然，存款額超過 10 萬美元的大客戶此時立即獲得了較高的收益。小客戶則享受了此後的金融創新（比如可轉讓支付命令賬戶、貨幣市場賬戶等）帶來的回報率提高的好處。依照法律，1986 年，Q 條例的利率上限規定被廢止。此時，美元利率自由化基本完成。

其次，在國際市場中美國的銀行與外國銀行之間的競爭迫使美國放鬆對美國本土銀行海外分行的管制，而本土銀行國內業務的外移又迫使政府最終在境內設立了離岸市場。為了使美國的銀行在歐洲美元市場中與外國銀行處於同等競爭地位，美國政府對本土銀行的海外分支機構的管制較為寬鬆。比如，在機構的設立上，美國的銀行起初主要通過在倫敦或巴黎等城市設立分行的形式進入歐洲美元市場，而設立分行的高成本限制了美國的中小銀行。1969 年，美聯儲批准了巴拿馬空殼分行的設立，這使美國的中小銀行能夠通過空殼分行較容易地進入歐洲美元市場。再如，由於外國銀行在歐洲美元市場上不受存款準備金的限制，於是美聯儲在 1977 年 11 月也降低了對美國本土銀行由於其海外分行向美國客戶貸款而徵收的存款準備金（從 4% 降到 1%）[⑦]，以使這些本土銀行能在與外國銀行的競爭中不處於明顯劣勢。由於對海外分行較鬆的管制，很多美國銀行將一些原本在國內進行的國際業務紛紛轉移到海外進行。鑒於這種形勢，美聯儲於 1981 年底開始允許國際銀行設施（International Banking Facilities）的設立，這相當於在國內設立了一個境內的離岸美元市場，使得美國銀行在國內就能夠開展離岸市場業務。

此外，歐洲美元市場與美國國內市場對國際金融業務的競爭促使美國解除了 "利息平衡稅"、"自願限制對外信用計劃" 等限制措施。1960 年代，為了減少國際收支逆差、緩解美元的貶值壓力，美國開始對美元的外流進行限制，於 1963 年開始徵收 "利息平衡稅"，又於 1965 年實施了 "自願限制對外信用計劃"。然而事與願違，這些措施反而加快了資金外流的趨勢。1964 年，美國的銀行將其 42% 的國際貸款從國內轉移到了海外分支結構。到了 1973 年，這一比例上升到近 90%。與此同時，擁有海外分支機構的美國的銀行的數量也從 11 家上升到了 129 家，美國的銀行的海外分支機構數目也由 181 增加到 737（Ruffini, 1983）。原本在美國國內進行的國際業務被大量轉移到國外，這一方面導致了美國國內金融市場的萎縮，另一方面促進了歐洲美元市場的快速發展。為了改變着這種不利的局面，增強美國金融市場在國際金融市場中的競爭力，這些管制措施在 1968 年以後便逐漸放鬆直至 1974 年完全被解除。

---

⑦ 從 1975 年 5 月起，該準備金率的計算方法是，美國本土銀行（從其海外分行在該本土銀行的存款中）需要向聯儲交納相當於其海外分行向美國居民貸款規模的 4%。

第十三章

美國境內離岸市場 (IBF) 的
歷程和經驗

一、IBF 的設立

二戰以後，國際資金大量流向美國，紐約是各國銀行的集結地，也是當時世界上最大的國際金融中心之一。然而，20 世紀 60 年代以後，為了應對由於海外戰爭導致的巨額國際收支逆差，美國政府採取了一系列限制資金外流的管制措施。1963 年，美國政府開徵"利息平衡稅"[①]（Interest Equalization Tax），即美國居民購買外國股票或者外國債券，所得股利或者利息要繳納所得稅。1965 年，美國政府又實施了《自願限制對外信用計劃》（Voluntary Foreign Credit Restraint Program, VFCR），要求美國銀行限制其對外國的貸款，該計劃於 1968 年改為強制執行。

但是，這些措施的實際效果十分有限。利息平衡稅使外國機構在美發債變得困難，導致國內金融市場的國際信貸業務逐步減少，而 VFCR 又僅適用於國內總行，對國外分行無效，於是美國銀行紛紛將其對外貸款業務轉移到國外分行。此外，為了使海外分行在境外與外國銀行處於同一起跑線，美國政府對於海外分行的管制較為寬鬆，海外分行可以經營證券經紀業務和保險業務等國內銀行不能經營的業務，它們吸收的存款若僅在境外流通便可不受準備金限制，

---

① 利息平衡稅指對購買外國股票所得的稅率為 15%，對購買外國債券所得的稅率為 1.05% 到 22.5% 不等，債券期限越長，稅率越高。

其存貸款利率也比較自由，不受 Q 條例[②]的限制。這種內緊外鬆的政策導致美國銀行海外分支機構的數量迅速增加。實力較強的大銀行會在海外直接開設分行，而實力較弱的小銀行則到加勒比海等地區的離岸金融市場建立"空殼分行"（Shell Branches）。美國銀行在國外的業務迅速發展，國內資本被大量轉移到海外，從而導致了美國國內金融市場的萎縮，美國國際金融市場的競爭力不斷減弱。

在美國國內金融市場萎縮的同時，歐洲美元市場卻迅速發展。1944 年，布雷頓森林體系的建立使得美元成為國際貨幣，西歐各國都樂意接受美元存款。1947 年，馬歇爾計劃的實施使得大量美元流入西歐。20 世紀 50 年代，美國政府海外軍事開支龐大，海外投資增加，同時，由於美國政府在朝鮮戰爭中凍結了中國存放在美國銀行的資金，前蘇聯和東歐各國因擔心其在美國的資金也被凍結，紛紛將這些資金轉存入西歐各國銀行。但是，歐洲美元市場並沒有馬上發展起來，直到 50 年代末的兩個事件改變了這一格局。其中，一是由於 1956 年蘇伊士運河危機引起的英鎊危機使得英國政府限制英國銀行為非英鎊區國家的客戶進行英鎊貿易融資；另外一個事件是 1958 年至 1959 年，20 多個歐洲國家陸續解除了對貨幣兌換的限制。前者導致英鎊融資變得困難，後者使得貿易商可以根據需要選擇合宜的貨幣進行交易，不再受制於英鎊。由於美元的充裕，倫敦各大銀行紛紛吸收美元存款並向客戶提供美元貸款，歐洲美元市場得以形成。到了 1960 年代，美國國內的資本管制政策導致大量美元資金流向歐洲。1966 年，美國國內貨幣政策緊縮[③]，美國銀行急需流動性以緩解償付風險，大批美國銀行轉向歐洲美元市場尋求資金，大量的美元需求又刺激了歐洲美元市場進一步發展。1957 年，歐洲美元存款約為 15 億美元，到了 1980 年，增長到了約 1300 億美元，20 多年間增長了 80 多倍。

---

② Q 條例是美國大蕭條時期制定的一項金融管制條例，它要求銀行不得對活期存款支付利息，並限制了對定期存款和儲蓄存款的最高利率。美國自 1970 年開始逐步放開 Q 條例中對利率的限制，直至 1986 年 4 月美國利率市場化完成，Q 條例才完全終結。Q 條例的一些內容後來成為了 D 條例的組成部分。

③ 史稱"1966 年的信貸緊縮"（Credit Crunch of 1966），詳見 Burger, A. E.,1969, "A Historical Analysis of the Credit Crunch of 1966", *Federal Reserve Bank of St. Louis Review*, 51（9）, 13-30.

然而，自歐洲美元市場形成以來，美國卻一直不允許本國銀行在國內經營歐洲美元業務，這使得作為美元貨幣發行國的美國錯過了發展美元離岸金融市場的最好時機。

但是，歐洲貨幣市場的快速發展並沒有導致美國銀行（包括本土銀行和海外分行）在全球的國際金融業務份額下降，而是使在美國本土進行的國際金融業務比例顯著降低。面對這一狀況，美國於 1970 年解除了對於 CDS 的利率限制，又於 1974 年取消了利息平衡稅並解除了自願限制對外信用計劃等資本管制措施，這些舉措有效地避免了歐洲貨幣市場對於美國國際金融市場的進一步侵蝕。由於美國對國內銀行來自國外的淨融資收取存款準備金，而對在美國的外國銀行卻不收取存款準備金，這就扭曲了銀行市場上的競爭，使得美國銀行相對於外國銀行處於不利地位（He & McCauley, 2010）。此後，美國於 1978 年頒佈了《國際銀行法》④，並於 1980 年頒佈《貨幣控制法》⑤，這兩個法令使得外國銀行自 1980 年 11 月起也要像美國銀行一樣繳納存款準備金。由於與美國本土銀行相比，外國銀行在美吸收存款相對困難，這一改變使外國銀行在美國的經營成本上升，大量外國銀行打算縮減其在美國的業務。

歐洲美元市場的迅速發展，美國國內國際金融市場的逐步萎縮，以及外國銀行減少在美進行國際金融業務成本的迫切需求，都促使了美元在境內的離岸市場，即 IBF（International Banking Facilities）的誕生。

---

④《國際銀行法》要求同等對待在美國的外國銀行和美國本土銀行，要求外國銀行像美國銀行一樣繳納存款準備金、遵循 FDIC 條例並接受相關審查。

⑤《貨幣控制法》是銀行業自大蕭條以來第一次重大改革，該法令開始放鬆對存款機構的利率限制，並開放了聯儲貼現窗口，將存款準備金的繳納範圍擴大到所有銀行。

表 13-1　關於 IBF 的相關討論

編號	IBF 建議	聽證會意見	美聯儲意見
1	20 世紀 70 年代初，為了解除對美國銀行國際金融業務的資本管制，類似 IBF 的建議就開始被提出。1974 年，相關資本管制取消後，IBF 的概念又以"自由貿易金融區"、"對外窗口"、"國內國際金融區域"等形式出現。		美聯儲沒有採納這些建議，主要因為：(1) 擔心這類政策影響國內貨幣政策的實施；(2) 避免給予紐約相對於美國其他金融中心的特殊優勢。
2	1977 年，紐約的一家銀行提出了關於 IBF 的相關規定，並由紐約清算所協會於 1978 年 7 月首次遞交美聯儲理事會討論。該協會建議美聯儲允許美國銀行通過設立 IBF 以規避存款準備金和利率限制，並認為實施 IBF 至少有三大好處：(1) 增加就業，僅紐約州就會產生 5000~6000 個新崗位；(2) 增加在美國進行的國際金融業務並增加稅收收入；(3) 有利於減少銀行經營的國家風險。	1978 年 12 月，美聯儲舉行聽證會討論了關於 IBF 的提議，公眾認為：(1) IBF 的實施可能給予紐約相對於其他州的特殊優勢。由於 McFadden Act 限制跨州金融業務，非紐約州銀行只能通過 EAC 公司進入紐約金融市場，而 EAC 公司往往資本較小，貸款又受到限制，這就使得其他州難以同等享受到 IBF 帶來的好處。於是公眾建議修改 McFadden Act 以允許各州銀行能夠直接在紐約設立分支結構，擁有紐約美聯儲賬戶，並能通過紐約清算所直接清算；(2) 擔心資金會從國內市場流向 IBF，影響國內市場貨幣供應；(3) 此時的美聯儲還沒有法定權力使 IBF 免除存款準備金限制和最高利率限制。	美聯儲認為：(1) IBF 是否能夠增加就業取決於轉移到美國國內的國際金融業務是來自於美國銀行的海外分行還是空殼分行，如果是來自於空殼分行，由於其本歸母公司管理，就不會產生多少就業，且業務轉移來自於空殼分行的概率較大。(2) 銀行資產從海外分行轉移到國內不一定能夠減少風險，因為在東道國的監管下，這些海外分行的資產品質已經較高。於是美聯儲建議：(1) 要求存款期限至少為一天，存款最低限額為 10 萬美元，以規避利率限制；(2) 禁止美國公司的海外子公司擁有 IBF 賬戶，限制 IBF 的交易期限，以避免影響國內貨幣政策。同時美聯儲認為 IBF 中的資金流入國內是否會影響貨幣供應取決於 IBF 賬戶是否能夠替代活期存款；(3) 為了避免給紐約州以特殊優勢，可以讓各州都能夠設立 IBF 或者允許非紐約州銀行能夠像運營 EAC 公司（Edge Act or Agreement Corporation）一樣運作 IBF。最終，在 1979 年 7 月，美聯儲理事會決定擱置關於 IBF 的第一次提議。

（續表）

3	紐約清算所協會於 1980 年 5 月再次提議 IBF。此次提議有兩處修改：（1）建議推遲一年以使各州都能夠像紐約州一樣給予 IBF 稅收優惠⑥。（2）IBF 賬戶的存款應該至少 50 萬美元，以緩解非紐約州銀行家對於其較小的外國客戶流失到到紐約州大銀行的 IBF 的擔憂。	聽證會上，79 人中的 76 人都贊成 IBF，認為 IBF 可以帶來兩大好處：一個是提高美國國際金融市場的地位；另一個是空殼分行的業務回流美國，其中業務回流是 IBF 帶來的最大好處。但是仍然有 20 位銀行家擔心由於清算問題和對跨州金融活動的限制會影響其進入紐約 IBF 市場。	美聯儲理事會認同 IBF 有助於提升美國國際金融市場的地位，但是不認為 IBF 能夠增加就業和稅收。此外，相關工作人員也對 IBF 提出了一些建議，這些建議大多成為了後來關於 IBF 法律規定。

來源：此表格整理自美國審計總局 1984 年 8 月遞交給美聯儲的報告：*International Banking Facilities have Improved the Competitive Positions of Banks in the United States*。

二、IBF 的制度設計及發展狀況

　　IBF 是美聯儲為方便非居民以離岸貨幣進行金融交易而在境內設立的一種內外分離型的離岸金融市場。它不是一個獨立於銀行之外的組織機構，而僅僅是為了記錄金融機構在美國開展國際銀行業務的收支狀況而設立的一套資產負債賬戶，這套賬戶與其設立機構的資產負債表相隔離。

（一）IBF 的制度設計

　　在對 IBF 的歷次討論中，關於 IBF 的擔憂主要可以分為以下幾個方面：（1）對國內貨幣量的影響；（2）對國內金融業務的衝擊；（3）紐約州與其他州的不平等地位；（4）其他州的銀行在紐約清算所的清算問題。IBF 的制度設計除了考慮上述擔憂的問題外，還基於以下兩個原則：（1）在美國本土為外國客戶提供和其他離岸金融市場相類似的國際銀行業務服務；（2）在監管方面，

---

⑥　1978 年 6 月，紐約州立法機構已通過一個條例規定只要美聯儲採取行動解除對 IBFs 的存款準備金和利率的限制，紐約州將頒佈法規給予 IBFs 特別的稅收優惠。

IBF 的監管方法類似於對美國銀行的海外分支機構的監管。

總的來説，IBF 的具體規定有：（1）IBF 不受針對國內銀行的相關法規的限制，美國管理當局對 IBF 免除 D 條例的存款準備金限制、Q 條例的利率限制以及 FDIC 的存款保險限制和審查制度，對 IBF 免聯邦税，且各個州在地方税方面也給予了不同程度的税收優惠，因而，實際上 IBF 在境內享受了離岸金融市場的種種好處；（2）美聯儲對 IBF 的業務活動有諸多限制，往往這些限制又對非銀行客戶、銀行客戶、IBF 及 IBF 的設立機構區別對待（見表 13 - 2）。

表 13 - 2　IBF 的相關限制

限制項目		具體限制內容
設立	准入資格	設立 IBF 與設立海外分支機構的條件基本相同，具有設立 IBF 資格的機構包括：（1）在美國依法註冊的存款機構[⑦]；（2）外國銀行在美國的分行及其代理機構；（3）EAC 公司[⑧]的美國辦事處。一個報告主體[⑨]只能設立一個 IBF。
	通知義務	金融機構可自行設立 IBF，但是在 IBF 設立後的第一個存款準備金計算期結束之前，該機構必須至少提前 14 天告知美聯儲 IBF 的設立情況，並承諾會遵守 IBF 的相關法律制度。
存款業務	存款形式	這裏的 IBF 存款即 IBF 的負債方，指 IBF 以發行本票、承兑匯票等多種形式形成的存款、借款等負債。特別注意，IBF 不能夠以發行 CDS 的方式接受存款。
	存款客戶	只有五類客戶可以在 IBF 存款：（1）美國存款機構或 EAC 公司的海外機構；（2）外國銀行在美國以外地區的機構；（3）IBF 的設立機構及其附屬機構（無論在美國還是海外）；（4）其他 IBF；（5）外國政府及其代理機構、美國參與的國際組織及其他由美聯儲理事會指定的機構。
	存取規模	非銀行客戶在 IBF 的存款額度和取款額度均不能低於 10 萬美元（登出賬戶或者領取存款利息除外），並且取款前需要提前至少兩天通知存款銀行，銀行客戶不受此限制。

⑦ 存款機構是指能夠直接接受存款並受 FDIC 管制的金融機構，主要包括商業銀行，儲蓄貸款協會和互助儲蓄銀行，以及信用合作銀行等。

⑧ EAC 公司是根據 1919 年通過的《Edge Act》建立的僅限於從事國際銀行與金融業務的一種公司，在當時主要是為了促進美國商品和勞務出口。1978 年，《國際銀行法》開始允許本國銀行、外資銀行及其關聯機構在徵得美聯儲許可後設立 EAC 公司。EAC 公司的權利與限制同批發銀行類似，只是其交易與業務活動必須是海外的或與國際交易相關聯。若該公司在聯邦註冊，則稱為 Edge Act Corporation，在州政府註冊則稱為 Agreement Corporation。

⑨ 這裏報告主體是指需要依照 FR2900 格式向美聯儲遞交關於交易賬戶、其他存款賬戶及庫存現金的報告的金融機構。

（續表）

存款業務	存期期限	IBF 只能接受定期存款，IBF 向非銀行外國客戶（包括非美國居民以及美國公司設的海外分支機構）提供存款時不得少於兩個工作日（不包括開戶當天），隔夜存款只能向國外銀行、其他 IBF 和它的母行提供。這一措施是為了防止 IBF 替代國內活期存款賬戶。
貸款業務	貸款形式	這裏的 IBF 貸款即 IBF 的資產方，指 IBF 以發行本票、擔保、承兌匯票、貸款協定、回購協定等各類形式形成的貸款。
	貸款客戶	IBF 只能向六類客戶發放貸款：(1) 五類 IBF 存款客戶；(2) 外國人、外國企業以及美國公司在國外的相關機構。
資金使用用途		美聯儲要求 IBF 所涉及的資金（包括存款和貸款）只能用於國際業務，而不能與國內業務相關聯，即 IBF 相關資金的用途被限制在美國境外。這一規定使得 IBF 不能夠直接參與和國內業務相關的金融活動。此外，美聯儲要求在 IBF 與非銀行客戶（即外國人、外國企業以及美國公司在海外的附屬機構）進行第一次業務時，必須提前書面告知客戶美聯儲關於資金使用的規定，並要求客戶方書面確認已經理解並願意遵守相關規定。
二級市場的交易		IBF 可以和其設立機構的任何國內附屬機構在二級市場上進行交易，買賣符合 IBF 相關規定的資產，比如貸款、辛迪加銀團貸款參與資格、證券、大額可轉讓存單等，但是這些交易必須在法律允許的範圍內，符合資金使用用途限制且不附加追索權。此外，IBF 的關聯機構（包括 IBF 設立機構及其附屬機構）不得為 IBF 在二級市場的交易以任何形式進行擔保。
報告義務		IBF 賬戶與其設立機構相關賬戶相隔離，並定期依照美聯儲的要求遞交相關報告[⑩]。

來源：表格內容整理自 Regulation D 12 CFR 204.8 International Banking Facilities 的規定

　　從上述規定可以看出：(1) IBF 不允許發行 CDS 等可交換金融工具，並限制只能吸收兩天以上的存款，對客戶資格也主要體現為非居民性質[⑪]，同時將境外美元和境內美元嚴格分賬，境外美元進入境內需要交納歐洲存款準備金[⑫]，從而避免 IBF 和國內的活期存款賬戶相互替代，影響國內貨幣供給，妨礙國內貨幣政策工具的使用；(2) 由於美聯儲限制資金使用用途，要求 IBF 所涉及資金用於國際業務，原則上將國際業務和國內業務相分離，從而避免了 IBF 對國內

[⑩] 各 IBF 設立機構在 1982~1983 年間每週要向 IBF 遞交關於 IBF 資產負債情況的報告，1983~1987 年間改為遞交月報告，1987~1990 年間則僅僅較大的 IBF（資產或者負債大於 3000 萬美元）需要遞交報告。

[⑪] 居民是指以某個國家或地區為主要居住地者，否則即為非居民。特別説明，美國公司的海外附屬機構是美國的非居民，東道國的居民。

[⑫] 美聯儲要求美國銀行對其歐洲貨幣淨負債繳納 3% 的歐洲存款準備金，1990 年 12 月，準備金率由 3% 降為 0%。

金融業務的競爭；(3) 各個州的銀行均可設立 IBF，並未給予紐約州以特殊地位；(4) 紐約清算所已經授權其他州的銀行可直接進入其清算系統進行清算，這樣清算問題得以解決。

（二）IBF 的發展狀況

1. IBF 的資產規模及構成

從資產總量上看（見圖 13-3），在 1981~1989 年間，IBF 的總資產呈較快增長勢態。特別在 IBF 建立的最初兩年內，即 1981~1983 年，其總資產由 1981 年底的 634 億美元增長至 1983 年底的 1740 億美元，增長了近 3 倍，這部分得益於美聯儲規定 IBF 設立之初的四個星期之內，IBF 的設立機構向其轉移的資產不必繳納歐洲貨幣存款準備金。在 1990~2003 十多年間，IBF 的總資

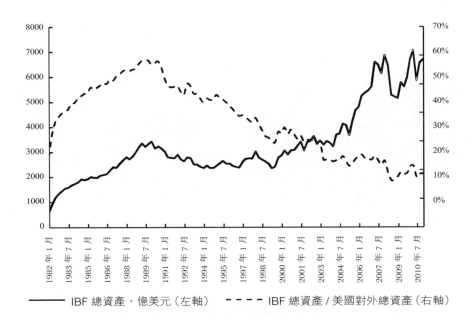

資料來源：BIS 季度報告，2011 年 6 月

圖 13-3　IBF 總資產和美國對外總資產的規模

產有所減少,基本處於停滯狀態。自 2004 年開始,IBF 的資產開始恢復增長,並在 2007 年底達到頂峰,之後由於國際金融危機的影響,IBF 總資產在 2008 年經歷了一個波谷,此後又慢慢恢復。圖 13－3 還給出了 IBF 總資產佔美國對外總資產的比例。1990 年前,IBF 總資產／美國對外總資產呈不斷增長的態勢,且達到了 50%,但是 1990 年以後,由於美國對銀行業管制逐步放鬆,IBF 的佔比不斷降低,直到最近穩定在 20% 左右。

圖 13－4 給出了 IBF 對銀行部門、非銀行部門的資產和負債的比例。圖 13－4 表明銀行部門的佔比明顯高於非銀行部門,這是由 IBF 銀行間市場佔主導地位所決定的,符合歐洲美元市場的特徵。從 IBF 資產的部門結構上看,非銀行部門的佔比有一個明顯的下降過程,這反映非銀行部門逐步退出了 IBF 市場,IBF 市場幾乎成為了 IBF 銀行間市場。圖 13－5 給出了 IBF 的資產和負債以美元計價的比例。圖 13－5 表明美元始終處於主導地位,在 1988~1997 年美元比例為 85% 左右,此後基本穩定在 90% 左右。

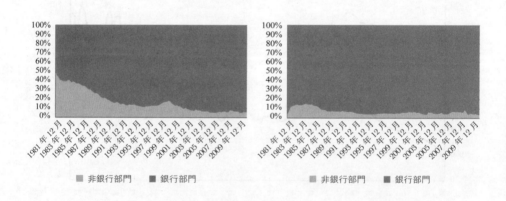

來源:BIS 季度報告,2011 年 6 月

圖 13－4　IBF 資產和負債的部門結構 (左:資產;右:負債)

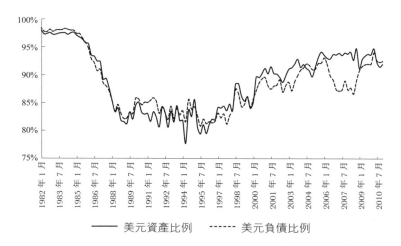

美元資產比例　------ 美元負債比例

來源：BIS 季度報告，2011 年 6 月

圖 13－5　IBF 中美元資產和負債佔全部資產和負債的比例

2. IBF 的分佈狀況

IBF的分佈狀況可以從IBF設立機構的地理分佈、IBF總資產的地理分佈、按設立者分類的資產相對比例三方面加以闡述。

表 13－6　IBF 所在地的地理分佈（個數）

州	1982 年 7 月 7 日				1986 年 12 月 31 日			
	美國銀行	外國銀行	EAC公司	合計	美國銀行	外國銀行	EAC公司	合計
紐約州	38	154	16	208	44	187	19	250
加利福利亞州	16	57	11	84	20	67	11	98
佛羅里達州	27	29	27	83	29	31	25	85
伊利諾斯州	6	17	7	30	7	19	4	30
德克薩斯州	14	0	0	14	13	0	4	17
其他	43	7	8	58	51	12	6	69
合計	144	264	69	477	164	316	69	549
	30.2%	55.3%	14.5%	100%	29.9%	57.6%	12.6%	100%

來源：Chrystal(1984), Moffett & Stonehill (1989)

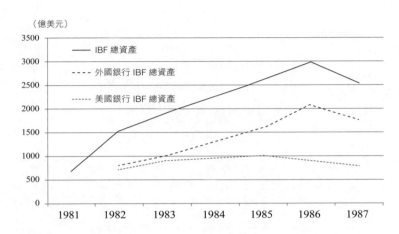

來源：Moffett & Stonehill（1989）

圖 13-7　美國銀行與外國銀行的 IBF 資產總額比較

從表 13-6 和圖 13-7 中可以看出三個現象：（1）從擁有的 IBF 的設立數量看，紐約州佔 40% 以上，從 IBF 的資產比重來看，紐約州佔 70% 以上（Moffett & Stonehill, 1989），都說明了紐約州的主導地位；（2）從設立數量來看，紐約、加利福利亞、佛羅里達和伊利諾斯四個州佔了總數的 80% 以上，說明 IBF 的分佈非常集中；（3）從設立者的角度看，外國銀行所設立的 IBF 數量佔了總數量的 50% 以上，且其 IBF 的資產總合也佔 IBF 總資產的絕大部分，這一比例在 1987 年已經達到 70%，此外，外國銀行所擁有的 IBF 的資產數量在穩定增長，而美國銀行所擁有的 IBF 的總資產自 1983 年以後則幾乎不變且有下降趨勢。不難看出，外國銀行參與 IBF 的程度大於美國銀行。對於現象（1）和現象（2），即 IBF 的地理分佈，其主要由兩個因素的影響：（1）國際銀行業務在 IBF 設立之前的分佈狀況；（2）各個州之間的稅收政策的差異。由於紐約原本是美國的國際金融中心，是外資銀行的聚集之地，因而紐約州佔據首要地位毋庸置疑。至於在其他州的分佈，主要是受到該州對 IBF 的稅收優惠程度的影響。對於現象（3），主要是由於 IBF 相關規定的限制及外國銀行的比較優勢。外國銀行在對非居民的業務方面相對於美國銀行具有比較優勢，而美國銀行的比較優勢則在對居民的業務方面，由於 IBF 的相關規定要求 IBF 的相關資產和負債不得用於國內業務，當 IBF 設立之初的資產轉移完成以後，美國銀行的 IBF 業務發展便相對緩慢，而外國銀行的業務卻依然能夠不斷增長。

三、IBF 的影響及啟示

（一）IBF 的影響

從本質上說，IBF 是美國政府在國內建立的一個歐洲貨幣市場，是離岸金融市場類型的一大創新。IBF 將銀行的國際業務和國內業務區別對待的方式避免了外國銀行在美國的代理行或分行將業務撤離美國，這是 IBF 在特定的歷史條件下對於美國經濟的特殊貢獻。1980 年以前，外國銀行的存款無需繳納存款準備金，這一優勢使得外國銀行為吸收存款所付出的較高成本得以抵消。然而，自 1980 年起，由於美國開始給予外國銀行以"平等的國民待遇"，外國銀行也需要像美國本土銀行一樣繳納存款準備金，於是外國銀行在美國經營的成本上升。據調查，若沒有 IBF 的產生，60% 的外國銀行將縮減其在美國的業務（U.S. General Accounting Office, 1984）。外國銀行的主要業務為國際業務，當外國銀行將其在美國國內進行的國際業務轉移到 IBF 後，可以享受到和以往一樣免存款準備金的待遇，從而削弱了之前法律的變化帶給它們的影響。

美國政府設立 IBF 的初衷在於增強美國本土國際金融市場對金融機構和資金的吸引力，提高美國國際金融市場在全球的競爭地位。美國審計總局在 1984 年遞交給美聯儲的報告中認為 IBF 基本實現了這一目標，但同時也認為 IBF 並沒有增加美國銀行在全球國際金融業務中的份額，也沒有對全球國際金融業務總量產生影響[13]。以"美國銀行的對外總資產／所有銀行的對外總資產"

---

[13] 在全球國內外金融業務量一定的情況下，如果國際金融業務量增加，則意味着原本在一國國內進行的金融業務被轉移到國外或者在歐洲貨幣市場上進行。

進行分析，該比值在 1981 年 9 月底僅為 0.15，到了 1981 年底為 0.17，到 1983
年 6 月這一比率達到了歷史最高的 0.23，上升幅度達 53%（見圖 13－8）。而在
此階段，美國對外資產的增長幾乎全部由 IBF 貢獻（見圖 13－3）。IBF 的設立
在一定程度上減少了簿記型離岸金融市場（如巴哈馬、開曼等）的國際金融業
務，但是對於位於較大城市的功能型離岸金融市場並沒有產生多大影響（左連
村，王洪良，2002）。這是因為相對於簿記型離岸中心來說，IBF 的國家風險
較低，對於美國銀行來說尤其如此，而相對於功能型離岸中心，IBF 的這一優
勢並不存在。

（億美元）

來源：BIS 季度報告，2011 年 6 月

圖 13－8　美國銀行的對外總資產和所有銀行的對外總資產

自 1984 年開始，"美國銀行的對外總資產／所有銀行的對外總資產"這一
比值迅速下降，這是有多方面的原因造成的。首先，各國爭相發展本國的國際

金融市場，侵蝕了美國國際金融市場的份額，其中日本的影響尤為突出。由於
1985 年日元開始升值、金融自由化、1986 年 JOM 設立等諸多因素的影響，日
本銀行的對外資產佔比由 1983 年的 5% 上升到 1987 年的 14%，增長速度十分
驚人。其次，美國對銀行業逐步放鬆管制。美國於 1986 年完成利率自由化，
於 1990 年 12 月不再對非個人的定期存款、儲蓄存款和流入境內的歐洲貨幣存
款收取存款準備金，這些措施都使國內金融市場對國際資金的吸引力變大，
同時也降低了 IBF 的吸引力，IBF 佔美國銀行對外資產的比例即從 1990 年開
始逐步下降（見圖 13 - 3）。最後，IBF 本身的一些制度也限制了其發展。比如
IBF 的批發市場性質將一些小客戶拒之門外，對 CDS 的限制也使其與歐洲貨
幣市場相比而相形見絀。

　　總的來說，IBF 的設立並不是一個革命性的創新，倫敦依然世界上最大的
國際金融中心，倫敦的銀行間同業拆借利率依然決定着歐洲貨幣市場的利率走
向。但是，IBF 在特定歷史階段對於美國國際金融業務的貢獻不可忽視，IBF
至今依舊是美國乃至全球國際金融市場一個重要的組成部分。

（二）IBF 的經驗

　　自 IBF 設立至今，已經過去了整整三十年，IBF 的發展給予了我們不少
啟示：

　　首先，IBF 的產生改寫了離岸金融市場的定義。在此之前，離岸金融市場
大多設立在一國地域之外且以外幣為主，而 IBF 則是在美國國內設立且以美元
為主要計價貨幣的離岸金融市場。

　　其次，離岸金融市場的建立並不一定需要耗費巨大的成本。IBF 僅僅是一
套記錄國際銀行業務的收支狀況且與其設立機構相隔離的資產負債賬戶，並不
產生固定資產投資或者租賃等大額費用。

　　再次，位於一國之內的離岸金融市場並不一定對該國的貨幣量造成重大衝
擊而影響該國貨幣政策的實施。1970 年代—1980 年代，美聯儲致力於使用貨

幣總量作為中間目標[14]，IBF 的總資產佔美國 M2 的比例大致維持在 7% 左右（見
圖 13-9），IBF 自設立之後並未給國內貨幣政策的實施或銀行的監管帶來大的
問題（Key 和 Terrell, 1988）。這在一定程度上說明了 IBF 的制度設計的有效性，
這種設計對於打算在國內建立離岸金融市場的國家來說具有一定的參考價值。

最後，美國發展了本國的離岸市場，但是其規模一直遠遠小於歐洲美元市
場，到 90 年代後 IBF 相對於歐洲美元市場的規模持續下降。倫敦成了美元
的定價中心，IBF 的成立也未能動搖倫敦的這一地位。

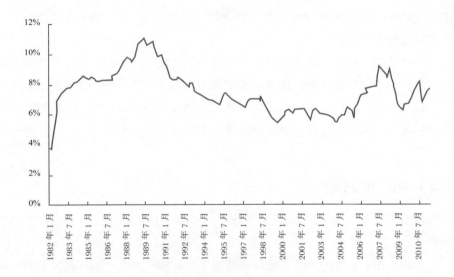

資料來源：BIS 季度報告（2011 年 6 月）和美聯儲網站

圖 13-9　IBF 的總資產與美國國內貨幣量 M2 的比值

---

[14] 起初，美聯儲公開市場委員會每每 6 週召開一次會議以設定貨幣供給量（M1、M2）的增長率，並由
此決定聯邦資金同業隔夜拆借利率水準。1982 年後期，美聯儲逐步淡化 M1 作為貨幣政策的指導
指標，並在 1987 年停止宣佈 M1 增長目標範圍，改以 M2 為主要調控目標。1990 年代初，美聯儲
改為聯邦資金同業隔夜拆借利率作為貨幣政策調節目標。

第十四章

德國資本項目開放的
歷程和經驗

德國資本項目的開放大致可以分為三個階段：50 年代是從完全封閉走向基本開放的階段；60 年代和 70 年代，根據匯率走勢和資本流動方向的變化，斷斷續續地採取了多種限制短期資本流動的措施；80 年代徹底實現了資本項目的開放。下面對德國資本項目開放和對短期資本流動管理的具體演進過程做一介紹，最後簡單討論對中國的借鑒意義。

一、1950 年代德國資本項目從封閉走向開放

德國資本項目的開放即使在發達國家中也算是比較早的。1952 年二戰賠款的問題得以解決之後，德國便開始放鬆對資本項目的限制；到 1959 年為止，德國基本上已經放開了資本賬戶。

1952 年的時候，德國的通貨膨脹率較低、經濟增長較快、經常項目保持盈餘，同時大量的國際資本從美國以及其他歐洲國家流向德國。經常項目和資本項目的雙順差擴大了德國的基礎貨幣，產生了通貨膨脹的壓力。為了限制資本的淨流入，德國一方面開始鼓勵資本流出，同時繼續採取各種措施限制資本流入。1952 年，德國放鬆居民對外直接投資的限制，1956 年開始允許居民購買外國證券，1957 年居民對外輸出資本無需管理當局的審批。1958 年底，德國宣稱馬克實現了經常項目和資本項目的可自由兌換[①]。至此，德國資本項目下

---

① 嚴格來説，此時德國仍舊保留了對三類資本項目交易的限制，即非居民存款的利息支付、非居民購買國內貨幣市場產品、以及期限少於 5 年的海外貸款。這些限制在 1959 年 5 月被取消，但是部分限制措施僅僅 1 年以後又被重新執行。

對歐洲共同體的資本流出的限制已基本取消[②]。

　　德國對資本流入的開放要稍微晚一些。1958 年 7 月，德國開始允許非居民對內投資，同年 8 月開放了外幣標價的德國債券的交易，並最終在 1959 年 5 月取消了尚存的對資本流入的限制。至此，德國實現了資本項目的完全開放。1961 年 9 月制定的《對外貿易與支付法》（Foreign Trade and Payment Act, Außenwirtschaftsgesetz）則進一步在法律層面上明確了德國支持跨境貿易和支付自由化的態度。簡單來說，在這個過程中德國先放開資本流出，隨後放開資本流入。

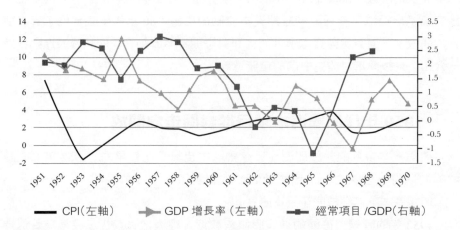

資料來源：經常收支來自於 Deutsche Bundesbank（1999），第 314 頁，GDP 增長率、CPI 來自於 Deutsche Bundesbank。

圖 14 - 1　1951～1970 年德國經濟增長率、CPI、經常項目

　　但是，德國開放資本項目的過程並不是線性的。國際和國內經濟形勢的發展和變化對開放的步伐產生了重要的影響，而反過來改革的推進也對德國國內的經濟環境和政策取向產生了影響。

　　50 年代，德國經濟的年平均增長率為 8.2%，勞動生產率的年平均增長率

---

② 範圍上只覆蓋了歐共體國家，到 1966 年 1 月以後才擴展到所有 OECD 國家。

為 7.7%[③]，而同期美國經濟的年平均增長率僅為 3.6%。德國經常項目的持續
盈餘導致了大量的外匯流入，並由此導致了國內流動性過多和通貨膨脹的壓
力[④]。在經濟以較高速度增長的背景下，為防止經濟過熱以及通貨膨脹，德國在
1954~1956 年間將貼現率從 3% 提高到 5%。但是，高利率同時也加大了對投
機資本流入的吸引力，尤其此時馬克還存在升值的壓力。

　　1957 年德國實現了經常項目下的完全可兌換。此後，在《羅馬條約》（Treaty
of Rome, 1957）的框架下，德國放開了對資本流出和流入的限制。德國放開對
資本流出的限制，一個重要的考慮是希望資本流出能夠抵消一部分由於經常項
目盈餘導致的通貨膨脹壓力。

　　而在放鬆了對資本流入的限制之後，投機資本流入的趨勢加強，德意志聯邦
銀行因此降低了貼現率，希望能夠降低資本流入的可能性，同時還通過提高最低
（法定）準備金率來緊縮國內流動性並鼓勵資本外流。這些措施的效果在 1959 年
取得了一些效果，如外國對德國證券投資淨流入較 1958 年有所下降（圖 14‐2）。

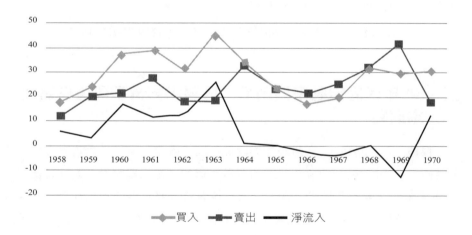

資料來源：Deutsche Bundesbank

圖 14‐2　1958~1970 年外國在德國的證券投資（億馬克）

---

③　指每個工作小時的勞動生產率（Deutsche Bundesbank, 1999, 第 310 頁）
④　1954~55 年德國最早開始討論進口通貨膨脹（imported inflation）問題（Emminger, 1977）

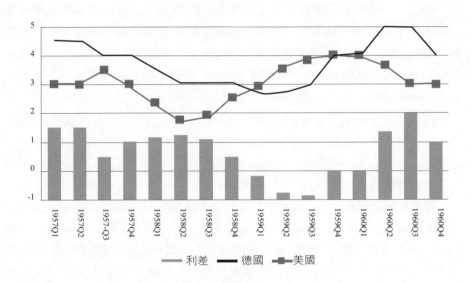

資料來源：*International Financial Statistics* 各期

圖 14-3 1957~1960 年美國、德國季度貼現率及利差

二、60 年代固定匯率體制下，德國用審慎手段管理短期資本流動

根據"三元悖論"，一國不能同時保持固定匯率、資本自由流動和獨立的貨幣政策。德國馬克在 70 年代之前都是實行的固定匯率制度，因此當德國在 50 年代末期放開資本項目之後，它就不能保持貨幣政策的獨立性來對抗通貨膨脹了。這種理論上的悖論逐漸地反映到德國在貨幣政策方面所面臨的實際困難上。即由於資本項目開放，匯率又固定，一旦國內利率高於國外，就有大量資本流入，增加國內流動性和通脹壓力。

因此，在 60 和 70 年代初德國為了維持國內價格的穩定、實行獨立的貨幣政策，只能重新選擇對短期資本流動採取某些限制措施。這些措施並不是回到過去的強制資本管制（如不允許居民或非居民兌換外匯或馬克），而是屬於短期的"審慎"管理手段。

1959 年 9 月 4 日 ～1960 年 6 月 3 日間，德意志聯邦銀行將貼現率從 2.75% 上調到 5%，同時提高法定準備金率要求。CPI 通貨膨脹率（同比）從 1958 年第 2 季度的 3.5% 下降到 1959 年第 2 季度的 −0.4%。但是，1960 年 6 月 3 日貼現率提高至 5% 以後，德國和美國之間的利差變得非常明顯。1959 年第 3 季度～1960 年第 3 季度之間，德國貼現率與美國貼現率之差擴大了 2 個百分點（圖 14−3），這導致了大量資本流入德國套利。1960 年外國對德國證券投資淨流入比 1959 年有較大幅度增加，而投機資本的流入又推高了通貨膨脹。德國的通脹率從 1959 第 3 季度的 1.6% 上升到第 4 季度的 2.3%。

為了控制資本流入，德國開始採取一些審慎管理的手段來限制投機，尤其是短期的投機。1960年6月，德國開始再次禁止向非居民的馬克存款支付利息[5]，並禁止向非居民出售貨幣市場票據。1960年德國經濟增長率高達8.7%，但是為了進一步抑制投機資本的流入，德意志聯邦銀行於1960年11月11日將貼現率從5%降低到4%，並在1961年1月20日、5月5日又分別降至3.5%、3.0%，但是，外國對德國證券投資的淨流入仍然不斷增長（圖14−2）。與此同時，通貨膨脹率又從1960年第3季度的0.99%上升到1961年第3季度的2.8%。

顯然，德國對資本流入採取的限制措施並沒有達到預期的效果，然而德國並不願意重新回到資本項目完全關閉的狀態。於是德意志聯邦銀行在 1961 年 3 月 4 日決定馬克升值，官方匯率從 4.20 馬克 / 美元上浮至 4.00 馬克 / 美元，馬克相對美元升值 5%。德國馬克的升值打擊了德國出口商品的競爭力，經常項目餘額從 1961 年的順差 40.3 億馬克變為 1962 年的逆差 6.9 億馬克，1965 年的經常項目逆差達到 50.4 億馬克。外匯儲備則從 1960 年末的 38.3 億美元下降到 1962 年第 1 季度末的 24.2 億美元。

1965 年 1 月 22 日德意志聯邦銀行將貼現率從 3% 提高到 3.5%，並在 1965 年 8 月 13 日、1966 年 5 月 27 日將貼現率分別提高至 4%、5%。高利率影響了德國的經濟增長，1965、66、67 年 GDP 增長率分別為 5.4%、2.8%、−0.3%，經濟增長連續下降，1967 年更是陷入經濟衰退。不過，通貨膨脹率也從 1966 年第 1 季度的 4.1% 下降到 1967 年第 4 季度的 0.9%。當通脹勢頭被控制住了

---

⑤ 這項目措施確實有助於抑制短期資本流入，但同時推動了歐洲馬克市場的發展。

之後,德意志聯邦銀行在 1967 年又連續 4 次下調貼現率至 3%,

需要提及的是,在這一段時間裏,德國進一步放鬆了對資本流出的限制,以減少資本的淨流入。1963 年 3 月,完全取消了居民投資海外證券的限制;1966 年 1 月將對外直接投資的許可範圍從歐共體擴大到 OECD 地區;1967 年 11 月放鬆了對資金流出和結算的限制。這一系列的改革措施實際上都是在 1957 年《羅馬條約》的框架下進行的。

1966 年,德國的經常項目得到改善,盈餘達到 17.12 億馬克,1967、68 年又繼續出現 114.3、131.9 億馬克的盈餘。在資本項目方面,1967 年主要是短期資本流出,規模為 89.2 億馬克,但是 1968 年則出現了長期資本流出 112.0 億美元、短期資本流入 50.8 億馬克的現象。短期資本的流入主要是基於對馬克升值的預期。

1969、70 年,德國 CPI 持續上升。德意志聯邦銀行於 1969 年 3 次上調貼現率,1970 年 3 月 5 日更調高至 7.5%。德國貼現率與美國貼現率之差從 1969 年第 4 季度的 0 個百分點上升到 1970 年第 3 季度的 1 個百分點,而貨幣市場利差從 1970 年第 1 季度的 0.46 個百分點上升到 1971 年第 1 季度的 3.55 個百分點。這引起了短期投機資本的大量湧入,而同時長期資本幾乎沒有流出。德意志聯邦銀行的貨幣政策再次面臨困境:提高貼現率會吸引更多的投機資金流入、不提高貼現率則難以抑制通脹。

於是,德意志聯邦銀行決定採取更多的資本流動限制措施。德國於 1968 年 12 月 1 日對德國銀行新增的對外負債要求 100% 的"特別法定準備金率"(special minimum reserve requirement)[6],目的是希望銀行不要對外借款。1969 年 9 月 29 日,德國決定不再干預市場以維持 4 馬克 / 美元的固定官方匯率,馬克匯率自由浮動;同年 10 月 26 日,德意志聯邦銀行再次重估馬克,官方匯率變為 3.66 馬克 / 美元,馬克升值 9.3%。馬克重估後,德國取消了對德國銀行新增的對外負債"特別法定準備金率"要求。

---

⑥ 對銀行新增的對內負債無此要求。

三、70 年代有管理的浮動匯率體制下，德國不斷調整 對短期資本的管理措施

70 年代，德國馬克採用了浮動匯率的制度，60 年代困擾德國央行的 "三元悖論" 理應得到解決。但是同時德國並不希望德國馬克在短期內出現快速、大幅的升值，以免對德國經濟的對外競爭力造成過度的衝擊。因此，在這一段時間裏，德國斷斷續續地採取了各種政策措施來限制短期投機資本的流入，其間有過數次 "限制、放鬆、再限制、再放鬆" 的反覆。

1971 年 5 月 10 日德國方面單邊決定馬克實行有管理的自由浮動。1971 年 12 月 20 日，西方十國簽署了《史密森協定》，德國官方匯率為 3.2225 馬克 / 美元，與 1969 年 10 月 26 日相比，馬克相對美元升值了 13.6%。1972 年 4 月 24 日，聯邦德國宣佈執行歐洲共同體成員國之間匯率上下波幅不超過 2.25% 的規定。

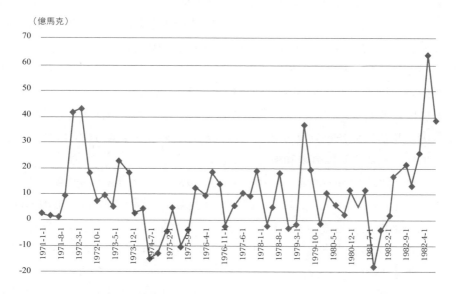

資料來源：Deutsche Bundesbank

圖 14－4　1971~1983 年外國在德國的證券投資

布雷頓森林體系崩潰後，匯率劇烈波動，對馬克升值的預期，外國對德國的證券投資在 1972 年第 1、2 季度達到了 70 年代的峰值（圖 14－4）。有一種解釋認為：由於美國自 1971 年第 2 季度～1972 年第 4 季度持續出現經常項目逆差，美元貶值預期強烈，馬克則被看作是避風港，從而導致短期資本大量流入德國。

為此，德國又在控制資本流入方面陸續進一步採取了多種措施。1970 年 4 月 1 日，對德國銀行新增的對外負債重新要求 30% 的特別法定準備金率；1971 年 5 月 10 日，在決定馬克匯率自由浮動的同時，又重新禁止對非居民的銀行存款支付利息、禁止非居民購買德國的貨幣市場產品。

實行特別法定準備金的目的是希望德國銀行不要對外借款，限制資本流入。銀行對外負債確實下降，表明了該管制措施針對銀行對外借款是比較成功。問題是，投機資本可通過不受法定準備金限制的非銀行企業的對外借款的渠道流入。1972 年 3 月 1 日，德國實行了針對非銀行居民的現金存款要求（cash deposit system, Bardepot），即要求非銀行居民從非居民借款獲得的資金的 40% 存入中央銀行的無息儲備金賬戶；同時，將特別法定準備金率提高至 40%；同年 6 月 29 日要求非居民購買德國固定收益證券必須預先報批；1972 年 7 月 1 日將現金存款要求和法定準備金率全部提高至 50%。在間接資本管制措施效果不明顯時，德國採取了更加嚴格的直接資本管制措施，如 1973 年 2 月 5 日，將非居民購買德國固定收益證券須預先報批的範圍擴大到包括所有類型的信用工具，以及購買股票、互助基金和借款（超過 50000 馬克以上）；1973 年 6 月再次提高特別法定準備金率和現金存款要求。

在這一段時間裏，德國的 CPI 從 1971 年第 1 季度的 4.5% 上升到第 4 季度的 5.8%。1973 年 3 月 19 日起，德國與其他西歐八國組成聯合浮動集團，相互之間貨幣匯率波動幅度為 2.25%，同時馬克一次性升值 3%。此後，馬克兌美元匯率自由浮動，並出現了持續升值的現象。1975 年第 1 季度較 1972 年第 4 季度升值了 36.5%，

當馬克自由浮動後，為了避免馬克的快速大幅升值，德國加大了用特別法定準備金率和現金存款要求來控制投機資本流入的政策力度。但是由於效果不太明顯，後來取消了這些限制。當時的大環境是，1974 年德意志聯邦銀行的

貨幣政策理念有了重大轉變，不再將外匯市場和國際收支平衡賬戶作為實現國內通脹政策目標的主要政策範疇，轉而關注貨幣總量，並通過利率政策的調整來實現貨幣總量目標。

與此同時，1974 年 1 月德國廢除了特別法定準備金率要求，同年 2 月降低了現金存款要求。除到期期限在 4 年以下的固定利率證券外，向非居民出售信用工具需要預先報批的要求也被廢除了。同年 9 月，徹底取消了現金存款要求。

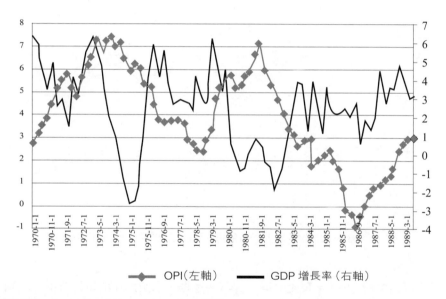

圖 14－5　1970~1989 年德國季度 GDP 增長率、CPI

伴隨着馬克的升值，德國經濟的對外競爭力不斷下降，GDP 增長率也從 1973 第 1 季度起持續下降（圖 14－5），石油危機又進一步加劇了經濟衰退，1974 年第 4 季度～1975 年第 3 季度德國經濟出現了連續負增長。

由於美元的貶值，1976 年第 1 季度～1978 年第 1 季度，外國對德國證券投資均呈淨流入態勢。在此背景下，為了限制資本流入，德國於 1977

年 12 月再次引入向非居民出售期限 4 年以下證券需要預先審批的制度，
1978 年 1 月再次引入法定準備金率要求。到了 1978 年第 2 季度，外國對
德國證券投資出現了淨流出，於是德國在 1978 年 6 月又取消了法定準備金
率要求。

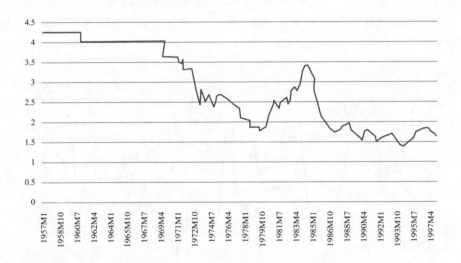

來源：CEIC

圖 14-6　1957 年 1 月～1998 年 12 月馬克 / 美元名義匯率

　　由於 1978~1979 年發生的第二次石油危機，以及馬克的持續升值（圖 14-
6），自 1979 年第 2 季度起，德國經常項目開始出現逆差，一直持續到 1981 年
第 3 季度（圖 14-7）。1979、1980 年的國際收支（經常項目＋資本項目＋淨誤
差遺漏）均呈現逆差，1980、1981 年外匯儲備分別減少了 28.87、48.16 億美元。
1980 年起馬克對美元開始貶值，此時，德國面臨的是資本流出，而不是流入。
於是，德國於 1981 年起放寬了對資本流入的限制，1981 年 3 月允許非居民購
買國內債券和貨幣市場票據；同年 8 月廢除向非居民出售國內債券和貨幣市場
票據的所有限制。

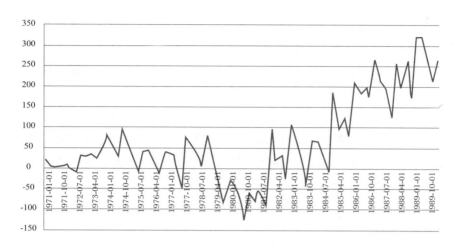

資料來源：Deutsche Bundesbank

圖 14-7　1971~1989 年德國經常項目（億馬克）

四、80 年代後，德國實現資本項目完全開放

　　1981 年德國基本放開了對資本流入的限制。1982 年德國出現經常項目盈餘，1985 年廣場協議後馬克開始升值。面對 1984~1989 年外國對德國證券投資呈淨流入態勢（圖 14-8），但德意志聯邦銀行並沒有再次對資本流入進行限制。資本項目保持了長期穩定的開放[7]。這種政策上的變化的原因是什麼？我們可以從德國的如下幾個方面來分析。

（一）銀行、企業的國際化運作要求資本項目保持開放

　　1980 年代初，德國重要的商業銀行已開始從事國際業務。德國銀行對外貸款（流量）從 1973 年的 42.5 億馬克增加到 1980 年的 175.0 億馬克、1985

---

[7]　實際上，對非居民持有德國債券的收益徵收預扣稅（withholding tax, Kuponsteuer）的政策（1965 年 3 月開始生效）一直保留到 1984 年。

年的 418.1 億馬克,其所持有對外貸款資產從 1980 年的 1345.1 億馬克增長到
1985 年的 2217.2 億馬克。在對外提供貸款的同時,德國銀行的負債方(存款
或發債融資)也需要具有同樣的跨境流動的靈活性。實際上,德國銀行在國際
上的競爭能力就很大程度上依賴於德國資本的跨境自由流動。

　　德國金融體系是以綜合性銀行為主體,在德國資本市場起主導地位。在德
國資本市場開放的過程中,德國銀行承銷了約 1/2 的馬克標價的歐洲債券和大
量馬克標價的股票(Julius, 1990)。德國銀行資本市場業務的國際化也要求德國
資本項目保持開放。

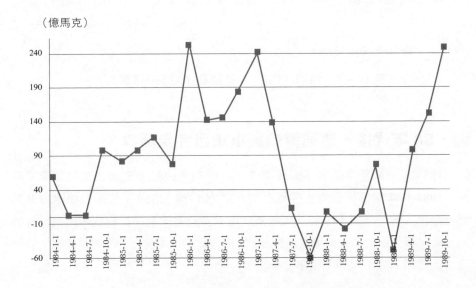

圖 14－8　1984～1989 年外國在德國的證券投資

　　1970、80 年代,德國企業擴大跨國公司業務,海外直接投資增長較快。
德國的對外直接投資從 1971 年的 42.3 億馬克增加到 1980 年的 85.0 億馬克、
1985 年的 166.5 億馬克。德國的對外直接投資資產從 1970 年的 158.8 億馬克增
長到 1985 年的 963.0 億馬克。為保持對外投資便利化,也要求德國不再實行
資本項目的限制。

（二）匯率的高度靈活性使得貨幣政策獲得較充分的獨立性

80 年代德國的經常項目持續順差且規模不斷擴大，而且國際資本在絕大多數年份也是淨流入，但是並沒有在德國國內造成通貨膨脹。實際上，這一段時間裏德國的通貨膨脹率不但絕對水準較低而且波動程度都小於其他工業化國家。為什麼 80 年代以後德國無須再像 60、70 年代那樣對短期國際資本流動進行限制，卻依然能夠保持國內通貨膨脹的穩定？

有分析認為，這與浮動匯率制下馬克能夠靈活浮動，從而允許德意志聯邦銀行保持相當的貨幣政策的獨立性有關[8]。包括世界銀行研究報告（Frankel, Schukler & Serven, 2000）和其他不少研究顯示，德國（和英國）作為規模較大的發達經濟體，其國內利率水準和美國利率水準的相關性要明顯小於其他國家，表明其貨幣政策保持了相當的獨立性。

在一個規模較小、金融市場不夠開放和發達的國家，固定匯率體制可能比較合適，因為固定的匯率可以為本國貨幣提供一個"名義錨"。這種安排一方面可以減少對外經濟活動的交易成本，另一方面也可以防止國內濫發貨幣而造成通貨膨脹。但是在一個規模較大、與世界經濟聯繫密切並且金融市場較為發達的國家，浮動匯率制度是更好的選擇。如上一節所述，開放的實體經濟和不斷融入國際市場的金融活動必然要求資本項目自由化，而發達的金融體系又使得各種資本管制措施的效率大大降低。此時如果採用固定匯率體制，那麼國內的貨幣政策將完全受制於海外利率水準、跨境資本流動等等，從而難以兼顧國內的通貨膨脹目標，即喪失了貨幣政策的獨立性。因此，在這種情況下應該讓匯率靈活浮動。德國經濟在 80 年代的出色表現，印證了浮動匯率體制和獨立貨幣政策的優越性。

---

[8] 更嚴格的說，當時的德意志聯邦銀行是將貨幣總量作為中介目標、中長期的通貨膨脹率作為最終目標，參見 Bernanke & Mishkin 在 1997 年的評論文章。

（三）在金融市場發達的背景下，資本管制越來越無效

德國對管理短期資本流動的經驗可概括為兩點：首先，在匯率沒有充分彈性、金融產品比較簡單、金融機構的國際業務尚不廣泛的條件下，對短期資本流入進行暫時性的限制顯得很有必要也有一定效果；第二，隨着時間的推移，金融產品多樣化和金融機構國際化的程度明顯提高，因為各種堵漏洞的政策往往"得之東隅，失之桑榆"，對資本流動的管理也逐步失效。

在 70 年代，德國控制短期資本流入的措施主要有：如 1970 年 4 月針對非居民的特別法定準備金率要求；1971 年 5 月限制或延期對非居民的利息支付；1972 年 3 月，德國非銀行居民對外借款要求 40% 的現金存款要求，即德國非銀行居民自非居民的借款需要將 40% 的借款額存入德意志聯邦銀行的無息賬戶。德國基本利用市場導向的措施控制資本流入。

Hewson and Sakakibara（1977）利用一般均衡模型來分析了德國資本管制的有效性。基於 1969 年 1 月 ~1973 年 4 月間的資料，回歸結果表明：針對一些資本項下的管制措施確實起到作用，但是對未涉及到的或未完全管制的資本項，管制措施未起作用。因此，資本管制措施有效性被部分抵消了。特別是在發達的金融體系下，資本管制的有效性更差。Bakker and Chapple（2002）也認為由於投機者能利用金融系統繞開管制，因此，不論是直接管制還是間接管制都難以在貨幣動盪期間抵禦投機衝擊。

以特別法定準備金率要求為例，特別法定準備金率要求針對德國商業銀行新增對外負債，即限制其對外融資，確實降低了德國銀行對外負債。但是，市場參與者很快就發現兩種途徑繞開這個管制：其一，非銀行居民可以向非居民借債，所得的馬克資金存入德國的銀行則不受特別準備金率的限制；其二，德國的銀行可以向非居民發債，而不是直接接受非居民的馬克存款，前者也不受特別準備金率的限制。

為了堵住第一個漏洞，德國開始對非銀行居民對外負債實行現金存款準備金的要求。其結果就是德國的企業（即非銀行居民）減少了從非居民的借款，但是增加了向國內的銀行的借款，而後者又可以通過其他漏洞繞開特別準備金率的限制從海外借款。最後的結果是德國國內貨幣總量擴張的機制發生了變

化,但是增長速度並沒能降下來。為了堵住第二個漏洞,德國採取直接管制資本流入的措施,即針對資本流入的特定類型動用事前審批程式,例如限制向非居民出售馬克標價的債券等。

除此之外,還有許許多多其他漏洞,會被聰明的企業和銀行利用。例如,在經常項目中存在的漏洞是提前或延期支付。德國作為一個開放的經濟體無法控制在支付行為上的微小變化,而這些變化事實上會導致變相的資本項目下的跨境資金流動。要堵住這些漏洞,又要求採取成本極大的對經常項目交易的管制。在實體經濟已經非常開放的條件下,對經常項目的管制就是"倒退",因此,經常項目的開放必然最終導致對資本項目開放的"倒逼"。

五、對中國的借鑒意義

德國資本項目開放的經歷對於中國來説,最重要的借鑒或許在於以下幾條:第一,資本項目開放要求放棄固定匯率,才能保證貨幣政策的獨立性;第二,在傳統的資本項目管制手段基本取消之後,如果匯率仍然缺乏彈性,可以對短期過度資本流動暫時採取"審慎管理"措施;第三,在"審慎管理"仍然適用的階段,如果資本流入和流出壓力出現變化,對資本流入和流出的管理力度可以是不對稱的;第四,當匯率有了充分的彈性、國內貨幣政策手段可以有效對應通脹的條件下,就可以完全放開資本管制,即取消對短期資本流動的"審慎"管理措施。第五,在實體經濟高度全球化和金融市場越來越發達的條件下,"市場"一般比監管者更加"聰明",市場的參與主體會有各種不同辦法繞過資本管制。因此必須充分考慮到資本管制效果的局限性和承認最終走向資本項目開放的必然性。

附表：德國開放和管理資本項目的措施

1958 年 1 月	允許居民持有海外外匯賬戶
1958 年 7 月	開放非居民對內投資
1958 年 8 月	開放外幣標價的德國債券的交易
1959 年 5 月	取消所有尚存的對資本流入的限制
1959 年 8 月	放鬆居民對外投資的管制
1960 年 6 月	禁止向非居民的德國馬克存款支付利息，不准向非居民出售貨幣市場票據
1961 年 9 月	實施對外貿易和支付法，建立一套積極的外匯管理體系
1962 年 1 月	資本交易的自由市場和官方外匯市場合併
1963 年 3 月	取消居民投資海外證券的限制
1965 年 3 月 1 日	對非居民持有德國債券的利息收入徵收 25% 預扣稅（withholding tax）
1966 年 1 月	將對外直接投資的許可範圍從歐共體擴大到 OECD 地區
1967 年 11 月	放鬆了資金流出和結算的限制
1968 年 12 月 1 日	對德國銀行新增的對外負債 100% 法定準備金率要求
1969 年 10 月 31 日	取消德國銀行新增的對外負債 100% 法定準備金率要求
1970 年 4 月 1 日	對德國銀行新增的對外負債 30% 法定準備金率要求
1971 年 5 月 1 日	德國馬克實行浮動匯率
1971 年 5 月 10 日	禁止支付非居民的銀行存款利息
1972 年 3 月 1 日	非居民對德國非銀行居民貸款和其他信貸的收益要求 40% 的現金存款要求（Bardepot）
1972 年 3 月 1 日	對德國銀行新增的對外負債 40% 法定準備金率要求
1972 年 6 月 29 日	非居民購買德國固定利率證券須預先批准
1972 年 7 月 1 日	現金存款要求提高至 50%
1972 年 7 月 1 日	法定準備金率要求提高至 60%
1973 年 2 月 5 日	非居民購買德國固定利率證券須預先批准而且所有類型的信用工具，特別是，購買股票、互助基金和借款超過 50000 德國馬克
1973 年 7 月	進一步提高法定準備金率要求和現金存款比率要求
1974 年 1 月	廢除德國銀行新增的對外負債的法定準備金率要求
1974 年 2 月	降低現金存款比率要求，除到期期限在 4 年以下的固定利率證券外，向非居民出售信用工具的預先審批的要求被廢除
1974 年 9 月	取消現金存款比率的要求
1975 年 9 月	禁止向非居民的銀行存款支付利息被取消。向非居民出售到期期限 2~4 年證券預先審批的要求被取消

（續表）

1977 年 12 月	再次引入向非居民出售到期期限 4 年以下證券預先審批的要求
1978 年 1 月	再次引入德國銀行新增的對外負債的法定準備金率要求
1978 年 6 月	取消德國銀行新增的對外負債的法定準備金率要求
1980 年 3 月	放鬆向非居民出售短期票據的限制
1981 年 3 月	允許非居民購買國內債券和貨幣市場票據
1981 年 8 月	廢除向非居民出售國內債券和貨幣市場票據的所有限制
1984 年 8 月	廢除對非居民持有國內債券的利息收入徵收預扣稅
1985 年 5 月	自 1985 年 5 月 1 日起，允許國內的外國銀行牽頭發行國外馬克債券，要求德國銀行在該外資銀行所在國享有相同的權力
1985 年 5 月	在資本市場上，引入德國銀行批准的零息債券、浮動利率債券和互換相關債券（swap－related bonds）
1986 年 5 月	允許外國銀行加入擴大的聯邦債券聯盟。對大多數非居民外幣負債要求準備的限制被取消
1989 年 7 月	將公開發行和公開配售的最小到期期限降至 2 年

資料來源：Bakker and Chapple（2002），Hewson and Sakakibara（1977），Tavlas（1991）

第十五章

德國馬克的國際化

　　對人民幣國際化來說，幾個主要儲備貨幣（包括美元、歐元、馬克和日元）的國際化的經驗是值得借鑒的。雖然德國馬克在 1999 年後的三年內逐步被歐元取代，但馬克的國際化卻是歐元國際化的重要基礎。整個馬克國際化的過程基本符合理論上對一國貨幣國際化的描述，即較強的經濟實力（包括其 GDP、貿易、國際投資佔全球的比例）和金融市場的發展（規模、深度和開放度）是貨幣國際化的主要推動力量，而該國幣值對內和對外的相對穩定則對非居民來講也構成了對使用該貨幣的額外吸引力。

　　本章回顧和討論曾經是第二大儲備貨幣的馬克國際化過程的經驗。最後簡單討論對人民幣國際化的借鑒意義。

一、影響馬克國際化的因素

（一）國際貨幣的條件

　　Kenen（1983）認為貨幣國際化是指一種貨幣的部分或全部職能，從本國擴展到國外，即貨幣的使用超越國界的過程。國際貨幣所具備的國際功能，包括價值尺度、交易媒介和儲藏價值的功能（表 15-1）。

　　國際貨幣作為價值尺度的功能，包括（1）在國際貿易、國際金融交易中作為計價貨幣，用於商品勞務和金融資產的計價；（2）為他國貨幣當局盯住的錨貨幣。貨幣對內、對外價值的相對穩定是決定某種貨幣能否有效實現該職能的重要因素，其中對內價值一般指國內的物價水準，對外價值則一般指實際有效匯率水準。

國際貨幣的交易媒介功能，對私人部門來說是指用於國際貿易和國際金融交易的結算貨幣，對貨幣當局來說是指用於外匯市場干預的載體貨幣。影響該職能的主要因素包括外匯市場的流動性（市場規模和深度）、該國與其他國家間的實物和服務貿易以及投資的規模，和其他國家（即第三方）之間交易採用該貨幣作為交易媒介的意願。

國際貨幣的儲藏價值的功能，包括兩層意思。一是作為私人部門非居民的投資貨幣；二是貨幣當局的儲備貨幣，即官方持有對外資產時使用的貨幣。貨幣價值的穩定性和收益性是影響價值儲藏職能的主要因素。

理論文獻（如 Tavlas 1991 等）認為，一國強大的經濟實力、幣值的基本穩定、發達的（有深度和廣度的）和開放的金融市場是貨幣國際化的主要條件。

表 15－1　國際貨幣職能

	私人部門	貨幣當局
價值尺度	計價貨幣	錨貨幣
交易媒介	交易貨幣	干預貨幣
儲藏價值	資產貨幣	儲備貨幣

Chinn and Frankel（2007）

（二）國際貨幣的收益與成本

成為國際貨幣有收益也有成本。收益包括：（1）便利本國居民。與外幣相比，本幣國際化，本國出口商、進口商、貸款人、借款人等能更好地本幣交易來規避匯率波動的風險；（2）本國商業銀行和其他金融機構能擴大業務和收入；（3）鑄幣稅：可以用本幣購買更多的外國商品、服務和投資，並提供更多的外國援助；（4）提升政治地位和影響力。

作為國際貨幣的成本包括：（1）貨幣需求的波動增大，可能導致中央銀行難以控制貨幣存量；（2）非居民對本國貨幣需求的上升，例如在 1960、1970 年代，使得日本和德國擔憂資本流入會導致本幣升值，出口競爭力下降；（3）更多的責任：貨幣當局要考慮本國政策對世界的影響。

我們在討論德國馬克國際化過程中，先從幾個必要條件（幣值穩定、國際貿易和國際金融活動的規模）分析，然後從貨幣的國際職能上研究馬克國際化問題。在分析中，我們將馬克與其他國際貨幣（如美元、日元）進行了若干比較。最後，從馬克國際化的經驗總結出若干對人民幣國際化的建議。

二、馬克幣值的相對穩定

關於貨幣對內對外的價值，通常以 CPI 通貨膨脹度量貨幣對內價值，以名義有效匯率指數反映對外的名義價值。表 15－2 給出了 1961~2010 年一些國家通貨膨脹和通貨膨脹波動。1975 年起德國貨幣政策的中介目標確定為貨幣供應量的增長率，德國的通貨膨脹從 1971~1975 年的 6.1%（工業化國家中最低），下降到 1976~1980 年的 4.0%。儘管 1979 年發生第 2 次石油危機，1980 年代德國通貨膨脹率仍然明顯低於多數發達國家。由於德國統一，財政支出擴大，1991~1995 年德國通貨膨脹在工業化國家中較高，平均為 3.5%，僅次於英國。1996~2000 年 CPI 通貨膨脹為 1.4%。在 1961~2010 年 50 年裏，德國的通貨膨脹最低，平均為 2.9%。

表 15－2 還給出了季度通貨膨脹率的標準差，以反映通貨膨脹的波動。1961~2010 年，德國通貨膨脹的波動在發達國家中最低。

這些資料表明了相對於其他工業化國家，德國的貨幣政策成功地維持了馬克對內價值的穩定。這也提高了德國貨幣政策在歐洲貨幣體系中的聲譽和可靠性，使馬克在 EMS 中起到了關鍵貨幣的作用，成為其他 EMS 成員國貨幣的盯住貨幣（Deutsche Bundesbank, 1988）。其他歐洲國家通過 EMS 進口或模仿德國貨幣政策。這表明，較低的、穩定的通貨膨脹是馬克國際化的一個重要基礎。

德國也從加入歐洲貨幣體系中也獲得好處，如降低了馬克與其他 EMS 貨幣名義匯率的波動（Ungerer, Evans, Mayer and Young, 1986）。表 15－3 給出了各主要國家貨幣的名義和實際有效匯率指數月度變動的標準差。1974~1998 年，馬克名義有效匯率是主要國際貨幣中波動最低的。同樣，1974~1998 年馬克實際有效匯率指數變動的標準差也是最低的。馬克對外價值相當穩定。而且，1957~1998 年間馬克相對美元升值 (圖 15-5)。

　　另外，一國保持對外（正的）淨資產一般有助於幣值的穩定。表 15-4 給出了德國、日本、美國等國的對外淨資產。德國的對外淨資產長期為正（表 15-6）。中國自 2000 年以來具有正的對外淨資產，而且已超過德國，成為僅次於日本的世界債權國，這有助於投資者對人民幣長期價值的信心。表 15-6 同時給出了德國依馬克標價的對外淨資產。1984 年以來，德國馬克標價的對外淨資產一直為負，也就是説外國持有的馬克資產多於馬克標價的負債，有利於馬克的國際化。人民幣今後國際化進程中，應該允許境外私人部門和外國中央銀行持有更多的人民幣標價的資產，這要求中國境內的人民幣證券市場加大對外開放，並進一步擴大離岸人民幣市場。

　　對馬克對內、對外價值的分析表明，（1）馬克對內價值的穩定有助於馬克對外價值的穩定和馬克的國際化；（2）德意志聯邦銀行對穩定國內價格的高度信譽使得其他歐洲國家願意以馬克作為盯住貨幣；（3）德國長期為正的對外淨資產有利於投資者保持對馬克的信心。

表 15-2　主要國家通貨膨脹與通貨膨脹波動率

	1961 ~1965	1966 ~1970	1971 ~1975	1976 ~1980	1981 ~1985	1986 ~1990	1991 ~1995	1996 ~2000	2001 ~2005	2006 ~2010	1961 ~2010
均值（%）											
德國	2.7	2.4	6.1	4.0	3.9	1.4	3.5	1.4	1.5	1.6	2.9
日本	6.1	5.6	9.3	6.7	2.8	1.3	1.4	0.1	-0.4	-0.1	3.3
美國	1.3	4.3	6.8	8.9	5.5	4.0	3.1	2.5	2.6	2.2	4.1
英國	3.6	4.6	13.1	14.5	7.2	4.9	3.8	1.5	1.4	2.7	5.7
瑞士	3.2	3.5	7.7	2.3	4.3	2.5	3.2	0.8	0.9	0.9	2.9
中國						12.0	13.1	1.6	1.4	2.9	6.0
法國	3.7	4.4	8.8	10.5	9.7	3.1	2.2	1.3	1.9	1.5	4.7
意大利	4.9	2.6	11.5	16.6	14.2	5.7	5.0	2.5	2.4	1.9	6.7
加拿大	1.6	3.9	7.4	8.7	7.5	4.5	2.3	1.9	2.3	1.7	4.2
波動											
德國	0.6	1.0	0.9	1.1	1.7	1.3	1.4	0.6	0.4	0.9	1.8
日本	1.8	13.5	13.1	2.4	1.3	1.3	1.2	1.0	0.4	1.1	6.8
美國	0.3	1.3	3.2	3.2	2.8	1.4	0.7	0.7	0.8	1.8	2.9

（續表）

英國	1.3	1.6	6.6	4.4	2.9	1.5	2.2	0.6	0.4	0.8	5.2
瑞士	1.0	1.1	1.7	1.4	1.7	1.8	1.8	0.5	0.4	1.1	2.4
中國						9.0	8.1	3.5	1.7	2.8	7.6
法國	1.3	1.5	3.5	1.7	3.0	0.5	0.6	0.6	0.3	1.0	3.8
意大利	1.9	1.5	6.5	3.8	4.0	0.9	0.9	0.9	0.3	0.9	5.8
加拿大	0.7	0.7	3.4	1.3	3.6	0.5	1.9	0.8	0.9	0.9	3.2

波動指季度通貨膨脹率的標準差。中國通貨膨脹均值和波動的樣本期間為 1986~2010 年。

資料來源：*International Financial Statistics* 各期

表 15-3　匯率波動

	德國馬克	日元	美元	英鎊	瑞士法郎	人民幣	法國法郎	意大利里拉	加元
名義有效匯率指數									
1971~1980	1.28	2.07	1.18	1.59	1.62	1.71	1.17	1.50	1.03
1981~1990	0.91	2.37	1.74	1.93	1.45	3.03	0.95	0.69	1.01
1991~1998	0.91	2.65	1.50	1.73	1.38	3.60	0.76	1.86	1.07
1974~1998	0.98	2.45	1.54	1.80	1.55	3.01	1.01	1.42	1.07
1999~2011	0.71	2.34	1.68	1.52	1.35	1.22			1.78
實際有效匯率指數									
1971~1980	1.33	2.22	1.20	1.77	1.67		1.17	1.47	1.12
1981~1990	0.92	2.50	1.68	2.07	1.41	1.68	0.96	0.73	1.06
1991~1998	0.91	2.68	1.40	1.74	1.39	1.40	0.79	1.87	1.14
1974~1998	1.00	2.53	1.48	1.92	1.54	1.57	1.02	1.41	1.15
1999~2011	0.83	2.42	1.53	1.56	1.36	1.93	0.58	0.60	1.72

波動指月度名義有效匯率指數變動的標準差。除中國外，名義有效匯率指數和實際有效匯率指數來自於 www.bis.org，中國的資料來自於 *International Financial Statistics* 各期

表 15 - 4 對外淨資產（單位：十億美元）

	1980	1981	1985	1990	1995	1998	2000	2005	2010
德國	33	29	53	336	129	9	62	552	1252
日本	13	13	130	329	818	1154	1158	1532	3088
美國	255	237	62	- 230	- 430	- 858	- 1337	- 1932	- 2471
英國	43	62	102	- 24	- 20	- 194	- 144	- 434	- 312
中國		12	10	8	- 62	- 14	46	413	1688
法國	- 134	- 141	- 182	- 22	- 35	133	248	23	- 273
意大利	37	16	- 8	- 85	- 52	- 183	- 146	- 264	- 508
加拿大	- 92	- 114	- 127	- 218	- 237	- 196	- 139	- 142	- 187

資料來源：*International Financial Statistics*；1981~2003 年中國對外淨資產來自於 Lane and Milesi‐Ferretti（2007）

——— 馬克 / 美元　- - - - 馬克 / 日元

圖 15 - 5　1957~1998 年馬克 / 美元、馬克 / 日元月度名義匯率
（1957 年 1 月 =100）

資料來自於 *International Financial Statistics* 各期

表 15-6　德國對外資產、負債以及幣種結構（單位：十億馬克）

	資產			負債			淨資產		
		馬克	外幣		馬克	外幣		馬克	外幣
1949	2.3			5.4			-3.0		
1950	3.9			8.8			-4.9		
1955	21.4			25.7			-4.3		
1956	28.7			28.4			0.3		
1960	63.4			43.2			20.2		
1965	91.1			69.8			21.3		
1970	184.9			133.4			51.5		
1975	321.0			233.0			88.0		
1980	501.4			444.0			57.4		
1984	767.0	357.8	409.3	637.7	502.9	134.8	129.4	-145.1	274.5
1985	847.8	418.8	429.0	724.6	599.9	124.7	123.3	-181.1	304.3
1990	1633.4	855.0	778.3	1108.3	907.2	201.1	525.1	-52.2	577.2
1995	2384.6	1159.1	1225.5	2184.4	1704.8	479.5	200.3	-545.7	746.0
1996	2641.3	1220.5	1420.8	2484.6	1916.9	567.7	156.7	-696.4	853.1
1997	3190.9	1291.9	1899.1	3037.1	2269.8	767.3	153.8	-977.9	1131.8

資料來自於 Deutsche Bundesbank

三、德國在全球經濟和貿易中的地位

　　一國的經濟實力是該國貨幣的國際地位的必要條件，如英鎊、美元作為最大的國際儲備貨幣時，其 GDP 曾超過世界 GDP 的 25%。表 15-7 給出了美國、德國、日本、中國等國 GDP 佔世界 GDP 的比重。2005 年前德國 GDP 僅次於日本，據第 3 位。2010 年中國已超過日本、德國，據世界第 2 位。

　　1980~1998 年德國出口佔世界出口比重平均為 10.5%（表 15-8），僅次於美國，而且德國進口佔世界進口比重平均為 8.9%，也僅次於美國，是世界第二大貿易國。1999~2010 年，中國超過了日本。而且從 2009 年起，中國出口、進口的佔世界比重已超過了德國，成為世界第二大貿易國。

從貿易開放度（表 15 - 9）來看，在大國中，1998 年德國的開放度僅次於
加拿大，較 1970 年提高了 15.9 個百分點。德國的金融開放度僅次於英國、法
國，而且在不斷提高。德國在 1998 年的金融開放度約為 1980 年的 4 倍。這些
指標反映了德國是一個相當開放的國家。2010 年中國的貿易開放度僅次於德
國，但是中國的金融開放程度還相當落後。

總而言之，德國在全球產出中的比重、世界第二大貿易國的地位、相當高
的對外貿易開放和金融國際化的程度都有利於馬克的國際使用，或者說，構成
了馬克國際化的重要條件。

表 15 - 7　主要國家 GDP/ 世界 GDP（%）

	1980	1985	1990	1995	2000	2005	2010
德國	7.7	5.4	7.0	8.5	5.9	6.1	5.2
日本	10.0	11.4	13.8	17.7	14.5	10.0	8.7
美國	26.0	35.3	26.1	24.9	30.9	27.7	23.1
英國	5.1	3.9	4.6	3.9	4.6	5.0	3.6
中國	1.9	2.6	1.8	2.4	3.7	5.0	9.3
法國	6.5	4.6	5.6	5.3	4.1	4.7	4.1
意大利	4.3	3.7	5.1	3.8	3.4	3.9	3.3
加拿大	2.5	3.0	2.6	2.0	2.3	2.5	2.5

資料來源：World Economic Outlook Database

表 15 - 8　主要國家出口、進口佔世界出口、進口份額（%）

	出口 / 世界出口						進口 / 世界進口					
	1980 ~1984	1985 ~1989	1990 ~1994	1995 ~1998	1980 ~1998	1999 ~2010	1980 ~1984	1985 ~1989	1990 ~1994	1995 ~1998	1980 ~1998	1999 ~2010
德國	9.34	11.31	11.08	10.00	10.45	9.33	8.37	8.68	9.82	8.55	8.87	7.53
日本	7.79	9.54	9.16	7.91	8.64	5.96	6.99	6.36	6.41	6.07	6.48	4.94
美國	11.70	11.33	12.08	12.23	11.81	9.74	14.45	16.88	15.02	15.92	15.55	16.08
英國	5.22	5.24	5.12	5.01	5.16	3.71	5.39	6.12	5.72	5.44	5.68	4.62
瑞士	1.41	1.73	1.69	1.44	1.57	1.26	1.59	1.86	1.68	1.38	1.64	1.17

（續表）

中國	1.17	1.60	2.31	3.15	2.00	6.87	1.13	1.94	2.17	2.57	1.92	5.80
法國	5.38	5.90	6.03	5.55	5.72	4.37	6.00	6.05	6.01	5.23	5.85	4.60
意大利	3.97	4.56	4.75	4.62	4.47	3.67	4.60	4.77	4.58	3.91	4.50	3.62
加拿大	4.01	4.29	3.77	3.90	4.00	3.45	3.43	3.90	3.52	3.47	3.59	3.11

各國進口、出口額來自於 *International Financial Statistics* 各期

表 15-9　主要國家對外開放度（%）

	1970	1980	1990	1998	2000	2010	1980	1990	1998	2000	2010
	貿易開放度						金融開放度				
德國	30.7	41.4	44.1	46.6	55.4	70.7	52	107	202	277	478
日本	18.5	25.4	17.1	17.3	18.4	26.8	29	111	125	102	197
美國	8.4	17.4	15.8	18.6	20.6	22.3	45	80	126	140	295
英國	33.1	41.6	40.4	40.2	41.7	43.2	195	346	503	602	1308
中國	5.0	20.1	32.3	31.8	39.6	50.2		41	66	70	110
法國	25.4	36.3	36.3	40.6	46.0	43.7	55	120	270	336	539
意大利	25.8	38.9	31.1	38.1	43.6	45.5	51	75	180	220	264
加拿大	36.0	48.4	43.1	68.2	71.9	49.2	103	115	177	171	199

貿易開放度（進出口總額／GDP*100%）；金融開放度（對外資產＋對外負債）／GDP*100%

各國進口、出口額、對外資產、對外負債來自於 *International Financial Statistics* 各期；GDP 來自於 *World Development Indictors*

四、德國金融市場的國際化

　　在 1960~1970 年代，德國政府並不願意推動馬克國際化（Emminger, 1977），主要是因為與保持國內價格穩定和維護金融安全等目標相比，馬克國際化處於相對次要的地位。當時，德國擔心過度的資本流入引起的基礎貨幣的擴大而增加通貨膨脹的壓力，因此德國不斷實行了一些針對管制資本流入的措

施（見本書第十四章）。但是，1970 年代的資本管制措施並沒有有效地限制資本的流入，反而限制了國內資本市場的發展 ①。

德國在 1980 年代將資本管制措施逐漸解除。1981 年 3 月允許非居民購買國內債券和貨幣市場票據。同年 8 月廢除了向非居民出售國內債券和貨幣市場票據的所有限制。1984 年 8 月取消了對非居民持有國內債券的利息收入預扣稅。1985 年 1 月批准零息債券、浮動利率債券和互換相關債券。對資本管制和金融市場的限制逐步解除，推動了德國金融市場的發展和國際化，為馬克的國際化創造了必要條件。

1990 年代，德國金融市場的國際化進程加速。Montgomery（1995）對此的研究認為，這個國際化的過程反映了如下變化：(1) 德國居民參與國際市場、非居民參與德國金融市場程度上升；(2) 德國期貨交易所（DTB）與一些其他歐洲國家的金融產品可以在對方市場上直接交易；(3) 外國馬克債券（foreign deutsche mark debt securities）② 規模擴大，從 1984 年的 960 億馬克上升到 1994 年的 3410 億馬克；(4) 德國的銀行擴大了海外業務 ③；(5) 德國擴大了對外直接投資。

1990 年東西德國統一，需要大量的資金重建東德經濟。1991~2000 年德國企業直接投資呈淨流出，而且經常項目連續 10 年逆差。所以證券投資和信貸的淨流入為經常項目的逆差提供了融資。由於非居民更多地持有了德國的股票和各種債權，提升了馬克作為國際投資貨幣的功能。在這個過程中，由於外國投資者要求德國市場增加透明度、保持較好的流動性，成為推動德國金融市場發展的一個動力。

1993 年歐洲要建立包括金融在內的統一市場，要求各成員國開放資本市場和金融服務。為了促進德國金融市場與歐洲市場的一體化，德國在證券和

① 如禁止向非居民的馬克存款支付利息，確實有助於抑制資本的流入，但推動歐洲馬克市場的發展。

② 外國馬克債券指外國債務人（不包括德國公司的海外分支機構）在德國發行的馬克債券。

③ 比如，1989 年，德意志銀行收購了英國的 Morgan Grenfell（摩根建富）集團 4.99% 的股份，加強了其在國際證券業務中的地位，並擴大了在倫敦資本市場的影響力。1995 年又收購了摩根建富其餘的股權，並將其所有投資銀行業務都整合進入摩根建富。成立了一個新機構德意志摩根建富，總部位於倫敦，為德意志銀行創建歐洲範圍內的全能化銀行奠定了堅實的基礎。

衍生品市場引入國際標準。1990 年 1 月，德國開放了金融期貨和期權交易，1993 年德國與法國 MATIF 期貨交易所、1994 年與荷蘭、1995 年與瑞士達成協定，允許交易所產品在對方市場進行交易。由於 1995 年末執行歐盟投資服務指令，DTB 和其他歐盟國家的交易所允許產品在其他歐盟國家進行交易，無需東道國的批准。

德國還採取三項舉措開放其證券市場：(1)1990 年末，廢除了發行馬克固定收益證券須財政部批准的制度；(2) 取消了 0.10%～0.25% 證券交易稅；(3) 1991 年，取消對新發行證券的徵稅。

1992 年，德意志聯邦銀行宣佈向外國發行者和外國中介機構開放馬克債券市場。比如，允許外國銀行分行作為主承銷商承銷馬克債券；允許外國非銀行企業發行短期證券等。這些努力，有效地推動了馬克作為國際融資貨幣的功能的發展。

1994 年 7 月，德國頒佈了第二次振興金融市場法案（Second Financial Markets Promotion Act, SFMPA）[④]。法案中措施包括：廢除禁止貨幣市場共同基金的條例，成立聯邦證券監督辦公室，內幕交易有罪，增加證券頭寸和價值評估的信息披露。1997 年提出第三次振興金融市場法案，促進了股票市場、信託業及金融控股公司的自由化。

表 15－10 給出了德國等國的股市市值及與 GDP 之比。股票市場規模一般決定了市場流動性的狀況，流動性越好，越能吸引更多的發行者和投資者。1998 年，德國股市的規模小於英國和日本。表 15－11 給出了各國債券市場的規模。1998 年德國國內債券市場的餘額為兩萬億美元（僅次於美國、日本），名列第三。

總體來看，德國證券市場的規模過去幾十年來看一直保持着全球第二到第四名的排名。這個靠前的規模，加上金融市場較為充分的開放度，為德國馬克的國際化提供了重要的條件。

---

④ 2001 年 9 月頒佈提出第四次振興金融市場法案（the Fourth Financial Markets Promotion Act），目的在於改善投資者保護和擴大德國資本市場的操作範圍。2003 年 3 月發佈 2006 振興金融市場計劃，目的將德國發展成為一個具有競爭力的現代金融中心，並重獲投資者的信心和吸引國際投資者。

表 15－10　各主要國股市市值（/GDP）

	股市市值 /GDP（%）				股市市值（十億美元）			
	1988	1990	1998	2010	1988	1990	1998	2010
德國	18.6	20.7	50.1	43.2	252	355	1094	1430
日本	131.6	95.5	64.7	74.6	3910	2920	2496	4100
美國	55.1	53.2	153.9	117.5	2790	3060	13451	17139
英國	90.6	83.8	163.1	138.3	771	849	2374	3107
中國			22.7	81.0			231	4763
法國	24.5	25.2	67.5	75.2	245	314	991	1926
意大利	15.7	13.1	46.8	15.5	135	149	570	318
加拿大	48.6	41.5	88.1	137.2	242	242	543	2160

資料來源：*World Development Indictors*

五、馬克的價值尺度功能

上面我們從幣值的長期穩定、德國的經濟地位、德國金融市場的國際化分析了馬克國際化的進程。下面從國際貨幣職能即價值尺度、交易媒介、儲藏價值三個方面來分析馬克國際化。

國際貨幣作為價值尺度的職能，主要體現在私人部門將該貨幣用於國際貿易和金融交易的計價貨幣，以及為他國貨幣當局盯住的錨貨幣。

（一）計價和貿易結算貨幣

德國央行報告統計中（基於 Ifo Institute 的企業調查），只報告德國馬克作為計價貨幣（Invoicing Currency）在德國與其他國家貿易中的比重。但是，Ifo Institue 的專家告訴我們，事實上這裏用的 "計價貨幣" 幾乎就是中國人民銀行統計中使用的結算貨幣的概念。對德國貿易來説，幾乎所有用馬克計價的貿易合同事實上也是用馬克來支付和結算的（從企業角度來看，兩者的區別幾乎可以忽略不計），所以兩個概念在德國央行的統計上被視為同義詞。

表 15－11 各主要國國內債券市場存量總額（十億美元）

	1989	1990	1995	1998	1999	2000	2001	2002	2003	2004	2005	2006	2007	2008	2009	2010	2011.6
德國	728	994	1922	2012	1813	1716	1503	1762	2117	2258	1939	2250	2632	2590	2802	2607	2854
日本	2434	2762	4649	4855	6004	5702	5479	6372	7818	8858	8371	8407	8856	11052	11521	13734	14172
美國	6599	7169	10209	12516	13397	13736	14577	15531	16709	18188	19759	21507	23329	24559	24965	25199	25474
英國	325	401	565	734	761	688	670	764	827	1041	1003	1238	1358	1219	1549	1649	1713
中國	22	20	47	127	159	202	238	342	448	624	899	1184	1687	2210	2565	3031	3141
法國	696	990	1269	1236	1106	1072	1077	1363	1780	2052	1843	2205	2734	2885	3146	3131	3562
意大利	952	1225	1524	1576	1399	1285	1291	1593	1982	2191	1966	2268	2647	2813	3191	2998	3343
加拿大	466	505	581	582	662	662	636	653	813	905	978	1034	1209	1034	1304	1461	1610
合計	14119	16339	24451	27677	29322	28993	29486	33098	38443	43235	44156	48983	55197	58525	63331	66876	69913

資料來源：http://www.bis.org

　　1980～1988 年德國出口和進口的貨幣計價參見表 15‐12。1987 年德國
出口中用馬克計價的比例約為 81.5%，1990、1995 年略微下降到 77.0% 和
74.8%。雖然出口中馬克計價的份額有所下降，但進口中馬克計價的份額有所
上升，從 1980 年的 43% 上升到 1985 年 47.8% 和 1994 年的 53.2%。平均來看，
在德國的出口、進口中用馬克計價份額分別為 3/4 和 1/2 左右，遠高於排名第
二的美元計價的份額。

　　在 1980 和 1990 年代，馬克在其他歐洲國家的國際貿易中作為計價貨幣的
地位也在上升。比如，在 1980 年，法國、英國、意大利出口中用馬克計價的
份額分別為 9.4%、3.0%、14%，1995 年法國、1992 年英國、1994 年意大利出
口中用馬克計價的份額分別上升到 10.6%、5%、18%，即這些國家出口中馬克
計價份額上升。

表 15‐12　1980~1988 年德國對外貿易中的各計價貨幣所佔比重（%）

貨幣	1980	1981	1982	1983	1984	1985	1986	1987	1988
出口									
馬克	82.5	82.2	83.2	82.6	79.4	79.5	81.5	81.5	
美元	7.2	7.8	6.7	7.0	9.7	9.5	7.7	7.4	
英鎊	1.4	1.3	1.3	1.5	1.7	1.8	1.7	1.8	
日元	0.0	0.0	0.0	0.0	0.3	0.4	0.4	0.5	
法國法郎	2.8	2.8	2.8	2.8	2.8	2.7	2.7	2.5	
瑞士法郎	0.5	0.5	0.5	0.5	0.5	0.5	0.5	0.6	
其他	5.6	5.6	5.5	5.8	5.7	5.7	5.5	5.7	
進口									
馬克	43.0	43.0	44.6	46.1	47	47.8	51.7	52.7	52.6
美元	32.3	32.3	31.3	28.8	29.2	28.1	23.1	22.0	21.6
英鎊	3.4	3.7	2.5	2.7	2.4	3.0	2.3	2.5	2.4
日元	0.0	0.0	0.0	0.0	0.0	1.8	2.6	2.5	2.5
法國法郎	3.3	3.0	3.4	3.5	3.6	3.8	4.1	3.9	3.6
瑞士法郎	1.6	1.6	1.6	1.5	1.5	1.5	1.7	1.8	1.7
其他	15.4	16.4	16.6	17.4	16.5	14	14.5	14.9	15.6

資料來源：Tavlas（1991）

表 15－13　世界出口計價的貨幣份額

	1980		1987		1992	
	世界出口計價的貨幣份額(1)	(1)/該國出口在世界出口中的份額	世界出口計價的貨幣份額(1)	(1)/該國出口在世界出口中的份額	世界出口計價的貨幣份額(1)	(1)/該國出口在世界出口中的份額
馬克	13.6	1.4	16.1	1.3	15.3	1.4
美元	56.1	5.0	47.8	4.6	47.6	4.0
英鎊	6.5	1.2	5.5	1.0	5.7	1.1
日元	2.1	0.3	4.0	0.4	4.8	0.5
法國法郎	6.2	1.1	6.5	1.1	6.3	1.0
里拉	2.2	0.6	3.2	0.7	3.4	0.7
荷蘭盾	2.6	0.6	2.8	0.7	2.8	0.8

世界出口計價的貨幣份額資料來自於 Hartmann（1996）

　　表 15－13 給出了世界出口中使用各種計價貨幣的份額。在世界出口中，美元是最重要的計價貨幣和支付的手段。1992 年世界出口中美元計價份額為 47.6%，馬克份額為 15.3%（排名第二），日元的份額為 4.8%。

（二）錨貨幣

　　一些國家選擇匯率制度時採用盯住其他國家的貨幣，被盯住的貨幣被稱為錨貨幣。一般來説，這些國家選擇盯住一個錨貨幣的主要原因是，這些國家希望穩定本幣對錨貨幣之間的匯率，以保護其對外貿易的競爭力的穩定；也有一些國家由於通脹過高，希望通過盯住錨貨幣約束本國的貨幣政策來抑制通脹。

　　1979 年 3 月，德國、法國、意大利等歐共體八國成立歐洲貨幣體系（EMS），EMS 規定，兩種貨幣之間的匯率可以在中心匯率 ± 2.25% 內波動（意大利里拉對其貨幣為上下各 6%）。1989 年 6 月、1990 年 10 月西班牙和英國分別加入歐洲貨幣體系，將成員國擴大到十個。由於德國馬克的強勢，實際上 EMS 是一個馬克區（Deutsche Mark zone）（Dornbusch, 1986），EMS 其他成員

國 "進口" 了有良好聲譽的德國貨幣政策。1992~1993 年歐洲貨幣體系發生危機，EMS 內貨幣間匯率波動範圍擴大至 ±15%，此時，EMS 內貨幣匯率實現了基本浮動。

表 15-14　一些中東歐國家的匯率制度

國家	匯率制度	籃子貨幣
保加利亞	貨幣局	馬克
愛沙尼亞	貨幣局	馬克
捷克	盯住籃子貨幣 （1991~1997.5）	1991-1993.5（45% 馬克、31% 美元、12% 奧地利先令、7% 瑞士法郎、4% 英鎊） 1993.5~1997.5（65% 馬克、35% 美元）
匈牙利	爬行盯住 ~1995.3 可調整盯住	70% 馬克、30% 美元 1991~1993.7（50%ECU、50% 美元） 1993.8~1994.8（50% 馬克、50% 美元） 1994.9~1997.1（70%ECU、30% 美元）
波蘭	爬行盯住	1991.6~1998.12（45% 美元、35% 馬克、10% 英鎊、5% 法國法郎、5% 瑞士法郎）
斯洛伐克	固定盯住	1994.7~1997.4 60% 馬克、40% 美元

資料來源：IMF，*Annual Report on Exchange Arrangements and Exchange Restrictions* 各年

　　1990 年以後，由於德國在歐洲經濟的主導地位和馬克的穩定性，許多中、東歐國家將馬克作為其錨貨幣，或作為其所盯住的一籃子貨幣中的主要貨幣。表 15-14 列出了這些國家的情況。

　　唐國興和徐劍剛（2003）分析了 1982~1998 年匯率制度演變的狀況。其研究表明，在採取固定匯率的國家和地區中，盯住美元的國家和地區最多；其次是法國法郎，盯住法郎的主要是非洲法郎區貨幣（東非洲經濟和貨幣聯盟及中央非洲經濟和貨幣共同體國家的貨幣）[5]；再次是德國馬克，盯住馬克的主要是一些東歐國家的貨幣。1999 年前，盯住馬克的國家數量可能位列第三。

---

⑤ 盯住其他貨幣的國家數在 1980 年代基本保持不變，但在 1992 年較以前有較大增加，主要原因是前蘇聯解體後分成許多國家，這些前蘇聯國家貨幣於 1992 年盯住俄羅斯盧布，但從 1994 年起不再盯住。

六、馬克的交易媒介功能

國際貨幣的交易媒介功能，對私人部門來說是指用於國際貿易和國際金融交易的結算貨幣，對貨幣當局來說是指用於外匯市場干預的載體貨幣。影響該職能的主要因素包括外匯市場的流動性（市場規模和深度）、該國與其他國家間的實物和服務貿易以及投資的規模，和其他國家（即第三方）之間交易採用該貨幣作為交易媒介的意願。

關於德國馬克作為貿易計價和貿易結算的功能，前文已經有分析，這裏不再贅述。本節主要討論外匯市場的發展為馬克成為國際貿易和金融交易結算貨幣所提供的條件，並簡述馬克作為中央銀行干預貨幣的功能。

（一）外匯交易

外匯市場的交易量反映了該貨幣作為交易媒介的重要性。國際清算銀行於1986 年開始每隔三年對一些中央銀行進行外匯市場交易量的調查，最近一次為 2010 年 4 月的調查。2010 年的調查表明，全球外匯市場平均每天交易量已達到 3.98 萬億美元，而 2010 年世界每天 GDP 約為 1724 億美元，世界每天的商品和勞務出口為514 億美元[6]。因此，全球外匯市場平均每天交易量約為世界每天出口的 77 倍，外匯市場交易並不能簡單歸因於國際貿易。

表 15 - 15 列出了世界主要外匯市場平均每天交易量。2010 年全球最大的四個外匯市場所在地為英國（36.7%）、美國（17.9%）、日本（6.2%）和新加坡（5.3%）。這四個外匯市場平均每天交易量佔全球的 66%（1995 年為 62%）。德國外匯市場是全球第五大外匯市場。中國由於資本項目不開放，外匯市場交易量很小。中國外匯市場的交易量雖然從 2004 年的 6 億美元上升到 2010 年的198 億美元，但到 2010 年位次僅僅為全球 22 位，這與中國目前為全球第二大經濟體的地位十分不相稱。

從全球主要貨幣來看，美元依然是外匯市場交易最活躍的貨幣，1998 年

---

[6] 世界 GDP 來自國際貨幣基金組織，*World Economic Outlook*, September 2011。

佔全球交易的 87%（1995 年 83%，見表 15－16）。在全球十個交易最活躍的每對貨幣中，與美元配對的佔 8 個（見表 15－17）。

1998 年，馬克的份額雖然有所下降，但馬克依然是外匯交易量排名第二的國際貨幣，其份額為 30%。按交易量計算，日元為排名第三的國際貨幣。

表 15－15　主要國家外匯市場平均每天交易量（十億美元）

	1992		1995		1998		2001		2004		2007		2010	
英國	290.5	(1)	478.8	(1)	685.2	(1)	541.7	(1)	835.3	(1)	1,483.2	(1)	1,853.6	(1)
美國	166.9	(2)	265.8	(2)	383.4	(2)	272.6	(2)	498.6	(2)	745.2	(2)	904.4	(2)
日本	120.2	(3)	167.7	(3)	146.3	(3)	152.7	(3)	207.4	(3)	250.2	(4)	312.3	(3)
新加坡	73.6	(4)	107.3	(4)	144.9	(4)	103.7	(4)	133.6	(4)	241.8	(5)	266.0	(4)
瑞士	65.5	(5)	88.4	(6)	91.6	(6)	76.3	(6)	85.3	(8)	253.6	(3)	262.6	(5)
香港	60.3	(6)	90.9	(5)	79.9	(7)	68.4	(7)	106	(7)	181.0	(6)	237.6	(6)
法國	33.3	(8)	61.5	(8)	77.2	(8)	49.6	(9)	66.5	(9)	126.8	(8)	151.6	(8)
德國	55.0	(7)	79.2	(7)	99.6	(5)	91.5	(5)	120.4	(5)	101.4	(9)	108.6	(10)
中國					0.2	(43)	0.0	(48)	0.6	(49)	9.3	(28)	19.8	(22)
合計	1076.2		1,632.7		2,099.4		1691.7		2608.5		4281.1		5056.4	

括弧內的數值為對應市場的位次

資料來源：Bank for International Settlements, *Central Bank Survey of Foreign Exchange and Derivatives Market Activity*

表 15－16　外匯市場交易的幣種結構（%）

幣種	1989	1992	1995	1998	2001	2004	2007	2010
美元	90	82	83	87	90	88	86	85
馬克（歐元）	27	40	37	30	38	37	37	39
日元	27	23	24	21	24	21	17	19
英鎊	15	14	10	11	13	17	15	13

（續表）

人民幣					0.0	0.1	0.2	0.4
（位次）					（29）	（26）	（21）	（17）

本表幣種份額總和為 200%。例如，美元對歐元的天交易量為 10 億美元，10 億美元同時記入美元和歐元的交易量中。

資料來源：同表 15-15

表 15-17　每對貨幣平均每天交易量（單位：十億美元）

	1992	份額(%)	1995	份額(%)	1998	份額(%)
美元 / 馬克	192	25	254	22	290	20
美元 / 日元	155	20	242	21	256	18
美元 / 英鎊	77	10	78	7	117	8
美元 / 瑞士法郎	49	6	61	5	79	5
美元 / 加元	25	3	38	3	50	3
美元 / 澳元	18	2	29	3	42	3
美元 / 其他 EMS 貨幣	43	6	104	9	172	12
馬克 / 日元	18	2	24	2	24	2
馬克 / 英鎊	23	3	21	2	31	2
馬克 / 瑞士法郎	13	2	18	2	18	1
馬克 / 其他 EMS 貨幣	21	3	38	3	34	2
其他	123	16	179	17	259	20
總計	776	100	1,137	100	1,430	100

資料來源：同表 15-15

（二）干預貨幣

對中央銀行來說，國際貨幣作為交易媒介的作用體現為干預市場的貨幣。表 15-18 給出了 1979~1987 年間 3 個時間段 EMS 干預外匯市場的幣種分佈。EMS 利用美元、EMS 貨幣（包括馬克）和其他貨幣干預外匯市場。
Mastropasqua, Micossi and Rinaldi（1988）的研究表明，美元作為干預貨幣，其
份額從 1979~1982 年的 71.5% 下降到 1986~1987 年的 26.3%，而馬克的份額
則增加了 35.3 個百分點。美元作為干預貨幣的份額下降是由於馬克份額的快
速上升。儘管在 1979~1987 年間，美聯儲和美國財政部利用馬克干預外匯市
場的份額下降，但是其比重仍佔 50% 以上。可見，無論是 EMS 還是美國，干
預外匯市場主要利用馬克。

表 15-18　外匯市場干預的幣種分佈（%）

			EMS 干預		
			1979~1982	1983~1985	1986~1987
美元		買入	17.2	15.1	20.9
		賣出	54.3	38.6	5.4
		合計	71.5	53.7	26.3
EMS 貨幣	邊際內		11.2	10.5	15.2
	邊界	買入	5.8	19.7	22.2
		賣出	10.2	13.3	34.3
		合計	27.2	43.5	71.7
其中：馬克			23.7	39.4	59.0
其他貨幣		買入	0.1	2.2	0.9
		賣出	1.2	0.6	1.1
			1.3	2.8	2.0
			美聯儲和財政部干預		
馬克			89.7	67.9	57.5
日元			10.3	32.1	42.5

資料來源：Mastropasqua, Micossi and Rinaldi（1988）, Tavlas（1991）

七、馬克的價值儲藏功能

國際貨幣的儲藏價值職能主要體現為其作為貨幣當局外匯儲備和私人部門的投資貨幣功能。下面分析馬克在這兩方面的作用。

（一）官方所持外匯儲備的幣種結構

表 15 - 19 給出了 1973～1998 年官方外匯儲備的幣種結構[⑦]。從表中可以看出有以下特點：

（1）美元是第一大外匯儲備貨幣，佔官方外匯儲備 50% - 70%，平均在60% 左右；

（2）馬克是第二大儲備貨幣。1985～1998 年，馬克份額約為美元的 1/4，平均佔全球外匯儲備的 15% 左右。1973 年，即馬克國際化的初期，馬克其佔全球儲備的份額僅為 7.1%，此後上升至 1980 年的 14.9%。上升的部分原因與歐洲貨幣體系設立有關，因為外匯市場干預需要大量的馬克。

（3）日元是第三大儲備貨幣，其份額約為馬克的一半；

（4）馬克、日元作為官方外匯儲備，與 1970 年代相比，其份額增長較快。

（5）1996～1998 年美元份額上升，主要是 ECU 儲備份額的下降。

與其他主要國家的貨幣相比，人民幣則剛剛開始成為世界儲備貨幣的一部分。2011 年，雖然人民幣還是沒有實現可兌換，但通過央行互換協議和允許外國央行在額度範圍內投資於中國境內銀行間市場等安排，人民幣資產已為一些國家納入外匯儲備。 比如 2011 年 9 月，馬來西亞買入人民幣債券；尼日利亞主要利用在香港的離岸市場出售歐元買入人民幣，已經將 5 億美元外匯儲備轉換為人民幣。目前，人民幣資產佔尼日利亞外匯儲備的比重為 1.4%，尼日

---

⑦ 在 1995 年年度報告中，IMF 首次將 ECU 作為一種儲備貨幣單獨列出。在 1995 年以前的年度報告中，國際貨幣基金組織在統計官方所持有的外匯儲備時，將歐洲貨幣局（European Monetary Institute, EMI）（以前是歐洲貨幣合作基金，European Monetary Cooperation Fund, EMCF）所持有的歐洲貨幣單位中的黃金互換部分從 ECU 儲備中扣除的，其他 ECU 假設為美元儲備，因而，ECU 儲備是計入美元儲備中。表 15 - 19 中，1985 年的美元儲備份額與 1984 年是不可比的。

利亞央行將逐步將人民幣資產在外匯儲備中的比重提高到 10% [8]；智利外匯儲備投資組合中人民幣份額為 0.3% [9]，2011 年 11 月，泰國已將人民幣納入外匯儲備；2011 年 12 月日本政府宣佈將通過外匯基金特別賬戶，分批次購買最多7800 億日元（約 640 億人民幣）的人民幣計價債券。還有一些國家（包括韓國、南非、蒙古、委內瑞拉等）也計劃將人民幣納入外匯儲備。

（二）私人部門持有馬克資產

根據 Tavlas（1991），非居民私人部門持有馬克資產包括：(1) 馬克計價的德國對外負債，即非居民對德國貨幣金融機構 MFIs、企業、政府和貨幣當局的索取權（claims）；(2) 離岸馬克存款；(3) 非居民持有的歐洲馬克債券。

表 15 - 20 給出了馬克計價的德國對外金融負債，其中沒有包括 FDI 負債和貿易信貸負債。

1997 年非居民持有的德國對外負債 30371 億馬克，馬克計價對外負債22698 億馬克（表 15 - 6），佔對外負債的 75%。不考慮 FDI 和貿易信貸負債的馬克計價負債 20194 億馬克（表 15 - 20），是 1990 年的 2.77 倍，而 1990 年僅是 1984 年的 0.8 倍，反映了 1990 年代馬克計價對外負債較快速度的增長。

下面從債務人（政府、MFIs、企業、貨幣當局）的角度分析馬克計價對外負債的結構（下面論及的對外負債均指馬克計價的對外負債）：

(1) 政府部門對外負債以債券（主要是聯邦債券、地方政府債券等）為主（佔 93%）。1997 年政府對外負債是 1990 年的 4.5 倍，反映了德國統一需大量資金用於重建，政府利用馬克債券對外融資。聯邦債券、5 年期特別聯邦債券吸引了大量的外國資金，主要原因是德國政府的良好聲譽、債券流動性和收益率較高、馬克幣值穩定（Deutsche Bundesbank, 1997）。政府部門對外負債佔總負債的 35.9%。

---

[8] http://news.xinhuanet.com/2012 - 03/06/c_122793832.htm
[9] Central Bank of Chile, 2011, *Monetary Policy Report*, September 2011, p.42

表 15－19　官方外匯儲備的幣種結構

	1973	1975	1980	1985	1986	1987	1988	1989	1990	1991	1992	1993	1994	1995	1996	1997	1998
所有國家																	
馬克	7.1	6.3	14.9	13.9	13.2	13.3	14.2	17.8	16.8	15.4	13.3	13.7	15.3	15.8	14.7	14.5	13.8
美元	76.1	79.4	68.6	55.3	56.4	55.7	54.6	51.3	50.6	51.3	55.3	56.6	53.1	59.0	62.1	65.2	69.3
日元	0.1	0.5	4.4	7.3	7.1	6.9	6.9	7.2	8.0	8.5	7.6	7.7	7.8	6.8	6.7	5.8	6.2
英鎊	5.6	3.9	2.9	2.7	2.3	2.1	2.3	2.3	3.0	3.3	3.1	3.0	2.8	2.1	2.7	2.6	2.7
法國法郎	1.1	1.2	1.7	0.8	0.7	0.8	1.0	1.4	2.4	3	2.7	2.3	2.5	2.4	1.8	1.4	1.6
瑞士法郎	1.4	1.6	3.2	2.1	1.9	1.8	1.8	1.4	1.2	1.2	1.0	1.1	0.6	0.3	0.3	0.3	0.3
荷蘭盾	0.5	0.6	1.3	0.9	1.0	1.2	1.0	1.1	1.1	1.1	0.7	0.7	0.7	0.3	0.2	0.4	0.3
ECU				11.6	12.5	13.6	11.7	10.8	9.7	10.2	9.7	8.2	7.7	8.5	7.1	6.1	1.3
其他	8.1	6.5	3.0	5.4	4.8	4.6	6.6	6.7	7.1	6.2	6.5	6.8	9.5	4.8	4.3	3.8	4.5
工業化國家																	
馬克	2.9	4.0	14.3	16.7	14.6	14.1	15.2	20.4	19.8	18.3	15.1	16.4	16.3	17.0	15.6	15.3	14.1
美元	86.3	87.3	77.2	50.1	54.2	54.8	53.9	47.9	45.5	43.6	48.8	50.2	50.8	53.9	57.6	61.0	66.9
日元		0.2	3.3	7.6	7.2	6.3	6.2	7.4	8.8	9.7	7.6	7.8	8.2	7.0	7.1	6.3	7.1
英鎊	3.7	1.1	0.8	1.6	1.1	1.0	1.1	1.1	1.7	1.8	2.4	2.2	2.3	2.1	2.8	2.7	2.8
法國法郎		0.1	0.7	0.1		0.3	0.7	1.1	2.5	3.1	2.9	2.6	2.4	2.3	1.6	1.2	1.4
瑞士法郎	0.8	0.9	1.7	1.8	1.5	1.5	1.5	1.1	0.9	0.8	0.4	0.3	0.2	0.2	0.2	0.2	0.2
荷蘭盾	0.3	0.3	0.7	0.9	0.9	1.1	1.0	1.1	1.1	1.1	0.4	0.4	0.3	0.3	0.3	0.4	0.3
ECU				20.1	19.2	19.0	16.3	15.3	14.5	16.6	16.7	15.2	14.6	11.5	9.5	8.4	1.8
其他	6.0	6.2	1.3	1.2	1.2	2.0	4.1	4.5	5.2	4.9	5.7	4.8	5.0	5.8	5.2	4.5	5.4
發展中國家																	
馬克	15.9	8.8	15.4	9.8	10.7	11.2	11.6	11.4	10.7	10.8	10.8	10.5	14.1	12.3	12.0	12.4	13.1
美元	55.0	70.8	59.9	62.5	60.4	58.2	56.5	59.6	61.1	63.3	64.5	64.1	55.6	73.8	75.0	75.7	75.6
日元	0.2	0.9	5.4	6.8	7.0	8.3	8.6	6.6	6.4	6.7	7.7	7.5	7.5	6.0	5.6	4.6	3.9
英鎊	9.5	6.8	5.1	4.3	4.6	5.1	5.2	5.3	5.7	5.5	4.0	4.0	3.5	2.2	2.2	2.3	2.3
法國法郎	3.3	2.4	2.7	1.9	2.0	2.0	2.0	2.1	2.4	2.7	2.3	2.0	2.6	2.6	2.4	2.1	2.2
瑞士法郎	2.6	2.3	4.8	2.6	2.5	2.6	2.3	2.2	1.8	1.8	1.9	2.0	1.2	0.8	0.7	0.6	0.6
荷蘭盾	0.9	0.9	1.9	0.9	1.1	1.2	1.0	0.9	0.9	1.0	1.0	1.0	1.1	0.3	0.1	0.3	0.1
ECU														0.1	0.1	0.1	0.0
其他	12.3	7.1	4.8	11.3	11.6	11.3	12.8	12	11	8.2	7.7	9.1	14.6	1.9	1.7	1.9	2.2

資料來源：1995～1998 年資料來自於 IMF 的 COFER；其他年份的資料來自於 IMF 的 *Annual Report* 各年

表 15－20　馬克計價的德國對外負債（單位：十億馬克）

	1984	1985	1986	1987	1988	1989	1990	1991	1992	1993	1994	1995	1996	1997
總負債	384.2	478.2	548.5	539.1	582.1	701.9	729.3	837.4	998.4	1344.5	1313.2	1485.5	1688.1	2019.4
貨幣金融機構 MFIs	134.4	160.4	172.3	174.0	181.1	209.0	229.7	252.4	335.6	431.7	466.8	533.3	612.0	757.0
證券	26.5	44.8	50.9	43.6	37.0	44.3	40.8	56.4	98.9	158.6	139.3	157.9	182.3	218.9
股權	6.7	17.7	16.5	9.3	13.3	23.4	18.1	21.0	20.7	30.5	24.6	24.6	27.6	55.3
債券	19.7	27.1	34.4	34.4	23.8	20.8	22.6	35.4	78.2	127.6	112.2	129.7	146.8	150.4
貸款、貨幣和存款	107.9	115.6	121.4	130.4	144.1	164.7	188.9	195.9	236.7	272.6	325.1	371.9	421.8	524.9
企業和個人	127.8	172.9	191.9	169.5	195.2	251.9	251.1	290.0	294.6	344.6	345.2	344.9	409.6	520.8
證券	46.5	81.1	105.3	77.3	95.6	135.5	114.9	123.9	115.0	157.1	146.3	148.4	204.5	291.6
股權	37.1	66.9	84.6	53.9	73.1	115.0	94.4	97.2	83.2	118.9	112.3	118.0	176.6	270.0
互助基金	4.8	5.9	6.0	6.0	7.8	8.0	8.0	8.2	8.2	12.2	16.1	13.7	11.0	7.3
債券	4.6	8.3	14.7	17.4	14.7	12.5	12.5	14.0	15.7	17.6	11.9	14.6	14.1	11.6
貸款、貨幣和存款	79.4	89.9	84.8	90.2	97.6	114.6	132.8	162.7	176.5	184.3	194.7	193.2	201.6	226.5
其他負債	1.9	1.9	1.9	1.9	1.9	1.9	3.3	3.3	3.1	3.2	4.2	3.3	3.5	2.8
政府	106.9	126.6	160.8	175.4	178.6	189.3	196.2	252.7	341.8	528.7	477.0	590.8	650.9	724.7
證券	26.9	47.8	87.2	112.9	126.4	141.6	150.2	207.3	298.3	479.9	430.7	531.2	589.2	676.4
貸款、貨幣和存款	79.5	78.2	73.0	62.0	51.7	47.3	45.7	45.0	42.9	48.2	45.8	59.2	61.3	48.0
其他負債	0.6	0.5	0.5	0.5	0.5	0.4	0.4	0.4	0.5	0.6	0.5	0.4	0.3	0.3
貨幣當局	15.2	18.3	23.6	20.2	27.2	51.6	52.3	42.3	26.5	39.5	24.2	16.4	15.6	16.9

註：政府（general government）包括中央政府、州政府、地方政府。資料來自於 Deutsche Bundesbank。

（2）金融機構（MFIs）對外負債以銀行貸款為主，1997 年約佔 MFIs 對外負債的 70%。其中，短期貸款佔 55.4%。

（3）1997 年企業對外負債為對外總負債的 25.7%。對外融資以股權為主，但這裏沒有包括企業的 FDI 和貿易信貸負債。

（4）1984～1987 年間非居民持有馬克計價的債券（包括銀行、企業、政府）增加了 3 倍，這與德國取消息票稅有關，也反映了德國放鬆對金融體系管制的結果。但是，1987 年 4 季度宣佈徵收利息收入預扣稅，減少了非居民對 MFIs、企業馬克計價的債券的需求，結果在 1988、89 年，非居民持有的 MFIs、企業馬克計價的債券逐年下降，而政府債券負債也略有下降。1989 年 4 月取消利息收入預扣稅，非居民持有的馬克計價的政府債券上升。1984～92 年，MFIs、企業發行的馬克計價的對外債券負債增加了 285%，而政府的則上升了 1000%。但是，1993 年又開始徵收利息收入預扣稅，1994 年非居民對 MFIs、企業馬克計價的債券的需求較 1993 年下降。由此，稅收對私人部門的資本流動有較大的影響。

（5）在馬克計價的德國對外負債中，以長期負債為主，1991～1997 年佔 75% - 82%。

除了以證券、貸款形式的對外負債之外，德國對外負債的另一種重要形式為離岸市場上的馬克存款。在離岸市場上存款的幣種結構中，1997 年美元的份額為 48%，而馬克的份額為 17%，名列第二，遠高於日元的 5% 左右（表 15 - 21）。

（三）小結

表 15 - 22 給出了評估馬克國際化的若干指標。可以看出，與美元和日元相比，按大部分指標（比如，計價貨幣、結算貨幣、干預貨幣、儲備貨幣和投資貨幣佔全球比重），馬克曾經是第二大國際貨幣。馬克的這個國際地位受益於其經濟、貿易、金融的實力和開放度。

表 15-21　離岸存款（單位：十億美元）

	1993	1994	1995	1996	1997	1998*
馬克	259.4	289.4	303.0	283.4	246.6	285.0
美元	472.7	520.9	606.5	677.8	694.7	732.4
日元	30.0	42.0	61.7	70.8	86.6	77.9
貨幣份額（%）						
馬克	25.1	24.7	22.7	19.4	17.1	18.1
美元	45.7	44.5	45.5	46.4	48.2	46.4
日元	2.9	3.6	4.6	4.8	6.0	4.9

*1998 指 1998 年 6 月末；資料來自於 BIS。

表 15-22　馬克國際化的指標與其他國際貨幣的比較

	德國	美國	日本
（1）貨幣對內對外價值			
通貨膨脹控制	1	3	2
通貨膨脹波動	1	2	3
名義對外價值波動	1	2	3
實際對外價值波動	1	2	3
（2）經濟地位			
GDP/ 世界 GDP	3	1	2
貿易開放度	1	3	2
金融開放度	1	2	3
（3）對外淨資產或淨負債	2	3	1
（4）金融市場（開放、深度、廣度）	2	1	2
（5）官方外匯儲備	2	1	3
（6）國際資產幣種	2	1	3
（7）離岸市場存款	2	1	3
（8）外匯市場交易	2	1	3
（9）計價貨幣	2	1	3
（10）干預貨幣	2	1	3

註：表僅按三大儲備貨幣排序

八、對人民幣國際化的借鑒意義

分析馬克國際化的經驗，對人民幣未來國際化的進程有幾個方面的啟示。

1. 人民幣成為國際貨幣的瓶頸主要在於對資本項目的管制。中國經濟規模僅次於美國，是世界第二大貿易國，第一大外匯儲備國，股市規模超過日本，債市規模也已經排名全球第三。中國的實體經濟和資本市場的規模已經超過當時支持第二大國際貨幣的德國經濟和資本市場的規模。這表明，人民幣成為國際貨幣的經濟基本面已經形成。但是中國資本項目還沒有開放、資本市場也基本上沒有對外開放、部分利率還沒有市場化、匯率還缺乏彈性。這些是人民幣的國際化的主要瓶頸。

2. 與其他主要貨幣相比，人民幣實際有效匯率波動過大（見表 15－3），表明對人民幣對美元的名義匯率缺乏彈性。因此，在資本賬戶逐步開放的過程中，如果名義匯率的彈性不增加，貨幣政策的獨立性將進一步下降。而作為大國，必須以保持國內價格穩定為貨幣政策的主要目標，因此貨幣政策的獨立性必須加強。只有這樣，才能保證宏觀經濟（尤其是對內幣值）的基本穩定，而幣值的對內穩定是人民幣的國際化的一個重要條件。

3. 人民幣貿易計價和結算還很較大的成長空間。馬克對外出口大約 75% 是馬克計價，進口也有 55% 是馬克計價。目前，人民幣用於中國對外貿易結算的份額為 10%。如果成長到馬克的 50%~70%，還有 5 － 7 倍的空間。

4. 資本項目和金融市場開放過晚會使金融業務流失海外。由於德國對金融市場的限制放鬆較晚，金融市場在廣度和深度上都落後於倫敦和紐約的金融中心。1980 年代中期之前，德意志聯邦銀行限制發行債券的種類，只允許發行標準的固定利率債券，禁止發行包括浮動利率債券、零息債券、與貨幣和利率掉期有關的債券等具有創新性質的金融工具。而且，1970 年代還限制外國官方持有德國證券（Tavlas, 1990），從而限制了馬克的國際使用。1980~1990 年代的部分階段，利息收入預扣稅的徵收抑制了非居民對馬克債券的需求，甚至使大量資本流出德國，同時還削弱了德國的銀行在國際上的競爭力。1980 年代，德國徵收證券交易稅妨礙了短期商業票據市場的建立，導致許多馬克計價的金融工具的發行和交易轉移到倫敦為主的離岸中心。

5. 德國以馬克計價的對外淨負債在 1997 年約達為一萬億馬克，大量以馬克計價的資產為非居民持有。這是讓馬克成為國際投資工具的重要條件。而目前，中國通過 QFII 和三類境外機構投資中國境內證券市場的累積總規模只有三千億人民幣左右（400 億美元）左右，與成為國際貨幣所需要的開放程度還有天壤之別。按德國的經驗，人民幣國際化要求中國大力發展品種齊全的債券市場，加大證券市場（尤其是債券市場）對外開放的力度，讓非居民持有更多的人民幣債券。

6. 在必要情況下，央行可通過調整法定準備金率來影響資金在境內和離岸市場之間的流動。1993、1995 年德意志聯邦銀行降低法定準備金，吸引海外馬克回流，結果在 1995～1997 年間離岸馬克存款規模逐年下降。美國聯邦儲備銀行在 60 和 70 年代曾經採取過存款徵收存款準備金的辦法來抑制離岸市場美元過度流入境內。德國和美國的經驗表明，如果央行確實擔心資金過度流向離岸市場或從離岸市場回流境內，調整準備金率曾經是有效的方法。

第十六章

日本離岸市場的經驗教訓

本章主要介紹日本在本國境內設立離岸金融市場（JOM）的宏觀背景、對其運行的相關規定、發展狀況以及日本離岸市場在運行過程出現的問題。報告還回顧了歐洲日元（境外日元離岸市場）的發展經歷。

一、日本離岸市場設立的宏觀背景

20 世紀 80 年代初，日本的 GDP 佔世界 GDP 的比重為 10% 左右，為世界第二大經濟體，出口大量增加，東京金融市場有了長足的發展。為了將東京建成真正的國際金融中心，加速日元的國際化進程，降低商業銀行的經營成本，擺脫日元對美元的依附，日本政府意識到設立（包括日元和外幣在內的）東京離岸市場的必要性。此時，美國已於 1981 年 12 月 3 日創立了 IBF（International Banking Facility），而 IBF 的建立對日本產生了很大的影響。1982 年春，大藏省、日本銀行、民間金融機構等部門的專家組成了東京離岸市場調查團，到世界各地的主要金融中心進行考察，隨後發表研究報告，建議在東京設立日本的 IBF。

當時關於是否應該設立離岸市場是有爭論的。以大藏省和海外缺少分支機構但想拓展國際業務的銀行為代表的贊成派認為，日本是世界第二大經濟體，有穩定的政治環境，而且金融機構具有相當的競爭力，東京已經具備了建立離岸金融市場的條件；同時，在國內設立離岸市場，可以把部分歐洲日元市場和其他國際金融業務吸引到國內離岸市場中來，這樣可以加強日本商業銀行在國際金融領域中的地位。反對意見則以日本銀行、部分長期信用銀行和信託銀行為主，他們認為：離岸金融市場不受國內法律約束，容易助長投機活動，從而導致匯率和證券價格的劇烈波動，將影響國內金融市場的穩定；同時，離岸金融市場的運作也使金融當局控制國內貨幣供應量變得十分困難，傳統貨幣政策工具的作用將在一定程度上受到限制。由於贊成派和反對派的意見難以統一，日本政府原定在 1983 年設立離岸金融市場的計劃被暫時擱淺。

1984 年 5 月日美間成立的日元 & 美元委員會成為建立離岸市場的重要轉折事件。美國要求日本加速金融自由化和日元國際化。作為具體措施之一，離岸金融市場又重新被提上議事日程。[①]

二、日本離岸金融市場的規定

(一) 醞釀期的規定

日本政府於 1985 年開始着手研究未來東京離岸市場的規劃，當時研究的重點主要集中在建立離岸金融市場的目的、結構、金融稅制和法律修改以及注意事項等方面。日本政府的初衷是建立內外完全分離型的離岸市場，將離岸市場的風險與國內市場完全隔離開來。

表 16 - 1 為當時討論的日本離岸市場的一些規定。從中可以看出，日本的離岸市場定義為批發市場，不允許個人交易。這主要參照美國 IBF 的相關運行規定（美國的 IBF 定義為批發市場）。當局認為個人交易很難判斷其非居民性質，所以當局設定的存款下限為一億日元，這個限制性門檻將非居民個人擋在了門外。同時，離岸賬戶不允許銀行自行保留頭寸，不具有獨立的對外清算職能，交易清算必須通過母銀行的國內普通賬戶進行。這樣設計是為了防止離岸資金對在岸賬戶的滲透，也希望不要引起銀行離岸資產負債不匹配的問題。

---

① 左連村，王洪良，《國際離岸金融市場理論與實踐》，中山大學出版社，2002：189-191

表 16−1　日本離岸金融市場醞釀期的規定

醞釀期規定	不允許個人交易，JOM 為批發市場。
	禁止資金淨流入。經營離岸賬戶的銀行吸收的存款只能貸給非居民，剩餘的資金必須貸放給其他金融機構的離岸賬戶，不允許銀行自行保留頭寸。（這樣既可以防止離岸資金對在岸賬戶的滲透，又可以解決銀行離岸資產負債不匹配的問題。）
	存款下限設定為一億日元，取息不受限制。
	離岸賬戶不能保持結算性存款，不具有獨立的對外清算職能，交易清算必須通過母銀行的國內普通賬戶進行。
	離岸賬戶吸收的存款和發放的日元貸款，要不要受中央銀行的窗口指導存在爭議。

來源：左連村，王洪良：《國際離岸金融市場理論與實踐》

（二）日本離岸金融市場的具體規定

1986 年 12 月，日本離岸金融市場（JOM）正式成立。在 JOM 中開展業務可以享受一系列的優惠措施，比如離岸賬戶免徵 20% 的利息預扣稅，利率不受限制，無法定準備金的要求等等。離岸市場交易的產品不限於日元，也可以是其他貨幣。該市場剛建立時有 181 家銀行獲准從事離岸金融業務，到 1988年 12 月，參與者已增加到 187 家，多數為大藏省批准授權的日本外匯銀行的海外分行，但也有 73 家外國銀行。

這一系列的優惠措施使得離岸市場相比於國內市場對市場參與者更具有吸引力。但是，基於謹慎的原則，當局在 JOM 開展業務的具體操作過程、資金籌措與運用等諸多方面都做了詳細的限制性規定來控制風險。表 16−2 給出了具體的規定。

表 16−2　JOM 發展過程中的具體規定

限制項目	具體限制內容
具體操作過程限制	1、交易對象中的非居民只限於在境外的法人以及外匯銀行的海外分行，同時交易業務也只限於一定條件下的（日元和外幣）存款與貸款。 2、為了確保資金的外部性，對於離岸賬戶與日本國內普通賬戶之間的資金流入、流出和每天從離岸賬戶的淨流入要控制在上個月非居民資產平均餘額的 10% 以內，同時每月總流入額不能超過每月總流出額。 3、從事離岸業務的銀行和機構必須保證 "交易對方在境外使用這些資金"。

（續表）

交易對象的限制		JOM 的交易對象只限於外國法人、外國政府、國際機構、外匯銀行（經政府批准經營離岸賬戶的銀行）的海外分行。日本企業的海外分社及個人，即使是非居民也不能做交易對象。外匯銀行有義務確認交易對象是否是非居民的離岸賬戶或其他離岸賬戶。
資金方面的限制	資金籌措	離岸賬戶只限於從非居民、其他離岸賬戶、母銀行吸收非結算性存款及借款。從非居民和其他離岸賬戶吸收存款，要滿足以下三個條件：一是對約定期限的存款，對非金融機構的外國法人的期限要求是至少兩天，對外國政府及國際機構，至少是隔夜；二是對沒有約定期限的存款，只限於從金融機構、外國政府及國際機構吸收存款，在解約通知的第二天后支付；三是從非金融機構的外國法人借款，不得低於 1 億日元或等值的外匯。
	資金運用	離岸賬戶內的資金不可以進行外匯買賣、票據交易、證券買賣和掉期交易，即經營離岸業務的銀行與國外居民的資金往來限定為一般的存款和借貸業務，其他交易只能在銀行的普通賬戶中進行。

來源：左連村，王洪良：《國際離岸金融市場理論與實踐》

日本的離岸業務通過大藏省批准設立的＂特別國際金融賬戶＂進行。離岸賬戶的資金若想進入國內市場，必須經過日本央行設立的＂資金劃撥相關賬戶＂。＂資金劃撥相關賬戶＂是連接日本離岸市場與在岸市場的紐帶。一方面，這個賬戶使得當局可以監控離岸市場資金向在岸市場的轉移規模；另一方面，日本央行可以對＂資金劃撥相關賬戶＂徵收準備金。這就給了日本央行一個政策調節工具，使其可以相機抉擇，根據離岸市場的交易情況和國內宏觀經濟基本面在不同時期徵收不同的準備金率。舉個例子，如果日本國內流動性泛濫，政府當局不希望離岸資金滲透到在岸市場，那麼就可以對＂資金劃撥相關賬戶＂徵收 100% 的準備金率。

表 16－3　外匯銀行的準備金率

公認外匯銀行的準備金率		1986.12.1	1991.10.16
非居民外匯債務餘額的準備金率（除去特別國際金融賬戶）		25%	15%
非居民日元計價債務餘額的準備金率（除去特別國際金融賬戶）		25%	15%
特別國際金融賬戶向其他核算的資金轉移的金額餘額		25%	15%
居民外匯存款餘額的準備金率（除去特別國際金融賬戶）	定期存款	37.5%	20%
	其他存款	50%	25%

來源：日本央行

（三）JOM 的發展狀況

如果將離岸市場的規模用海外資產（external position，即 Claims on non-residents）的規模來看，JOM 曾一度超過香港、新加坡、紐約，成為僅次於倫敦的世界第二大離岸市場。

表 16-4　各主要離岸金融市場的海外資產（單位：億美元）

年份	JOM	香港	IBF	新加坡
1986	887	1559.86	2414.86	1650.72
1987	1919	2662.30	2808.92	2137.34
1988	3310	3098.48	3198.56	2494.22
1989	4290	3558.61	3430.43	3016.86
1990	4950	4670.72	3029.01	3472.11
1991	4930	5024.10	2905.74	3228.77
1992	4820	5074.11	2765.81	3189.12
1993	5074	5186.52	2375.30	3416.73
1994	5737	6147.69	2463.34	3628.82

來源：BIS 網站 *locational and consolidated international banking statistics*

不可否認的是，JOM 在一定程度上推動了日元的國際化。JOM 成為了一個繼倫敦、IBF 之後全球第三大提供全能服務的離岸金融中心。

但是在日本 "失落的二十年"（1987 年之後）的宏觀背景和英國等其他國家和地區離岸金融中心快速發展的背景下，JOM 雖然交易總量在上升，但其重要性卻在下降。還有一個重要原因是，隨着日本和美國國內金融市場的不斷開放，國內金融市場產品變得更加豐富，流動性和競爭力增加，使得離岸金融中心的功能相對弱化。

圖 16-5 顯示，在貸款方面，JOM 市場上外幣貸款的比重總體呈上升趨勢，從 1996 年的 30% 增長到 2010 年的 62%，而日元貸款的比重在不斷下降。從存款情況來看，外幣存款一直佔據着主導地位，雖然近年來比重有所下降，但 2010 年外幣存款佔離岸存款總量的 70%。這就説明 JOM 交易的幣種絕大多數是外幣而非日元。在離岸金融市場交易幣種的選擇方面，交易者更多的考慮

貨幣發行方的經濟實力和國際地位，所以從 JOM 交易幣種方面可以看出 JOM
在日元國際化中發揮的作用並沒有政府當初預想的那麼大。

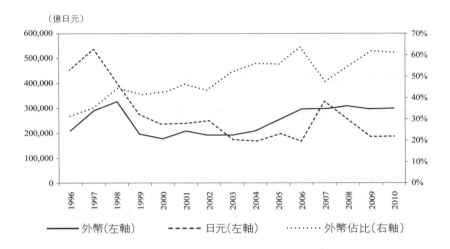

（億日元）

外幣（左軸）　　日元（左軸）　　外幣佔比（右軸）

圖 16 - 5　JOM 貸款幣種結構

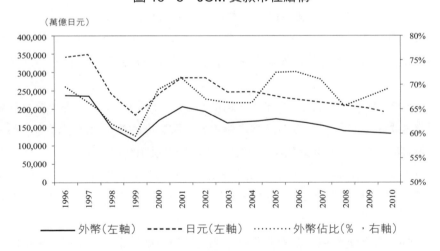

（萬億日元）

外幣（左軸）　　日元（左軸）　　外幣佔比（%，右軸）

圖 16 - 6　JOM 存款幣種結構

資料來源：日本中央銀行網站 JOM 資產負債表

另外，80 年代末期以來，日本持續採取低利率的政策，使得日元在離岸市場上主要成為了一種融資貨幣而不是投資貨幣。這種離岸的淨短頭寸在一定程度上舒緩了日元升值的壓力。但是，JOM 在發展過程中存在的問題不容忽視。

三、JOM 發展過程中的問題及教訓

（一）JOM 資金通過海外分行繞道流入在岸市場

日本 1984 年 6 月廢除了外匯兌換限制：原則上外匯資金可以自由地兌換為日元，且可作為國內資金使用。由於這項限制的廢除，銀行可以不受數量的限制，將外匯兌換成日元，或吸收歐洲日元，將其運用於國內市場。

由於經過"特別國際金融賬戶"向國內賬戶轉賬需要繳納準備金，日本外匯銀行在逐利動機下，將離岸籌集的資金（主要是外匯）貸給日本外匯銀行在香港和新加坡的境外分行，境外分行再將這些資金貸給國內金融機構和企業（見圖 16-7），這些離岸資金以對外負債的形式被自由兌換為日元進入國內市場。日本外匯銀行的上述做法在外匯管理法的框架下，規避了離岸與在岸隔離的限制，大量外匯流入境內套利，另外也有一些離岸日元以較低的融資成本流入境內。

離岸市場的外幣流入在岸市場，是日本 80 年代末 90 年代初外幣貸款餘額顯著增長中的一部分，但目前沒有足夠的資料做更細的量化分析（圖 16-8）。在 1990 年，日本的外幣貸款與國內本貨幣貸款規模相比達到了 14%。

這些外幣貸款增長的背後，主要的宏觀原因是日本長期寬鬆的貨幣政策通過資產價格上漲而提高了企業的擔保價值，從而提高了企業從銀行的借款能力。

JOM 在運行過程中，沒有真正做到內外分離，離岸市場和在岸市場之間，上演了一場被日本學者稱作"再貸款的遊戲"。在這場遊戲中，主角是日本的銀行業。

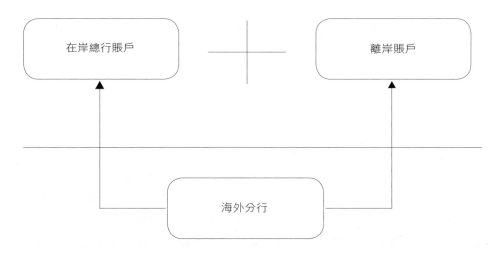

圖 16 - 7　離岸賬戶中資金從海外分行繞道流回境內的示意圖

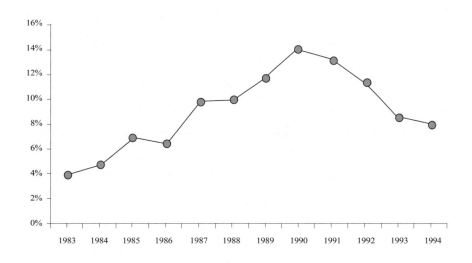

來源：Bloomberg 以及 Tomoyuki Fukumoto, Masato Higashi et al, "Effectiveness of Window Guidance and Financial Environment", *Bank of Japan Review*, 2010. 8:1-21

圖 16 - 8　日本外幣貸款相當於國內本幣貸款的比例

（二）JOM 市場在日本資產泡沫的形成中起了多大作用？

日本在 80 年代末形成巨大的資產泡沫（地產和股票市場泡沫），這與當時資本賬戶開放和離岸市場的發展到底有多大的關係？我們的看法是，日本的泡沫主要是宏觀政策和金融改革不協調所造成的，離岸市場的不是主導因素，但起了推波助瀾的作用。

簡單地說，日本地產泡沫最主要是國內資金在過於寬鬆的貨幣政策下過度投資地產所導致的；其次是在日元大幅升值的背景下過早開放外匯管制，導致了大量外幣資金進入日本套利，從而加劇了泡沫。外匯管制的開放，類似給國際投機者開了一條通向國內資本市場投機的大路，而 JOM 資金通過海外分行繞道回國則是在此外同時開了一條的進入國內市場的小路。即使沒有 JOM，日本的泡沫此宏觀背景下也會發生。具體討論如下。

第一，形成日本 1980 年代中期資產泡沫的主要宏觀原因是貨幣政策過於寬鬆。當時，由於日元受美國壓力大幅升值，當局以為升值將導致出口和經濟萎縮，通脹又比較低，便採取低利率政策試圖避免增加外匯投機。但是過低的利率（尤其是與地產投資收益相比的巨大的負利率）導致了大規模的地產泡沫。

第二，境內金融改革的協調問題。當時，由於金融自由化（商業票據、債券市場的發展）導致商業銀行的貸款客戶大量流失，銀行盈利下降，迫使銀行追逐高利潤的地產貸款。因此，當時推動國內泡沫主要是境內資金。外幣貸款在 1987~1990 間年佔全部貸款的 10% 左右，但增長高於本幣貸款。

第三，在匯率大幅升值條件下取消外匯管制是另一重要失誤，導致一些以套利為目的的境外資金流入。1984 年外匯管制取消。強烈的升值預期導致日本銀行和企業通過各種渠道（包括歐洲美元市場和 JOM 資金繞道回國等途徑）對外借款，兌換成日元以享受升值的好處。

第四，推動國內泡沫的外部資金主要來源是外幣，而不是 JOM 和歐洲日元市場的日元流入。這是因為，境外日元回流並不享受日元升值這個主要的好處。

第五，美國也在 1981 年發展了 IBF 市場，但沒有導致國內的泡沫。而日本在 JOM 發展的過程中的同時卻出現巨大泡沫。從這個比較中可以看出，離岸市場本身並非泡沫的主要成因。美日宏觀條件的區別才是日本泡沫的主要原因。這些區別包括：日元大幅升值（而美元對一籃子貨幣基本穩定），日本利率過低（美國利率則保持穩健），日本在地產泡沫形成的過程中沒有對銀行採取審慎管理措施來抑制對地產的貸款等。

四、歐洲日元市場

（一）歐洲日元的基本情況

歐洲日元（Euroyen）是日本離岸市場的重要組成部分，這裏另闢一節單獨對其進行討論與分析。 歐洲日元市場是指在日本境外交易的以日元計價的金融資產（包括境外的日元存款、貸款、各種日元固定收益產品、衍生產品等）的市場。在倫敦、新加坡、香港、紐約等地都有歐洲日元市場，其中倫敦市場是核心市場。

歐洲日元市場起始於 70 年代上半期由市場力量推動自發形成。自形成以來規模不斷擴大，原因主要有以下幾點：（1）歐洲日元沒有國內交易的各種管制，不受交易慣例的束縛，交易雙方可以自由設定交易期限，沒有存款準備金的限制和利息預扣稅等，在成本方面較國內市場有優勢。（2）歐洲日元市場彙集了國際金融交易的大量信息和人才，較國內市場效率高。（3）日本當局放鬆對居民進行歐洲日元交易的管制。

相關資料顯示，1989 年歐洲日元貸款達到（折合）388 億美元，佔日本全年境外貨幣貸款總額的 13.3%，歐洲日元存款為（折合）292 億美元，佔日本全年境外存款總額的 9.3%。同年歐洲日元債券新發行額達（折合）223 億美元，佔當年國際債券新發行額的 15%，累計餘額達 1250 億美元，佔國際債券總餘額的 14.5%。從實際交易情況來看，歐洲日元市場上的交易多為短期交易，1個月以內的交易佔整個交易量的 60% 左右，其餘的也多為 1 至 3 個月的交易。日本的外匯銀行是歐洲日元市場最主要的參與者，其在歐洲日元市場上的交易佔到整個市場交易的 70% 左右。

（二）歐洲日元市場的發展

歐洲日元存款規模在不斷擴大，2007 年達到最高值 10075 億美元，隨後下降，2010 年為 7299 億美元。歐洲日元存款佔日元 M2 的比重總體呈上升趨勢。1977 年佔比不到 1%，近年來佔比在 10% 以上，2007 年佔比 11.73%，從中可以看出歐洲日元的重要程度。

表 16-9 "日本外匯法" 對歐洲日元交易的有關規定，1986 年 3 月

交易種類		交易對象	經辦規定
外匯銀行業務關係	歐洲日元存款	非居民	自由
		居民	銀行間交易原則上自由（向本國銀行存入中長期歐洲日元存款不受行政干預）。非銀行間的居民交易原則上禁止在海外存款。
	歐洲日元 CD	Na	期限在 6 個月以內自由發行（限以指定對象方式申報），但禁止賣給居民。
	歐洲日元貸款（外—外）	非居民	自由，但向本國企業海外分支機構的中長期貸款要審查管理。
	歐洲日元貸款（外—內）	居民	短期貸款自由 中長期貸款要審查管理
	總分行日元	國內行—海外行	自由
		海外行—國內行	短期自由 中長期要審查管理
歐洲日元債券	居民	Na	國內的無擔保和一般擔保的債券發行合格企業均可發行（須事先申報，發行後 180 日內不允許流回國內）
	非居民	Na	適合發行債券標準條件的，允許發行

來源：陳作章，《日元升值的命運 —— 一個經濟學家 21 世紀的再解析》，復旦大學出版社，2011:271-290.

在國際離岸市場上，歐洲日元存款佔全球離岸市場各幣種存款總額在 1%-3% 之間。離岸美元是離岸市場的主角，離岸美元存款雖然近年來比重略微下降，但仍佔到整個離岸市場各幣種存款總額的 50% 以上，第二大離岸幣種為歐元，佔比在 20% 左右。（見圖 16-11）

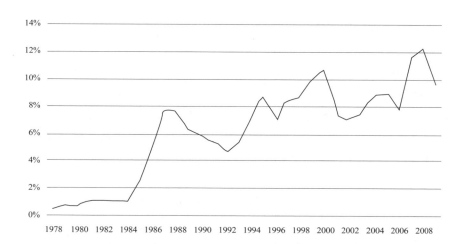

來源：根據 BIS 季度報告 5A，5B，5D 計算得到

圖 16-10　歐洲日元存款 / M2

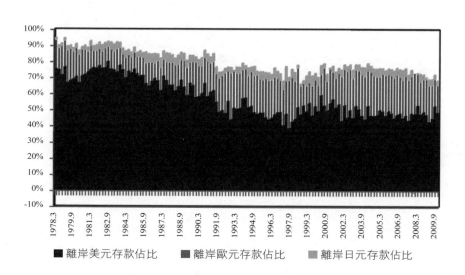

■ 離岸美元存款佔比　　■ 離岸歐元存款佔比　　■ 離岸日元存款佔比

註：由於還有其他離岸幣種，所以上述三種貨幣總和不等於 100%。

來源：根據BIS季度報告5A，5B，5D計算得到

圖 16-11　主要幣種離岸存款比例

　　歐洲日元存款的規模總體呈增長趨勢。尤其值得注意的是，1986 年 JOM 市場的成立使得歐洲日元存款有了數量級上的突破，從 1985 年的 782.35 億美元增加到 1986 年的 1281.56 億美元，1987 年在 1986 年的基礎上再翻一番，達到 2175.8 億美元。歐洲日元存款總額與國內銀行存款總額的比率由 1985 年的 6.65% 增加到 1986 年的 10.52%。由此可見，歐洲日元市場的建立非但沒有降低歐洲日元市場的規模，反而增加了國際市場上日元的流動性。同時，歐洲日元存款以銀行間交易為主，平均佔比約 90%。

表 16-12　　歐洲日元存款（單位：十億美元）

年份	包括銀行間	不包括銀行間	銀行間交易佔比	離岸日元存款總額 / 國內銀行存款總額	離岸日元存款總額 /M2
1978	8.082	0.572	88.87%	0.76%	0.54%
1979	14.268	0.955	92.92%	1.06%	0.74%
1980	17.702	0.963	93.31%	1.11%	0.76%
1981	27.031	1.747	94.56%	1.63%	1.14%
1982	31.834	1.729	93.54%	1.60%	1.09%
1983	34.1	2.938	94.57%	1.72%	1.16%
1984	34.388	2.227	91.38%	1.65%	1.13%
1985	78.235	4.767	93.52%	3.51%	2.41%
1986	128.156	6.106	93.91%	6.65%	4.62%
1987	217.58	11.954	95.24%	10.52%	7.58%
1988	233.473	12.564	94.51%	10.59%	7.67%
1989	234.952	22.139	94.62%	7.59%	6.41%
1990	264.542	24.453	90.58%	6.75%	5.84%
1991	253.3	23.652	90.76%	6.77%	5.42%
1992	216.509	20.585	90.66%	6.07%	4.67%
1993	221.825	19.747	90.49%	5.97%	5.66%
1994	268.754	29.311	91.10%	7.43%	7.05%
1995	337.032	48.038	89.09%	9.18%	8.69%
1996	345.248	53.883	85.75%	7.77%	7.24%

（續表）

1997	440.278	57.529	84.39%	9.28%	8.42%
1998	467.413	66.122	86.93%	5.16%	8.63%
1999	505.88	87.553	85.85%	6.02%	10.03%
2000	521.469	76.768	82.69%	6.47%	10.59%
2001	409.975	77.751	85.28%	4.54%	7.27%
2002	438.189	81.361	81.04%	4.36%	7.05%
2003	483.212	78.765	81.43%	4.76%	7.59%
2004	568.098	111.64	83.70%	9.67%	8.90%
2005	619.682	110.561	80.35%	9.76%	8.94%
2006	608.891	147.52	82.16%	8.57%	7.79%
2007	1007.499	178.479	75.77%	12.79%	11.73%
2008	995.569	130.952	82.28%	13.40%	12.24%
2009	713.663	113.168	86.85%	10.60%	9.69%
2010	729.873	103.173	84.14%	10.73%	9.68%

來源：根據 BIS 季度報告 5A，5B，5D 計算得到

　　關於日元利率的定價權問題，Wai－chung Lo，Hung－Gay Fung et[2] 認為歐洲日元市場的利率和日本國內市場的利率關係隨時間而變化：在歐洲日元交易之初，由於當時日本國內金融體系尚未開放，歐洲日元市場的利率變化在一定程度上會導致日本國內市場利率的變化，隨着日本國內金融自由化的不斷深入，日本國內市場利率與歐洲日元市場利率有明顯的趨同傾向。但這並不意味着日本政府不能影響日元利率，Kenzie and S.Takaoka 認為當局可以通過放鬆管制來對離岸日元利率和國內利率之間的利差施加影響，計量檢驗顯示，日本國內金融管制越少，離岸與在岸的利差越小。

[2] Wai-Chung Lo, Hung-Gay Fung et al, "A note on Euroyen and domestic yen interest rates", *Journal of Banking & Finance*, 1995（19）:1309-1321.

第十七章

泰國離岸市場的經驗

本章介紹泰國設立曼谷離岸金融市場（BIBF）的宏觀背景、其運行的相關規定、發展狀況以及 BIBF 在泰國金融危機中所起的作用。相對與其他國家的案例，泰國的 BIBF 提供了更多的失敗的教訓。

一、BIBF 設立的宏觀背景

在 20 世紀 80 年代後期，泰國經濟一直保持兩位數的高速增長，1988 年泰國 GDP 增長率為 13.29%，1989 年為 11.17%；外匯儲備充裕，從 1985 年的 21.9 億泰銖增長到 1990 年的 133.05 億泰銖（表 17－1）。泰國政府認為這是推行國內金融自由化改革的好時機。90 年代初，泰國政府推行了一系列的改革措施：1990 年 5 月，泰國接受了 IMF 條款協議第 8 款，放開經常項目，商業銀行獲准為客戶從事一定數量的外匯買賣而無須事先經中央銀行批准。1991 年 4 月，居民和法人獲准在泰國開立外幣賬戶，商業銀行在外匯買賣方面獲得更大的自由，政府僅保留了監督的職能。1992 年 5 月，泰國政府對資本項目進一步實現了自由化，設立曼谷離岸金融市場（Bangkok International Banking Facilities, BIBF）便是資本項目自由化中的關鍵一步。

二、BIBF 的具體規定

政府當局設立 BIBF 的初衷是開發泰國的國際貸款業務，降低籌措國際貸款的資金成本。BIBF 的交易主體為非居民。其中"非居民"包括在泰國境外的公司、機構和其他法人實體；外國政府（不包括在泰國境內的外國政府機構

表 17－1　泰國宏觀情況一覽表

年份	GDP 增長率	真實利率（%）	通貨膨脹 %	官方匯率（/ US$）	存款利率（%）	貸款利率（%）	經常項目餘額 / GDP	外債餘額 /GNI	總儲備（不包括黃金）億泰銖
1985	4.65	13.61	2.43	27.16	13.00	16.08	-3.95	45.77	21.90
1986	5.53	11.53	1.84	26.30	9.75	13.38	0.57	43.78	28.04
1987	9.52	6.51	2.50	25.72	9.50	11.54	-0.73	40.93	40.07
1988	13.29	5.35	3.80	25.29	9.50	11.58	-2.68	35.77	60.97
1989	12.19	5.78	5.36	25.70	9.50	12.25	-3.46	32.93	95.15
1990	11.17	8.17	5.86	25.59	12.25	14.42	-8.53	33.34	133.05
1991	8.56	9.12	5.71	25.52	13.67	15.40	-7.71	38.95	175.17
1992	8.08	7.35	4.14	25.40	8.88	12.17	-5.66	38.34	203.59
1993	8.25	7.63	3.31	25.32	8.63	11.17	-5.08	42.73	244.73
1994	8.99	5.41	5.05	25.15	8.46	10.90	-5.58	46.12	293.32
1995	9.24	7.25	5.82	24.92	11.58	13.25	-8.08	60.53	359.82
1996	5.90	9.02	5.81	25.34	10.33	13.40	-8.07	63.42	377.31
1997	-1.37	9.21	5.63	31.36	10.52	13.65	-2.00	74.65	261.79
1998	-10.51	4.74	7.99	41.36	10.65	14.42	12.73	97.15	288.25
1999	4.45	13.57	0.28	37.81	4.77	8.98	10.13	81.12	340.63
2000	4.75	6.40	1.59	40.11	3.29	7.83	7.59	65.99	320.16
2001	2.17	5.08	1.63	44.43	2.54	7.25	4.41	59.71	323.55
2002	5.32	6.01	0.70	42.96	1.98	6.88	3.67	48.48	380.46
2003	7.14	4.55	1.80	41.48	1.33	5.94	3.35	37.29	410.77
2004	6.34	2.30	2.76	40.22	1.00	5.50	1.71	32.08	486.64
2005	4.60	1.25	4.54	40.22	1.88	5.79	-4.34	27.62	506.91
2006	5.09	2.01	4.64	37.88	4.44	7.35	1.12	23.08	652.91
2007	5.04	3.48	2.28	34.52	2.88	7.05	6.35	20.43	852.21
2008	2.48	2.99	5.40	33.31	2.48	7.04	0.81	20.96	1086.61
2009	-2.33	3.94	-0.85	34.29	1.04	5.96	8.29	23.31	1354.83
2010	7.80	2.20	3.31	31.69		5.94	4.63		1675.30

來源：世界銀行網站資料庫 http://data.worldbank.org/country

及辦事處），外國居民和國內機構在海外的分支機構及辦事處。這與日本非居民的範圍有所區別。日本政府定義的“非居民”不包括日本國內企業或機構在海外的分支機構及辦事處。泰國中央銀行規定非居民可以在離岸市場開設兩類賬戶：一類是非居民外匯賬戶。該賬戶接收來自國外的外匯存款，但要用此賬戶向居民放款或者在指定銀行借入外匯存入該賬戶，則需要向銀行提交支持性證據。另一類是非居民泰銖賬戶。非居民泰銖賬戶又進一步分為非居民證券賬戶和一般賬戶。證券賬戶是非居民用來進行股票投資、債券投資、單位信託和購買衍生證券等，一般賬戶則專門服務於貿易、服務、直接投資、固定資產投資和貸款。 BIBF 的業務主要為：（1）以第三國為對象吸收泰銖或外幣存款、發放泰銖或外幣貸款（Out – Out 業務）；（2）吸收外幣存款並以此為來源在泰國發放貸款（Out – In 業務）；（3）其他業務如多邊外匯兑換、銀團貸款等。

　　從 BIBF 的業務可以看出，開展離岸業務的銀行既可以經營“外對外”的業務，又可以經營“外對內”業務，BIBF 屬於滲透型離岸市場。泰國政府希望通過推動 BIBF 使曼谷成為亞太區的金融中心。

三、BIBF 業務的發展

　　BIBF 自設立以來迅速發展，交易額從 1993 年的 1995.62 億泰銖到 1997 年的 18818.63 億泰銖，規模增長了近 10 倍。但是，1997 年泰國金融危機之後，其業務量開始急劇萎縮，2005 年僅有 767.89 億泰銖。在 BIBF 的交易中 Out – In 業務佔到絕大多數，1993 年幾乎全部業務都為 Out – In 業務，金融危機後比重約為 90% 左右（表 17 – 2）。

表 17 – 2　BIBF 貸款業務概覽（單位：百萬泰銖）

年份	Out-In	Out-Out	Total	Out-In 佔比
1993	195,746	3,816	199,562	98.09%
1994	456,643	101,331	557,974	81.84%
1995	680,778	518,687	1,199,465	56.76%
1996	807,452	482,282	1,289,733	62.61%
1997	1,411,029	470,834	1,881,863	74.98%

（續表）

1998	765,589	146,709	912,298	83.92%
1999	487,124	63,683	550,807	88.44%
2000	386,980	44,132	431,112	89.76%
2001	276,945	32,476	309,421	89.50%
2002	208,772	34,236	243,009	85.91%
2003	170,977	27,663	198,640	86.07%
2004	153,180	29,228	182,407	83.98%
2005	60,290	16,499	76,789	78.51%

來源：泰國中央銀行網站 http://www.bot.or.th/English/Statistics/

　　BIBF 建立後泰國的銀行借貸和國際資本流動迅速增加。根據表 17－3 的資料：1993 年 BIBF 的信貸餘額僅為 1970 億泰銖，1996 年已經達到 8076 億泰銖，絕對量上翻了四倍；從相對量來看，1993 年 BIBF 信貸餘額為泰國國內信貸餘額的 8%，到 1996 年已經達到了國內信貸餘額的五分之一。

表 17－3　泰國商業銀行的對外貸款（包括 BIBFs）
（單位：十億泰銖）

	1993	1994	1995	1996	1997	1998
國內貸款	2465.9	3006.7	3620.4	4103.8	4649.3	4705.7
BIBFS 貸款	197.0	456.6	680.5	807.6	769.7	538.8
泰國商業銀行	126.7	189.8	254.6	330.0	280.3	149.9
外國銀行分支機構	50.8	102.2	152.4	222.8	376.4	303.4
新設立的外國銀行	19.5	164.8	273.5	254.8	113.0	85.5
BIBFS 貸款／國內貸款	8.0%	15.2%	18.8%	19.7%	16.6%	11.4%

來源：泰國中央銀行年度報告

　　非居民在泰國銀行開立的泰銖賬戶對泰國的外資結構也產生了很大的影響。非居民從境外帶入外幣，可以將其兌換為泰銖之後存入泰國商業銀行。由於泰國的利息率較高，且泰銖匯率穩定，大批短期資金被吸引到泰國轉換為泰銖存款以獲得泰國較高的利息率。1994～1995 年通過非居民泰銖賬戶流入和流出的國際資本佔該時期個人國際資本流入和流出總額的 85%。1996 年通過非居民泰銖賬戶

的資金高達 10 萬億泰銖，是泰國個人國際資本流動中交易量最大的一項。由於
泰國一系列放鬆金融管制的措施，泰國資本流入結構出現了類似墨西哥的短期化
和證券化的格局。非居民泰銖賬戶造成了泰國短期資本的劇烈波動。

日本始終在 BIBF 市場中扮演着重要的角色。日本的商業銀行在泰國的分
支機構辦理的離岸金融業務在數量和金額上遠遠超過其他國家，美國對 BIBF
市場上的交易量與日本有數量級上的差異。日本在 1997 年甚至一度超過泰國
成為 BIBF 市場上最大的玩家（表 17－4）。結合 BIBF 資金在各個領域的投向，
我們可以得出這樣的結論，即 BIBF 支持了日本企業在泰國的投資和生產過程
中對資金的需求。

表 17－4　按國家分類的 BIBF 對外貸款
（單位：十億泰銖）

	1993	1994	1995	1996	1997	1998
美國	11.4	27.6	39.6	44.3	47.9	37.9
日本	44.5	154.1	244.6	320.7	324.7	264.2
泰國	126.7	189.8	254.6	330.0	280.3	149.9
其他	14.4	85.1	141.7	112.6	116.7	86.7

來源：泰國中央銀行各年年度報告

從 BIBF 資金投放的領域來看，製造業始終是第一大塊，1999 年為 2879
億泰銖，佔整個 BIBF 的 OUT－IN 頭寸的 59.1%，而房地產僅佔 2.41%（表
17－5）。

表 17－5　BIBFs 中 OUT－IN 貸款業務的行業統計
（單位：百萬泰銖）

年份	製造業(1)	金融(2)	房地產(3)	服務(4)	總和(5)	(1)/(5)	(2)/(5)	(3)/(5)	(4)/(5)
1993	81249	14494	28086	15637	195746	41.51%	7.40%	14.35%	7.99%
1994	175219	71683	48424	32071	456643	38.37%	15.70%	10.60%	7.02%
1995	292162	129477	48734	49109	680778	42.92%	19.02%	7.16%	7.21%
1996	390079	119621	41377	60764	807452	48.31%	14.81%	5.12%	7.53%

（續表）

1997	733667	160777	53316	116461	1411029	52.00%	11.39%	3.78%	8.25%
1998	459032	57909	19259	42889	765589	59.96%	7.56%	2.52%	5.60%
1999	287900	28064	11727	23148	487124	59.10%	5.76%	2.41%	4.75%
2000	220504	26237	8258	12461	386980	56.98%	6.78%	2.13%	3.22%

來源：泰國中央銀行各年年度報告

　　統計資料顯示，BIBF 存款中一半以上流向了泰國的主要經濟區域，絕大多數用來滿足國外投資者在泰國工業生產的融資需求，這反映了市場主體在有資金需求壓力時從原來的國外融資向 BIBF 融資的轉變。然而，對於最需要資金的泰國經濟欠發達地區，只有少之又少的 3% 的資金流向了那裏。

四、泰國金融危機中的 BIBF

　　1997 年的泰國金融危機讓人們反思泰國經濟運行過程中出現的各種問題。關於泰國金融危機的起因，學者眾說紛紜。本節將討論 BIBF 在泰國金融危機中扮演的角色。

（一）泰國金融危機的過程

　　泰國的經常項目在 90 年代一直處於逆差狀態，1995~1996 年經常項目赤字佔 GDP 約 8%（圖 17－6），遠高於國際上 4% 的警戒標準。同時其外債規模的不斷膨脹和短期化使得泰銖的幣值風險加大。1995 年底，其外債餘額增至 826 億美元，1997 年進一步上升至 900 億美元以上，佔國內生產總值的 50% 左右。

　　以索羅斯為代表的國際炒家發現了泰國基本面存在的巨大問題，進而對泰銖進行套利活動（圖 17－7）。索羅斯從泰國商業銀行大量借入泰銖，並向泰國央行買入外匯遠期合約。當資金積累到一定量後，索羅斯向市場上拋出泰銖。泰國央行為了維持泰銖兌美元固定匯率，出手干預，大舉買入泰銖，投放美元，此舉消耗了大量的外匯儲備。然而，泰國央行的外匯儲備量有限，面對索羅斯對泰銖的不斷拋售，央行無奈只能宣佈放棄固定匯率制而採取浮動匯率，隨即泰銖大幅貶值。索羅斯通過遠期外匯合約賺取了大量利潤。

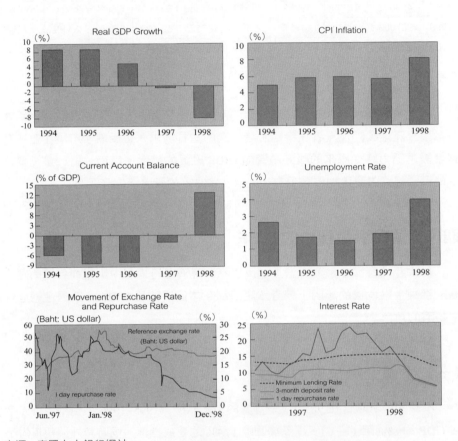

來源：泰國中央銀行網站

圖 17-6　泰國宏觀基本面的相關指標圖

（二）泰國金融危機中的 BIBF

　　亞洲金融危機中，BIBF 業務經歷了巨額的虧損。BIBF 的資產規模開始萎縮，存款餘額從 1996 年的 3.3 億泰銖下滑到 1997 年的 2.8 億泰銖，到 1998

年又進一步下降到 1.5 億泰銖。外國銀行的 IBF 存款在 1997 年呈增加態勢，1998 年隨着金融危機進一步升級，外國銀行的 IBF 存款才開始下降，但下降幅度遠小於泰國銀行的 BIBF。原因在於金融危機使得泰國的商業銀行通過催收貸款償還借款來收縮資產負債表，但是外國銀行仍然從其母行吸收存款，並不急於收回貸款。

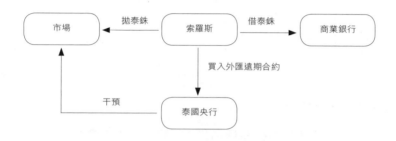

圖 17-7　索羅斯狙擊泰銖的具體過程

表 17-8　泰銖浮動前的主要事件

時間	事件
1996 年 7 月	盤古銀行破產
1997 年 2 月 5 日	房地產開發商 SAMPRASONG LAND 不能支付外債
3 月	泰國政府宣佈從金融公司買入 39 億美元貸款來解決他們的流動性問題，但是操作失敗
5 月 7 日	泰國銀行香港分行賣出泰銖，買入美元
5 月 9 日	泰國銀行賣出美元，買入泰銖
5 月 12 日	泰國銀行干預遠期市場
5 月 13 日	泰國銀行賣出 50 億美元
5 月 14 日	投資性衝突到達高潮，泰國銀行賣出 100 億美元
5 月 15 日	泰國銀行停止對遠期市場的干預，利率上升，制定資本金控制
6 月底	泰國銀行積累了 260 億美元的遠期協議總額（對沖基金 80 億美元，其他離岸對手 70 億美元，離岸外國銀行 90 億美元，國內銀行 20 億美元）
1997 年 7 月 2 日	泰國央行宣佈泰銖匯率浮動

來源："International Capital Markets", IMF, September 2008

表 17 – 9　BIBFs 業務的淨利潤（Out – In 和 Out – Out）
（單位：百萬泰銖）

	泰國商業銀行	外國銀行 分支機構	新設立的 外國銀行	總和
1997 年上半年	3468.9	1397.4	554.4	5420.7
1997 年下半年	5144.7	– 1685.5	– 1661.3	1797.9
1997 全年	8613.6	– 288.1	– 1106.9	7218.6
1998 年上半年	1175.1	– 5787.3	– 1410.9	– 6023.1
1998 年下半年	776.1	– 5581.5	– 2466.4	– 7271.8
1998 年全年	1951.2	– 11368.8	– 3877.3	– 13294.9

來源：泰國中央銀行年度報告

表 17 – 10　泰國商業銀行和 BIBFS 的數量

	1996	1997	1998	1999
泰國商業銀行	15	16	13	13
分支機構（不包括總行）	3138	3284	3247	3254
外國銀行分支機構	14	20	21	21
經營 BIBFS 的泰國銀行	12	12	11	11
經營 BIBFS 的外國銀行分支機構	-	17	18	18
經營 PIBFS 的外國銀行分支機構	-	10	17	8
為經營 BIBFS 業務新設立的外國銀行	19	19	17	15
為經營 PIBFS 業務新設立的外國銀行	20	20	6	0

註：BIBF 為曼谷國際銀行設施（位於曼谷）PIBF 為省際國際銀行設施（位於曼谷以外的其
　　他省份）

　　1997 年末，FDI 資金淨流入，大量資金通過非居民泰銖賬戶流入泰國進行
遠期利率交易，泰國商業銀行流動性充裕，銀行和非銀行金融機構都選擇歸還
以前年度積累的外債。表 17 – 11 顯示，1997 年下半年 BIBF 對外負債減少了
24.57 億美元，1998 年較 1997 年減少了 81.9 億美元。

表 17－11　居民對外負債（單位：百萬美元）

	1997		1998	
	6 月	12 月	6 月	12 月
商業銀行	12960	9488	8747	7059
其中：長期	3529	3824	3971	3738
短期	9431	5664	4776	3321
BIBFS	32536	30079	25679	21892
其中：長期	12168	10317	8236	7006
短期	20368	19762	17443	14886

來源：泰國中央銀行網站

　　根據表 17－12 的資料，金融危機發生的 1998 年上半年，通過 BIBF 賬戶資本淨流出 43.26 億美元，佔到整個銀行部門資本淨流出額的 94.7%，1998 年下半年，通過 BIBF 淨流出的資本為 52.55 億美元。由此可見，國際資本在金融危機中主要通過 BIBF 撤離泰國，BIBF 為國際游資的逃離提供了一個快車道，加劇了泰國金融體系的動盪。

表 17－12　資本淨流入（單位：百萬美元）

	1997			1998		
	上半年	下半年	全年	上半年	下半年	全年
銀行部門總計	2820	－ 6332	－ 3512	－ 4569	－ 6644	－ 11214
其中：商業銀行	1380	－ 3653	－ 2273	－ 243	－ 1389	－ 1632
BIBFS	1440	－ 2680	－ 1239	－ 4326	－ 5255	－ 9581
BIBFS 佔比	51.1%	42.3%	35.3%	94.7%	79.1%	85.4%
非銀行部門	－ 961	－ 2824	－ 3785	－ 2798	－ 1409	－ 4207

來源：泰國中央銀行年度報告

　　在金融危機下，1998 年 4 月泰國政府對 BIBF 的相關業務規定做了修改。為了增加對出口商的信貸支持，BIBF 的 OUT－IN 賬戶對有一半以上的收入來自出口的出口商或一半以上業務收入來自與出口商的交易的客戶的分期付款額的最低限額從 200 萬美元降低到 50 萬美元。為了增加對進口商的支持，允許 BIBF 為國內進口商開立外幣信用證，限制最低金額為 500 萬美元或等值外匯；允許 BIBF 在信託憑證下為進口商提供外匯借款，不管其有沒有開信用證，限制最低金額為 500 萬美元或等值外匯。為了增加 BIBF 的流動性，允許 BIBF 自由對與出口相關的外匯票據進行貼現，沒有數量上的限制；允許 BIBF 為需要從泰國的商業銀行或國外銀行的分支機構進行外幣借款的客戶提供擔保和保證。為了增強 BIBF 的吸引力，防止客戶大規模轉移 BIBF 的資金，泰國政府規定 BIBF 可以持有的用來滿足營運支出的以泰銖計價的資產，從原來的 1 億泰銖提高到現在的 2 億泰銖。1998 年 11 月，為了更好地了解泰國外匯量和交易情況，在泰國註冊的商業銀行在計算淨外匯儲備頭寸時必須將 BIBF 業務的外匯交易頭寸包括在內。1999 年 12 月，由於金融危機後債務重組的需要，泰國政府放寬了原先對債務重組的資金限制，規定 BIBF 在進行 OUT－IN 業務時在已簽合同的基礎上，凡是涉及債務重組交易的，每筆合同業務的信貸額度放寬到不超過 200 萬美元。泰國政府在 BIBF 的資金轉移的監管方面採取更加謹慎的態度，要求如果客戶在會計期末通過 BIBF 賬戶轉移稅後利潤或虧損的，商業銀行必須自轉移發生之日起 30 日內通知泰國中央銀行。2002 年 1 月，隨着 BIBF 業務量的進一步萎縮，泰國政府大幅降低了開展 BIBF 業務的年費，從原來的 50 萬泰銖降到 1 萬泰銖，旨在鼓勵更多的商業銀行參與 BIBF 業務，並且將 BIBF 的債務重組期限延長一年。

五、經驗教訓

　　泰國的外資流入結構是十分脆弱的，具有高流動性和投機性的非居民泰銖存款和證券投資在外資流入中佔了較大比重（見表 17－13）。資本流入的短期化和流動化使泰國的金融市場易受到外國投資者的衝擊，而非居民泰銖賬戶的設立則為投機者獲取泰銖進行投機拋售創造了條件。

表 17－13　泰國的外資流入結構（單位：億泰銖）

項目	1991	1992	1993	1994	1995
（1）淨資本流入	2882	2407	2659	3059	6466
（2）政府	75	－79	－41	－9	28
（3）銀行	－66	493	876	3506	2783
（4）FDI	471	500	398	219	300
（5）證券投資	8	139	1269	307	800
（6）非居民泰銖賬戶	524	445	678	511	879
（7）其他貸款	1870	909	－521	－1476	666
（6）/（1）	18.18%	18.49%	25.50%	16.70%	13.59%
[（5）+（6）]/（1）	18.46%	24.26%	73.22%	26.74%	25.97%

來源：樊綱："東南亞危機對我們的教訓：政策、制度與危機應對"，中國經濟改革研究基金會國民經濟研究所工作論文，2008 年 1 月。

　　雖然泰國離岸賬戶為游資提供了便利，一定程度上加劇了泰國的金融危機，但更重要的問題在於宏觀基本面。進入 90 年代，泰國出口減少，加上對國外技術、高端產品的進口迅猛增加導致泰國的經常項目急劇惡化，巨額經常項目赤字在盯住美元的固定匯率制度下隱藏着巨大的風險。當宏觀基本面出現較大問題時，離岸賬戶會成為國際資金撤回的通道，使遭受危機的國家雪上加霜。在 1997 年 6 月到 1998 年末東南亞危機蔓延的一年半時間內，國際投資者通過離岸金融中心從東南亞（包括泰國）收回貸款高達 543 億美元。[①]

　　泰國在宏觀基本面不穩固（經常性赤字惡化）、短期外資佔全部外資比重很高，貨幣貶值壓力明顯的情況下，對離岸金融市場貿然採取滲透型的做法是我們應該借鑒的主要教訓。

---

① 巴曙松，郭雲釗等《離岸金融市場發展研究——國際趨勢與中國路徑》，北京大學出版社，2006：42-171。

第十八章

台灣離岸金融市場發展與境內金融市場的開放

　　本章回顧和討論台灣發展離岸市場和開放島內金融市場的歷程和經驗。台灣離岸金融市場 —— 主要是以 Offshore Banking Unit（OBU）形式組織的外幣離岸金融市場 —— 創始於上世紀 80 年代，它是伴隨着台灣金融國際化進程而建立起來的，擔負着提升台灣國際金融地位、便利國際資金融通的重要使命。在發展的 25 年中，台灣離岸金融市場的規模呈平穩持續增長，即使在 1997 年亞洲金融危機中，也因受惠於島內對國際業務分行經營業務的放寬，特別是開放兩岸直接通匯，而並未受到過大衝擊。近年來，台灣離岸金融市場的資金來源與運用結構與創立之初有較大差別，呈現 "內向集資型中心" 特點，即為國內多餘的資金融通給需要資金的國外金融機構或非居住民。

　　與離岸金融市場發展基本同步的是島內金融市場的開放，其中包括放鬆外匯管制、逐步擴大並最終取消 QFII 對島內資本市場投資的額度、利率自由化等。在利率管制方面，台灣走了一條由 "最先放開貨幣市場中的同業拆借利率，到貸款利率最高最低限下的浮動利率，最後才全面放開存款和債券利率，達到利率的市場化、自由化" 的道路；在外匯自由化方面，台灣也在 80 年代末到 90 年代初實現了匯率彈性的提高、外匯管制的逐步放開；在 QFII 方面，台灣成功地用 10 年左右的時間內完成了從建立該體制到最終取消額度管制的漸進開放的過程。

一、台灣離岸金融市場發展概覽

（一）背景

受 1979 年第二次石油危機的衝擊，台灣經濟經歷了三年多的低增長。在台灣經濟逐漸復蘇之時，貿易順差也持續增加，這便引起了與台灣有較大貿易往來國家的高度關注，並多次採用貿易壁壘措施或動用特別條款（如美國 301 條款）對台灣出口進行遏制（楊勝剛，秦池江，2001）。台美貿易摩擦逐漸波及到金融領域，美國政府指責台灣方面操控匯率，損害美方利益。在此背景下，台灣當局欲通過設立"區域金融中心"，藉以提升其國際金融地位，便利國際資金的吸收與運用，提供國際信用融通，中介國際資金供需，減少對美國金融市場的過分依賴（譚江林，2005）。

在上世紀八十年代初，台灣當局形成了將台灣發展成為區域金融中心的構想。1982 年 7 月 15 日，伴隨着台灣"行政院院會"《提高我國在遠東地區經貿地位方案要點》的出台，台灣"中央銀行"聯合"財政部"共同開始籌畫成立"境外金融中心"。當年 12 月，時任"財政部長"徐立德率團赴新加坡考察，經研究認為，可參考新加坡亞洲貨幣單位（Asian Currency Units，簡稱 ACUs）設立模式建立台灣的"境外金融中心"。作為政府推動型的離岸金融市場，"境外金融中心"被賦予了提升台灣國際金融地位的重責。1983 年 11 月，台灣當局頒佈了《國際金融業務條例》，次年 4 月又頒佈了《國際金融業務條例施行細則》，從而明確界定了其離岸金融中心的參與對象資格、業務範圍、優惠項目與管理辦法等。《條例》規定了離岸金融市場的經營主體必須以"國際金融業務分行"（Offshore Banking Units，簡稱 OBU）的組織形式設立，並由符合資格條件的總行通過提交各種書面文件向主管機構申報批准。值得注意的是，OBU 只是在一般商業銀行內專門設立一個獨立賬戶，執行國際金融相關業務，而非實體分行。經過一年的多方籌畫，首家"國際金融業務分行"（中國國際商業銀行）於 1984 年 6 月在台北正式成立，這是台灣銀行業拓展國際金融業務的產物，更是監管當局推動台灣金融國際化的重要舉措之一。

（二）政策規定

台灣國際金融業務行政主管的機關為"行政院金融監督管理委員會"（以下簡稱"金管會"），業務主管機關為台灣"中央銀行"。

1. 經營主體：根據 2010 年 6 月最新頒佈的《國際金融業務條例》，以下四類會計獨立的台灣島內機構可由其總行申請主管機關（行政院金融監督管理委員會）特許，方可經營國際金融業務。

（1）經"中央銀行"指定，在台灣島內辦理外匯業務的外國銀行；

（2）經政府核准，設立代表人辦事處的外國銀行；

（3）經主管機關審查合格的著名外國銀行；

（4）經"中央銀行"指定，辦理外匯業務的本國銀行。

2. 經營業務：為適應內外部金融市場的快速變化，自 1983 年 11 月頒佈第一版《國際金融業務條例》後，台灣"財政部"先後於 1997 年、2006 年及 2009 年修訂了條例內容，拓展了 OBU 的業務範圍。目前，OBU 的經營業務包括：

（1）收受台灣島外的個人、法人、政府機關或境內外金融機構的外匯存款；

（2）辦理台灣境內、境外的個人、法人、政府機關或金融機構的外幣授信業務；

（3）對於台灣境內、境外的個人、法人、政府機關或金融機構銷售本行發行的外幣金融債券及其他債務憑證；

（4）辦理台灣境內、境外的個人、法人、政府機關或金融機構的外幣有價證券買賣之行紀、居間及代理業務；

（5）辦理台灣境外的個人、法人、政府機關或金融機構的外幣信用證簽發、通知、押匯及進出口託收；

（6）辦理該分行與其他金融機構及台灣境外的個人、法人、政府機關或金融機構的外幣匯兌、外匯交易、資金借貸及外幣有價證券的買賣；

（7）辦理台灣境外的有價證券承銷業務；

（8）境外外幣放款的債務管理及記賬業務；

（9）對台灣境內、境外的個人、法人、政府機關或金融機構辦理與前列各款業務有關之保管、代理及顧問業務；

（10）經主管機關核准辦理的其他外匯業務。

3. **優惠項目：** 與其他離岸金融市場類似，台灣當局同樣給予了 OBU 諸多優惠條件以促進區域金融中心的蓬勃發展，如 OBU 在辦理上述業務時，除《國際金融業務條例》另有規定外，不受管理外匯條例、銀行法及中央銀行法等有關規定的限制。同時，OBU 還享有以下優惠項目：

（1）國際金融業務分行的存款免提存款準備金；

（2）國際金融業務分行存款利率及放款利率，由國際金融業務分行與客戶自行約定；

（3）國際金融業務分行的所得，免徵營利事業所得稅。但對台灣境內的個人、法人、政府機關或金融機構授信的所得，其徵免應依照所得稅法規定辦理；

（4）國際金融業務分行的銷售額，免徵營業稅。但銷售與台灣境內的個人、法人、政府機關或金融機構之銷售額，其徵免應依照加值型及非加值型營業稅法的規定辦理；

（5）國際金融業務分行所使用的各種憑證，免徵印花稅。但與台灣境內的個人、法人、政府機關或金融機構間或非屬第四條第一項規定業務所書立的憑證，其徵免應依照印花稅法的規定辦理；

（6）國際金融業務分行支付金融機構、台灣境外的個人、法人或政府機關利息及結構型商品交易的所得時，免予扣繳所得稅。前項結構型商品交易的所得免予扣繳所得稅規定，自 2010 年 1 月 1 日施行；

（7）國際金融業務分行，除其總行所在國法律及其金融主管機關規定，應提的呆賬準備外，免提呆賬準備。

4. **限制項目：**《國際金融業務條例》中同時規定了 OBU 以下限制項目：

（1）國際金融業務分行，辦理外匯存款不得收受外幣現金、不得准許以外匯存款兌換為新台幣提取；

（2）國際金融業務分行，非經台灣"中央銀行"核准，不得辦理外幣與新台幣間之交易及匯兌業務；

（3）國際金融業務分行，不得辦理直接投資及不動產投資業務。

（三）發展狀況與政策協調

表 18-1 給出了 2011 年 8 月 OBU 經營狀況概覽。截至 2011 年 8 月底，台灣開辦國際金融業務分行（OBU）共 61 家，其中台灣本土銀行有 36 家，外國銀行在台分行有 25 家。全體 OBU 資產總額為 1,366.75 億美元，較去年同期增加 221.07 億美元（19.30%）。其中本國銀行 OBU 約佔 79%，為 1,073.69 億美元，外商銀行 OBU 約佔 21%，為 293.06 億美元。

2011 年 8 月，全體 OBU 外匯交易量為 254.97 億美元，包括：1. 即期交易 140.56 億美元；2. 遠期交易 72.52 億美元；3. 換匯交易 41.89 億美元。

全體 OBU 8 月底外幣放款餘額為 564.15 億美元，其中境外放款佔 99.8%，包括境外中長期放款 311.85 億美元及境外短期放款 251.28 億美元；境內放款佔 0.2%，餘額為 1.02 億美元。

表 18-1　2011 年 8 月 OBU 經營狀況概覽
（單位：億美元）

外匯交易量			
總額	即期交易	遠期交易	換匯交易
254.97	140.56 （55.1%）	72.52 （28.4%）	41.89 （16.4%）
外幣放款餘額			
總額	境外放款		境內放款
564.15	563.13 （99.8%）		1.02 （0.2%）
進出口業務量			
總額	出口業務量		進口業務量
663.26	351.66 （53.0%）		311.60 （47.0%）

（續表）

衍生性金融商品業務量				
總額	期貨	選擇權	利率交換	信用衍生商品
386.54	188.18 （48.7%）	179.51 （46.4%）	12.02 （3.1%）	4.33 （1.1%）
	外幣保證金交易	商品價格交換	商品遠期契約	股價交換
	1.59 （0.4%）	0.71 （0.2%）	0.19 （0.05%）	0.01 （0.003%）

資料來源：台灣"中央銀行"，金融統計月報。

2011 年 8 月，全體 OBU 出口業務量為 351.66 億美元（其中託收、匯款及應收賬款承購 334.57 億美元、信用狀押匯 17.09 億美元），進口業務量為 311.60 億美元。

全體 OBU 8 月衍生性金融商品業務量計 386.54 億美元，以期貨 188.18 億美元居首，其餘依序為選擇權 179.51 億美元、利率交換 12.02 億美元、信用衍生商品 4.33 億美元、外幣保證金交易 1.59 億美元、商品價格交換 0.71 億美元、商品遠期契約 0.19 億美元及股價交換 0.01 億美元。

在台灣離岸金融市場發展的 25 年間，其資產規模、資金來源與資金運用都發生了較大變化，可以總結為以下幾點。結合政策演進的過程，對其變化原因作一一闡述。表 18－2 為台灣離岸金融市場的主要政策演進。

表 18－2　台灣離岸金融市場政策演進

時間	相關政策
1982 年 7 月	"行政院院會"通過《提高我國在遠東地區經貿地位方案要點》，台灣"中央銀行"聯合"財政部"共同開始籌畫成立"境外金融中心"
1983 年 1 月	"經建會"審察通過籌設《境外金融中心案》，交由"行政院"審核
1983 年 11 月	頒佈《國際金融業務條例》
1984 年 4 月	頒佈《國際金融業務條例施行細則》，"財政部"擬定《國際金融業務分行稅務處理準則》
1984 年 6 月	第一家國際金融業務分行於台北正式成立

（續表）

1992 年 5 月	頒佈《國際金融分行可承辦業務項目補充規定》，增列承辦非居民的外幣信用證開發、通知與押匯；外幣保證業務和外幣票據貼現和承兌；辦理境外客戶的新品種金融商品
1997 年 10 月	台灣"立法院"通過《國際金融業務條例修正條例》，增列可辦理居住民的業務；可承作外幣有價證券的承銷與經紀業務
1999 年 3 月	頒佈《國際金融業務分行管理辦法》，修正《國際金融業務條例施行細則》
2000 年 2 月	"財政部"公佈國際金融業務分行辦理衍生性金融商品業務的規定
2000 年 5 月	規定國際金融業務分行必須遵循《國際金融業務條例》第四條第五款，各款業務需由同一銀行的國外部或外匯指定分行代為辦理
2001 年 6 月	台灣"財政部"修正《台灣地區與大陸地區金融業務往來許可辦法》，開放國際金融業務分行與外商銀行在大陸地區的分支機構、大陸地區銀行海外分支機構及在海外的大陸法人、團體、其他機構、個人進行直接通匯與金融業務往來
2001 年 11 月	"財政部"再度開放台灣地區銀行海外分支機構、國際金融業務分行與大陸地區金融機構及其海外分支機構、大陸法人、團體或其他機構等進行直接金融業務往來
2002 年 6 月	"財政部"公佈《國際金融業務分行投資有價證券限額規定》
2002 年 8 月	"財政部"修正發佈《台灣地區與大陸地區金融業務往來許可辦法》，並開放台灣地區銀行海外分支機構及國際金融業務分行與大陸地區的台商客戶辦理授信及應收賬款收買業務
2003 年 8 月	開放國際金融業務分行可辦理無本金交割的美元對人民幣遠期外匯交易（NDF）及匯率選擇權（NDO）的業務
2003 年 12 月	"財政部"修正《國際金融業務條例施行細則》第四條條文，規範外國銀行在台灣設立國際金融業務分行的條件
2004 年 2 月	"財政部"修正《銀行辦理衍生性金融商品業務應注意事項》，對於衍生性金融商品采負面表列方式管理
2005 年 7 月	"財政部"修正《國際金融業務分行管理辦法》第七條之規定，外國銀行國際金融業務分行的盈餘，經會計師查核簽證後，即可逕行匯出，無須再向主管機關申請核准
2006 年 1 月	"立法院"通過《國際金融業務條例部分條文修正草案》，其主要放寬國際金融業務分行的業務活動，經中央銀行指定辦理外匯業務（DBU），委託同一銀行代為處理、刪除國際金融業務分行得收受境內之個人、法人、政府機關外匯存款的規定
2009 年 4 月	"財政部"增訂《國際金融業務條例》第五條第二款，為配合聯合國決議或國際合作有必要時，"金管會"將會同"中央銀行"報請"行政院"核定後，對危害國際安全的國際金融業務分行的賬戶、匯款、通貨或其他支付工具作必要處置
2010 年 6 月	"財政部"修正《國際金融業務條例》第十六條之規定，增列結構性商品交易的所得稅同樣免予扣繳所得稅，自 2010 年 1 月 1 日施行

來源：台灣"中央銀行"、金管會、台灣《中央銀行月刊》

第一，OBU 資產規模平穩持續增長，且在 1997 年亞洲金融危機中未受較大影響，主要得益於台灣當局逐年放寬國際金融業務分行經營範圍，特別是台灣開放與大陸地區的兩岸直接通匯。

OBU 發展的 25 年中，其資產總額以 13.1% 的年均增長率平穩持續增長，而近 10 年的增長速度有明顯提升的跡象，如圖 18–3 所示。

與周邊的香港和新加坡離岸金融市場相比，儘管在資產規模上無法與前者相提並論，但台灣 OBU 資產規模增長速度卻更勝一籌。特別是在 1997 年亞洲金融危機階段，香港、新加坡兩地的離岸金融市場資產規模都出現了大幅下降，台灣 OBU 在危機初期亦遭受一定衝擊，但在短期下降後，得益於"財政部"進一步放寬國際金融業務分行業務範圍等政策利好，實現快速反轉。

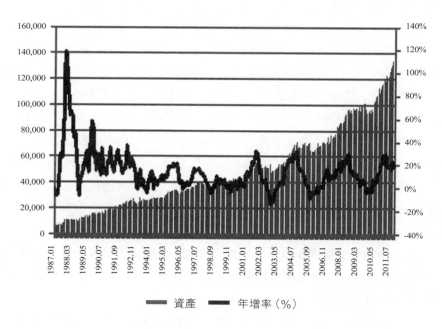

來源：台灣"中央銀行"，金融統計月報

圖 18–3　台灣 OBU 資產規模與增長率

由表 18–2 的政策演進列表可知，1997 年亞洲金融危機後，"財政部"放寬了 OBU 經營範圍，增列了辦理衍生金融產品等規定，其中最大的政策放寬在於 2001 年 6 月台灣入世前夕，"財政部" 修正《台灣地區與大陸地區金融業務往來許可辦法》，開放國際金融業務分行與外商銀行在大陸地區的分支機構、大陸地區銀行海外分支機構及在海外的大陸法人、團體、其他機構、個人進行直接通匯與金融業務往來。在台灣加入 WTO 的壓力下，台灣當局不得不重新審視現行海峽兩岸的通匯政策，重新規劃開放兩岸金融機構的直接通匯。同年 11 月，"財政部" 再次修改該《許可辦法》，開放台灣地區銀行海外分支機構、國際金融業務分行與大陸地區金融機構及其海外分支機構、大陸法人、團體或其他機構等進行直接金融業務往來。開放業務範圍包括收受存款、辦理匯兌、簽發信用證、信用證通知、進出口押匯及託收、代理收付款項及同業往來等，以便利台商資金調度。

在 2001 年台灣開放與大陸地區直接通匯之前，涉及外匯業務的台商若想將外匯匯入大陸，只能通過間接匯款得以實現，即必須由台灣 OBU 將匯款中轉至第三地銀行，再由第三地銀行匯入其大陸地區的指定銀行，此過程耗時較長、費用較高。兩岸直接通匯的政策放開，使 OBU 的兩岸業務量大大增加，據台灣 "財政部" 統計，到 2002 年 1 月底，20 家國際金融業務分行辦理海峽兩岸金融業務的金額已達 32.8 億美元。2002 年 2 月，兩岸直接通匯後，全體 OBU 辦理兩岸匯出入款合計近 7 億美元，較開放前增長 99%；到 2002 年 2 月底，全體 OBU 非金融機構存款餘額為 129 億美元，較開放前增長 13%；OBU 資產總額增至 515 億美元，顯示台灣廠商利用 OBU 作為資金調度的意願升高（中國社會科學院台灣研究所，2002）。

第二，OBU 主要資金來源發生重大變化，主要來源已經從成立之初的國外金融機構向國內金融機構與境外非金融機構轉移，而國內金融機構已成為 OBU 的最大資金來源。

國際金融業務分行的資金來源主要有非金融機構、國內金融機構、OBU 相互間、國外金融機構與其他負債五大類，證券發行所佔比例非常小，近年來已萎縮至 1% 以下。

從 1997 年開始，非金融機構存款大幅增加，從原來的不足 10%，上升至 30% 左右，其主要原因是 "財政部" 修訂《國際金融業務條例》增列了台灣境內居住民可在 OBU 辦理外匯存款，但 2006 年 "財政部" 又取消了 OBU 對居住民的外匯存款業務，但對非金融機構存款量衝擊不大。

自上世紀90年代前後，OBU對國內金融機構的負債也有較大幅度的上升，但同時期對國外金融機構的負債卻有大幅縮減，由原來50%以上的佔比銳減至10%左右。OBU相互間負債比例則相對穩定，始終在5%－10%區間內波動。其他負債則表現為緩慢增長，近年來接近10%左右的份額。

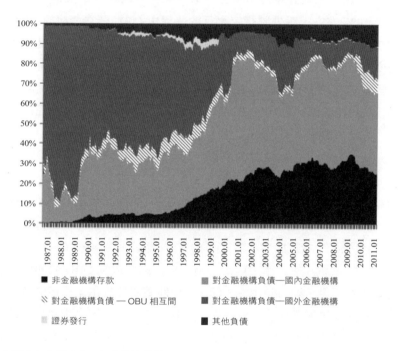

來源：台灣 "中央銀行"，金融統計月報

圖 18－4　台灣 OBU 資金來源構成

事實上，在台灣離岸金融市場設立之初，政府欲吸引外資為台商資金調度提供便利，儘管在資產規模上相對其他離岸金融市場仍屬小型，但從負債構成角度來看，其主要資金來源確實為國外金融機構，該比例在 OBU 成立之初曾高達 90%。但近年來，OBU 資產規模保持平穩快速增長，然而其資金主要來源已經從成立之初的國外金融機構向國內金融機構與境外非金融機構轉移，而國內金融機構已成為 OBU 的最大資金來源，佔比在 40% - 50% 左右。

從資金來源的地區看，截止 2011 年 8 月，資金來源亞洲居首，佔 70%，其他依序為美洲 18%、歐洲 9%、其他地區 3%，而這一比例分佈多年來也未發生顯著變動。

第三，OBU 主要資金運用發生重大變化，對國外金融機構的債權近年大幅減少至 10% 左右，對外匯指定銀行的債權由 OBU 創立之初的 60% 下降至目前的 20% 左右，對非居住民的放款則逐年快速增加，已成為目前最大的資金運用方向，佔比達 40%。

國際金融業務分行的資金去向主要有國外金融機構、OBU 相互間、外匯指定銀行、證券投資、非居住民放款及其他資產六大類，對居住民放款比例相對較小，近年來幾乎為零。

多年來，對國外金融機構的債權經歷了幾次大的波動，第一次為 1980 年代末開始的大幅上漲，從 15% 一路上衝至 45% 左右，同時期的對外匯指定銀行的債權則被大量擠佔，但之後又回落至 25% 左右；第二次較大波動出現在 2008 年全球金融危機之後，受累於各國經濟的低迷態勢，OBU 對國外金融機構的債權也大幅減少至 10% 左右。OBU 間的債權則始終在 10% 以下的區間範圍內波動。如果將其他資產、對國外金融機構的債權及 OBU 間的債權三者之和粗略地看為不變，則由圖 18 - 5 可知，伴隨着對外匯指定銀行債權的減少，證券投資及對非居住民的放款則呈逐年增加態勢，對外匯指定銀行的債權已從 OBU 創立之初的 60% 下降至目前的 20% 左右。其中，特別是在金融危機之後，對非居住民的放款則逐年快速增加，已成為目前最大的資金運用方向，佔比達 40%。證券投資則受 1997 年政策放寬 OBU 可承作外幣有價證券的承銷與經紀業務及 2000 年政策放寬可辦理外幣有價證券的承銷與經紀業務等多項政策利好影響，也由 OBU 創立之初的 5% 上升至 15% 左右。

從資金運用的地區看，截止 2011 年 8 月，資金運用以亞洲為主，佔 62%，其他依序為美洲 26%、歐洲 8%、其他地區 4%，而這一比例分佈多年來並未發生顯著變動。

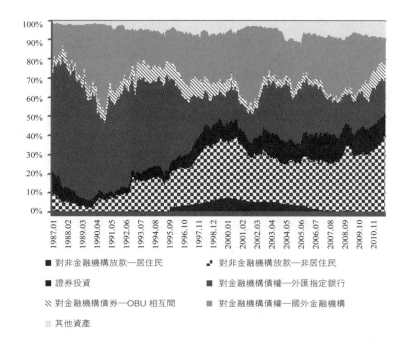

■ 對非金融機構放款─居住民　　　　　　　✎ 對非金融機構放款─非居住民

■ 證券投資　　　　　　　　　　　　　　　■ 對金融機構債權─外匯指定銀行

╲ 對金融機構債券─OBU 相互間　　　　　■ 對金融機構債權─國外金融機構

▨ 其他資產

來源：台灣"中央銀行"，金融統計月報

圖 18－5　台灣 OBU 資產構成

第四，從資金來源角度，近年來 OBU 資金來源以國內金融機構為主；從資金運用角度，OBU 對非居住民放款比例大於對居住民放款比例、對國外金融機構放款比例大於國內外匯指定銀行放款比例，這兩大趨勢與特點可以歸納為 OBU 近年來的主要功能是為國內多餘的資金融通給需要資金的國外金融機構或非居住民，根據 Park(1982) 的研究，呈現這種發展趨勢的離岸金融市場可大致歸為"內向集資型中心"（Collection Center）。

二、台灣島內金融市場的開放

台灣地區經過多年發展，在二十世紀後半葉已從農業社會逐漸發展為新興工業社會。從20世紀80年代中期開始，面對島內外經濟出現一系列新的變化，台灣當局因應而變，提出以經濟自由化、制度化、國際化為目標的改革設想並付諸實踐（檀江林，2005）。實踐證明，1984 年 5 月台灣當局提出的經濟發展"三化"方針成為引領台灣產業體系由傳統工業轉型為資本、技術密集型工業的重要力量，因此總體而言台灣經濟自由化的改革是較為成功的。金融作為現代經濟的核心，其自由化與國際化的程度在很大程度上影響着經濟自由化的水準，因而台灣監管當局將金融自由化、國際化設定為台灣金融改革的基本目標。

所謂"金融自由化"，指的是放寬或解除各種不必要的金融限制，其目的在於以市場機制代替政府干預，提高經營效率，以增進資金的有效配置及促進經濟穩定增長（鄧利娟，1997），而隨着一國或地區外匯自由化的不斷推進，"金融國際化"也逐漸形成。

（一）利率自由化

在 1961 年台灣"中央銀行"復業以前，台灣地區的利率政策始終由台灣省銀行負責制定，其主要目的在於抑制惡性通貨膨脹。之後改由"中央銀行"執行利率調整的任務。

台灣 1980 年代以來的利率自由化始於貨幣市場利率的自由化。其貨幣市場是伴隨着 1976 年 5 月起台灣"財政部"先後核准中興、國際、中華等三家票券金融公司成立而建立起來的，貨幣市場的利率不受銀行利率的限制，由市場資金的供需情況自由確定。

在 1975 年 7 月以前，台灣"中央銀行"長期對利率進行管制，在其建立貨幣市場之後，又進一步放寬了貸款利率上下限，並建立了"同業拆款中心"，拆借業務逐漸走向市場化。1986 年 11 月"中央銀行"將 12 種存款利率簡化為 4 種，加速推動了存款利率的自由化。到了 1989 年 7 月，修正後的《銀行法》取消了各種存款的最高利率由"中央銀行"制定的規定，各種放寬利率由銀行公會議訂其幅度，報"中央銀行"核定實施。至此，台灣走完了一條由"最先放開貨幣市場中的同業拆借利率，到貸款利率最高最低限下的浮動利率，最後才全面放開存款和債券利率，達到利率的市場化、自由化"（張荔，1997）的利率自由化歷程（主要利率政策進程如表 18－6 所示）。

表 18-6　台灣利率自由化進程

時間	相關政策
1975 年 7 月	利率開始鬆動，中央銀行開始採取放寬的措施，商業銀行放款利率上下限差距為 0.25%
1976 年 5 月起	先後核准中興、國際、中華等三家票券金融公司成立，建立貨幣市場，貨幣市場的利率不受銀行利率的限制
1979 年 5 月	商業銀行放款利率上下限差距進一步放寬至 0.5%
1980 年 4 月	同業拆款中心成立，拆借業務市場化
1980 年 11 月	頒佈《銀行利率調整要點》，定期存款利率不受最高利率的限制，其他存款在最高利率下可以自由制定各類存款利率；放款利率由銀行公會決定最高和最低幅度，各銀行可採取差別利率。
1984 年 11 月	進一步擴大放款利率的上下幅度，擴大銀行自主決定存款利率的空間；減化存款種類，實行基本放款利率制度
1985 年 3 月	實行基本放款利率制度，利率由各銀行在"中央銀行"規定的利率上下限範圍內，根據自身情況自行訂定
1985 年 8 月	准許銀行自定外幣存款利率，並廢止"利率管制條例"，擴大銀行設定各項利率的彈性
1986 年 1 月	存款利率自由化，12 種存款利率簡化為 4 種存款利率
1989 年 7 月	《銀行法修正案》公佈，正式取消對銀行存放款利率的限制，利率走向市場化

來源：根據張荔（1997）及相關資料匯總

（二）匯率自由化、放鬆外匯管制和資本市場開放

　　在島內利率自由化的同時，當局推進了匯率自由化，放寬了外匯管制，開放了島內的資本市場。

1. 匯率自由化

　　台灣自 50 年代以後走過了固定匯率制度和浮動匯率制度兩個時期，而其臨界點為 1978 年 7 月 "中央銀行" 宣佈新台幣不再盯住美元，改採用浮動匯率制度。台灣監管當局之所以作出此番調整，其主要考慮有二：一是輸入型通貨膨脹對台灣島內經濟的衝擊，在採用機動匯率的情況下，政府就不必沿用限制進口這一措施；二是當固定匯率背離均衡匯率時可能對島內外匯儲備帶來的

潛在投機行為，可避免政府採用控制資本的手段防止外匯儲備枯竭，而讓匯率依據供需變化而自由調節。為配合機動匯率制度的實施，1979 年 2 月台灣成立銀行間外匯交易市場，由 5 家外匯指定銀行負責人組成匯率議定小組，根據前一營業日銀行與客戶間的外匯交易情況，訂定即期外匯交易中心匯率。至此，外匯匯率不再由"中央銀行"確定，也不再向其結售匯，外匯所得者可以外匯存款方式持有外匯。然而，關於出口外匯由外匯銀行收取並匯回的規定仍未鬆動。

在之後的幾年中，台灣"中央銀行"經歷了取消中心匯率又於 1982 年 9 月恢復的政策反覆，但在再次恢復中心匯率制後，"中央銀行"又通過對大小額外匯交易設定彈性價格的規定來控制中心匯率。

1989 年 4 月，"中央銀行"又宣佈匯率改制，即廢除中心匯率及議價範圍；取消銀行間即期外匯交易價格波動範圍；設置"美元小額結匯議定匯率"；銀行與客戶交易匯率完全自定，放開銀行間外匯買賣等。到 1990 年 12 月，台灣又取消了該小額議定匯率。至此，台灣匯率自由化已完全實現。

表 18－7　台灣匯率自由化進程

時間	相關政策
1978 年 7 月	"中央銀行"宣佈新台幣放棄盯住美元的匯率制度，使新台幣與美元脫鈎，施行浮動匯率制
1978 年 8 月	開辦美元遠期買賣
1978 年 9 月	修訂《管理外匯條例》，同年 12 月中旬完成立法程式
1978 年 12 月	成立外匯交易中心，由台灣銀行、華南商業銀行、第一商業銀行、張華商業銀行、"中國國際商業銀行"等 5 家銀行組成"外匯交易中心執行小組"
1979 年 2 月	正式成立外匯市場，"中央銀行"制定《指定銀行買賣即期外匯辦法》，規定外匯指定銀行可持有外匯部分，取消與"中央銀行"間的每日結算；外匯持有者可以外匯存款方式持有外匯；每日即期匯率變動幅度不得超過前一營業日中心匯率上下限各 0.5%
1979 年 8 月	中心匯率波動幅度放寬為不超過前一營業日中心匯率上下限各新台幣 2 角 5 分
1980 年 3 月	"中央銀行"決定退出匯率擬定小組，並取消中心匯率和上下限的規定，匯率變動幅度由原來的上下各 0.5% 放寬為 1%。
1981 年 8 月	"中央銀行"將每日匯率調整幅度放寬為前一營業日買賣中價上下各 2.5%，新台幣匯率政策性貶值 4.56%
1982 年 9 月	恢復中心匯率制，並改按前一營業日銀行間外匯成交的加權平均匯率，作為中心匯率，每日中心匯率的變動幅度為上下各 2.25%

（續表）

1986 年 5 月	修訂《管理外匯條例》，修正的主要內容：(1) 黃金和白銀不再作為外匯管理的內容；(2) 將貿易外匯收支憑證結匯基礎，從許可制改為申報制，憑實際交易付款條件及金額據實申報，憑以結匯；(3) 簡化外匯出售和結售手續；(4) 為鼓勵華僑和外商來台投資高科技事業，明確規定其經專家核准者可把其所得外匯，採用外匯收支相抵定期結清餘額的方式，抵付所需支付的外匯。
1986 年 8 月	有關進口貿易由核准制度改為申報制度，不再使用輸出入許可證，廠商憑申報書辦理結購及結售外匯。"中央銀行"放寬進出口付款方式的期限，對進出口稽核工作不再逐筆辦理。
1986 年 11 月	正式准許黃金自由買賣及進口
1987 年 3 月	施行匯入匯出管理，對出口貨物、運費保費的匯入款和島內投資本息每筆金額 100 萬美元以上者，其他匯入款每筆金額超過 1 萬美元者，須經"中央銀行"核准後才能辦理結售匯
1987 年 6 月	台灣當局第三次修訂了《管理外匯條例》，從 7 月 15 日起正式停止外匯管理，經常項目的外匯管制幾乎全部解除
1989 年 4 月	匯率改制，廢除中心匯率及議價範圍
1989 年 7 月	對於台灣島內居民結售外匯和結購外匯都進行了大幅度放寬
1990 年 12 月	取消了小額議定匯率，買賣匯率由各銀行自行掛牌，但規定差額不得超過新台幣 1 角

來源：根據楊勝剛、秦池江《台灣金融制度變遷與發展研究》（中國金融出版社，2001）和相關資料匯總

2. 放寬外匯管制、開放島內資本市場

（1）放鬆外匯管制

1987 年 6 月 26 日，台灣當局第三次修訂了《管理外匯條例》，從 7 月 15 日起正式停止外匯管理，經常項目的外匯管制幾乎全部解除。《條例》中明確規定，1）進出口不必申報，可自行結購結售外匯；2）個人與廠商可自由持有、購買和運用外匯，開放遠期外匯市場；3）取消對島內投資和小額外匯流出的限制，容許每人（年滿 20 歲）每年最高可匯出 500 萬美元，可匯入 5 萬美元；4）所有過去出島觀光、商務旅遊等結匯的限制，以及小額匯款和赴外投資等限制均一律取消；5）採取措施，改進外匯市場操作，如暫時凍結外匯指定銀行的島外負債總餘額；等等（楊勝剛，秦池江，2001）。

從匯出款項方面來看，1991 年 3 月，"中央銀行"修正《民間匯出款項結匯辦法》，將公司、行號、團體及個人每年匯出款結售匯額度由 500 萬美元調

整為 300 萬美元。1992 年 10 月，"中央銀行" 將個人匯出款結售匯額度調回 500 萬美元。1994 年 1 月，僅調高了公司、行號每年匯出款結匯額度，由 500 萬美元提高到 1000 萬美元，但對個人並未作調整。

從匯入款項方面來看，1991 年 3 月，"中央銀行" 宣佈將個人匯入款限額 由 200 萬美元提高為 300 萬美元。1992 年 10 月，"中央銀行" 將個人匯入款 限額由 300 萬提高到為 500 萬美元。1994 年 1 月，調高了公司、行號每年匯 入款額度，由 500 萬美元提高到 1000 萬美元。

1995 年 12 月 "中央銀行" 宣佈自 1996 年 1 月 1 日起，公司、行號每年自 由匯出、入款上限，由原來 1000 萬美元調高為 2000 萬美元，至於個人每年自 由匯出、入款上限不變，仍為 500 萬美元。1997 年 6 月，"中央銀行" 又再次 調高公司、行號每年自由匯出、入結匯額度，由 2000 萬美元調高為 5000 萬美 元；每筆結匯金額未達新台幣 50 萬元者，不計入每年累計結匯額度。

（2）開放外國專業投資機構（QFII）對島內資本市場的投資

1991 年 1 月，"中央銀行" 同意開放外國專業投資機構（QFII）直接投資 於國內證券市場，但個別及全體 QFII 對單一上市（櫃）公司持股比例上限分 別為 5% 及 10%；個別 QFII 投資額度最高為 5000 萬美元，最低為 500 萬美 元，全體 QFII 投資總額則為 25 億美元。自 1993 年 1 月開始，"中央銀行" 多 次調高了個別及全體 QFII 投資國內證券額度，到 1995 年 3 月，"中央銀行" 同意取消全體 QFII 投資國內證券總額度 75 億美元的限制。2001 年 6 月，個別 QFII 投資國內證券額度經過幾輪提高，由最初的 5000 萬美元提高到 30 億美 元。由此可見，台灣 QFII 的發展是匯率自由化的背景，並且是逐步提高個別 及全體 QFII 投資國內證券額度，並首先放開了全體 QFII 的投資總額限制。

對於個別及全體 QFII 對單一上市（櫃）公司持股比例，1995 年 7 月，"中 央銀行" 首次將比例上限分別提高至 6% 及 12%；直到 1999 年 3 月這一比例 已被大幅提升至 50%，終於在 2001 年 1 月被最終取消。因此，"中央銀行" 對 於個別及全體 QFII 對單一上市（櫃）公司持股比例也予以了逐步提高，並最終 取消限制。

到了 2003 年 6 月，台灣 "中央銀行" 同意開放 QFII 參與有價證券借貸市 場。僅過了一個月，QFII 的政策又發生了重大調整，放寬 QFII 下列投資國內證券措施：1）取消個別 QFII 最高投資額度 30 億美元之規定；2）取消 QFII 投資資金應於 2 年內匯入之限制；3）取消 QFII 資格條件中資產規模之限制。

2003 年 10 月，"中央銀行"取消 QFII 制度，將外資區分為"華僑及外國自然人（FIDI）"及"外國機構投資人（FINI）"兩類，FIDI 投資國內證券額度為 500 萬美元，FINI 投資國內證券無額度限制。同時簡化外資申請程式由許可制改為登記制，並開放外資得以所持有之有價證券參與發行海外存託憑證。

表 18-8　台灣放寬外匯管制進程

時間	相關政策
1987 年 6 月	台灣當局第三次修訂了《管理外匯條例》，從 7 月 15 日起正式停止外匯管理，經常項目的外匯管制幾乎全部解除，個人與廠商可自由持有、購買和運用外匯
1989 年 7 月	"中央銀行"擬定了《外匯交易中心拆款實施暫行要點》
1989 年 8 月	台北成立美元拆款市場。為活躍市場，"中央銀行"提供了 30 億美元種子資金參與運作
1990 年 5 月	拆款幣別增加了馬克，"中央銀行"同時提供 5 億馬克作為種子基金，並將美元種子基金增加到 50 億美元
1990 年 8 月	擴大參與拆款的金融機構，同意本地銀行海外分行，在台外商銀行的海外總行和聯行參與拆款。
1990 年 11 月	拆款幣別又增加了日元
1991 年 1 月	同意開放外國專業投資機構（QFII）直接投資於國內證券市場。主要措施如下： (1) 個別及全體 QFII 對單一上市（櫃）公司持股比例上限分別為 5% 及 10%。 (2) 個別 QFII 投資額度最高為 5000 萬美元，最低為 500 萬美元，全體 QFII 投資總額則為 25 億美元。
1991 年 3 月	修正《民間匯出款項結匯辦法》及《民間匯入款項結匯辦法》，將公司、行號、團體及個人每年匯出款限額由 500 萬美元調整為 300 萬美元，個人匯入款限額由 200 萬美元提高為 300 萬美元。
1991 年起	先後與新加坡、香港及日本貨幣經紀商簽訂連線作業協定，使台北外幣拆款市場間接與世界各金融中心連成一體
1992 年 10 月	修正《民間匯出款項結匯辦法》及《民間匯入款項結匯辦法》，將公司、行號、團體及個人每年匯出款限額由 300 萬美元調高為 500 萬美元，個人匯入款限額亦由 300 萬美元調高為 500 萬美元。
1993 年 1 月	同意放寬個別 QFII 投資國內證券額度，由 5000 萬美元調高為 1 億美元
1993 年 2 月	調高指定銀行國外負債餘額限額，增加額度約為 4 億美元
1993 年 8 月	調高指定銀行國外負債餘額限額，增加額度約為 5 億美元。
1993 年 8 月	修正《民間匯入款項結匯辦法》，開放公司、行號及團體每年匯入款結匯額度為 500 萬美元。
1993 年 8 月	同意放寬全體 QFII 投資國內證券總額度，由 25 億美元提高為 50 億美元。

（續表）

1993 年 9 月	依據 82 年 8 月 11 日發佈實施之《外匯經紀商許可要點》，許可首家《台北外匯經紀商股份有限公司》經營外匯居間業務
1993 年 10 月	同意放寬國內公、民營事業於海外發行存託憑證及上市公司發行海外可轉換公司債所募集之資金，得在 30 億美元總額度內兌成新台幣使用。
1993 年 11 月	同意放寬個別 QFII 投資國內證券額度，由 1 億美元提高為 2 億美元。
1994 年 1 月	調高公司、行號每年自由匯入或匯出款結匯額度，由 500 萬美元調高為 1000 萬美元。
1994 年 1 月	調高指定銀行國外負債餘額限額，增加額度約為 6 億美元
1994 年 4 月	同意放寬全體 QFII 投資國內證券總調度，由 50 億美元提高為 75 億美元
1994 年 7 月	成立第一家專業外匯經紀商──台北外匯經紀股份有限公司。至 1995 年 7 月，平均每日交易量達 22.08 億美元。
1994 年 8 月	增撥外幣拆款市場種籽資金，由 70 億美元及 5 億馬克，分別提高為 100 億美元與 10 億馬克，另提撥 100 億日元參與市場拆備。
1995 年 3 月	同意取消全體 QFII 投資證券調度總額度 75 億美元的限制
1995 年 7 月	同意提高個別及全體 QFII 對單一上市（櫃）公司持股比例上限分別至 6% 及 12%。
1995 年 7 月	會同"財政部"規定外資匯入資金投資於定期存款、貨幣市場工具及公債之總額不得超過其匯入資金之 30 %
1995 年 8 月	依據新修訂《管理外匯條例》，放寬每筆結匯金額未達新台幣 50 萬元之外匯收支或交易無須申報
1995 年 8 月	發佈《外匯收支或交易申報辦法》，廢止《民間匯出款項結匯辦法》及《民間匯入款項結匯辦法》，取消大額結匯須等候期間之限制，並放寬直接投資案可憑主管機關核准證明文件徑向指定銀行辦理結匯
1995 年 9 月	同意取消外資投資國內證券匯出有關資金之期間限制，並於 1996 年 1 月 3 日施行。
1995 年 9 月	同意提高個別及全體外國專業投資機構（QFII）對單一上市（櫃）公司持股比例上限分別至 7.5% 及 15%。
1995 年 12 月	調高外匯指定銀行之外匯部位額度，調整後買賣超部位額度相同。調整後，外匯買賣超部位額度分為 2000 萬美元、3000 萬美元、4000 萬美元及 5000 萬美元共四級。
1995 年 12 月	修正發佈《外匯收支或交易申報辦法》第 1 及第 4 條條文，自 1985 年 1 月 1 日起，經主管機關核准證券投資之外匯收支，得憑核准證明文件徑向指定銀行辦理結匯
1995 年 12 月	同意放寬個別 QFII 投資國內證券之最高限額，由 2 億美元調高為 4 億美元。
1995 年 12 月	修訂《外匯經紀商許可要點》，取消外國貨幣經紀商來台設立分公司之資格限制，並取消其來台投資設立分公司或參與合資經營公司之持股比例
1996 年 1 月	調高公司、行號每年自由匯入或匯出結匯額度，由 1 千萬美元調高為 2 千萬美元。
1996 年 3 月	配合《華僑及外國人投資證券及其結匯辦法》之修正，同意開放一般境外法人及自然人（GFII）直接投資國內證券，每一境外法人及自然人投資額度分別不得超過 2000 萬美元及 500 萬美元；同意放寬全體外資（包括 QFII 及 GFII）對單一上市（櫃）公司持股比例上限至 20%。
1996 年 11 月	同意提高個別及全體外資（包括 QFII 及 GFII）對單一上市（櫃）公司持股比例上限分別至 10% 及 25%。

（續表）

1996 年 12 月	同意放寬個別 QFII 投資國內證券最高限額由 4 億美元調高為 6 億美元，並將其匯出本金得循環匯入之期限由 3 個月放寬為 6 個月。
1997 年 6 月	調高公司、行號每年自由匯入或匯出結匯額度，由 2000 萬美元調高為 5000 萬美元；每筆結匯金額未達新台幣 50 萬者，不計入每年累積結匯額度。
1997 年 6 月	同意放寬境外法人投資國內證券額度，由 2000 萬美元調高為 500 萬美元。
1998 年 1 月	個別及全體外資（包括 QFII 及 GFII）對單一上市（櫃）公司持股比例上限分別提高至 15% 及 30%
1999 年 3 月	同意提高個別及全體外資（包括 QFII 及 GFII）對單一上市（櫃）公司持股比例上限至 50%
1999 年 11 月	同意提高個別 QFII 投資本國證券之額度，由 6 億美元調高為 12 億美元
2000 年 3 月	同意 2000 年上半年國內證券投信事業在國內募集基金投資國外有價證券額度由新台幣 300 億元提高為新台幣 450 億元，全年總額度仍維持新台幣 600 億元。
2000 年 10 月	同意個別 QFII 投資國內證券最高限額，由 12 億美元調高為 15 億美元
2000 年 11 月	同意財政部放寬個別 QFII 投資國內證券最高限額，由 15 億美元調高為 20 億美元
2001 年 1 月	除特定行業另有規定外，同意取消個別及全體外資（包括 QFII 及 GFII）對單一上市（櫃）公司持股比例上限。
2001 年 5 月	同意延長 QFII 投資國內證券資金匯入期限為 2 年，並將其投資額度由循環額度改以固定額度方式辦理。
2001 年 11 月	同意調高個別 QFII 投資國內證券上限由 20 億美元調高為 30 億美元，並取消 QFII 投資國內證券申請書件檢附中文譯本之規定。
2002 年 4 月	修正《外匯經紀商許可要點》第 2 點，允許外匯經紀商可申請兼辦新台幣衍生性商品之居間業務
2003 年 6 月	同意開放 QFII 參與大陸有價證券借貸市場。
2003 年 7 月	同意放寬 QFII 下列投資國內證券措施： （1）取消個別 QFII 最高投資額度 30 億美元之規定。 （2）取消 QFII 投資資金應於 2 年內匯入之限制。 （3）取消 QFII 資格條件中資產規模之限制。
2003 年 10 月	取消 QFII 制度，將外資區分為 "華僑及外國自然人（FIDI）" 及 "外國機構投資人（FINI）" 兩類，FIDI 投資國內證券額度為 500 萬美元，FINI 投資國內證券無額度限制。同時簡化外資申請程式由許可制改為登記制，並開放外資得以所持有之有價證券參與發行海外存託憑證

來源：根據台灣 "中央銀行"，《1991 年至 2006 年第 3 季中央銀行大事記》及相關資料匯總

參考文獻

外文文獻

1. Bakker, A. and Chapple, B., 2002, "Advanced Country Experiences with Capital Account Liberalization", *IMF Occasional Paper* No. 214.

2. Balbach B.A. and Resler H. D., 1980, "Eurodollars and the US Money Supply", Federal Reserve Bank of St. Louis, June/July 1980.

3. Bech, M., Preisig, C. and Soramaki, K., 2008, "Global Trends in Large-Value Payments", *FRBNY Economic Policy Review*, September 2008, Vol. 14, No. 2.

4. Bernanke, B.S. and Mishkin, F.S., 1997, "Inflation Targeting: A New Framework for Monetary Policy?", *The Journal of Economic Perspective*, Vol. 11, No.2 (Spring, 1997).

5. *BIS Working Papers* No320, 2010, "Offshore Markets for the domestic currency: monetary and financial stability issues".

6. *BIS, BIS Quarterly Reviews*, various issues.

7. Chinn, M. and Frankel, J. A., 2007, "Will the Euro Eventually Surpass the Dollar as Leading International Reserve Currency?", In Richard H. Clarida, ed., *G7 Current Account Imbalances: Sustainability and Adjustment*, 283-322. Chicago: University of Chicago Press.

8. Chinn, M. and Frankel, J., 2008, "The Euro May Over the Next 15 Years Surpass the Dollar as Leading International Currency", *La Follette School Working Paper* No. 2008-007, University of Wisconsin-Madison.

9. CHIPS, 2011, "Self-Assessment of Compliance with Core Principles for Systemically Important Payments Systems".

10. CHIPS, 2012, Annual Statistics From 1970 to 2012, www.chips.org.

11. Chris B. and Clare N., 2008, "Volatility and persistence of capital flows", International Department of the Reserve Bank of Australia (RBA).

12. Chrystal, K.A., 1984, "International Banking Facilities", *Federal Reserve Bank of St. Louis Bulletin*, 5-11.

13. Combes, J., Kinda, T., and Plane P., 2011, "Capital Flows, Exchange Rate Flexibility, and the Real Exchange Rate", *IMF working paper* No. WP/11/9.

14. Deutsche Bundesbank, 1985, "Freedom of Germany's Capital Transaction with Foreign Countries", *Monthly Report*, 37 (July 1985), 13-23.

15. Deutsche Bundesbank, 1985, "Freedom of Germany's Capital Transaction with Foreign Countries", *Monthly Report*, 37 (July), 13-23.

16. Deutsche Bundesbank, 1988, "Forty Years of the Deutsche Mark", *Monthly Report*, 40 (May), 13-23.

17. Deutsche Bundesbank, 1997, "The Role of the Deutsche Mark as International Investment and Reserve Currency", *Monthly Report*, 49 (April), 17-30.

18. Deutsche Bundesbank, 1999, *Fifty Years of the Deutsche Mark; central bank and the currency in Germany since 1948*, Oxford University Press

19. Dornbusch, R., 1986, "Flexible Exchange Rates and Excess Capital Mobility", *Brookings Papers on Economic Activity*, 1, 209-226.

20. Edwards, F. R., 2001, "The New International Banking Facility–A Study in Regulatory Frustration", *Columbia Journal of World Business*, 16:4 (Winter 1981), 6-18.

21. Eichengreen, B. and Mathieson, D., 2001, "The Currency Composition of International Reserves: Retrospect and Prospect", in Charles Wyplosz (ed.), *The Impact of EMU on Europe and the Developing Countries*, Oxford University Press.

22. Eichengreen, B., 2007, *The Euro as a Reserve Currency*, University of California.

23. Eichengreen, B., 2008, *Globalizing Capital*, Princeton University Press, Second Edition.

24. Errico, L. and Musalem, A., 1999, "Offshore Banking: An Analysis of Micro-and Macro-Prudential Issues", *IMF Working Paper*, WP/99/5.

25. Frankel, J., 2009, "On global currency", Keynote speech for workshop on Exchange Rates: The Global Perspective, sponsored by Bank of Canada and ECB, Frankfurt.

26. Frankel, J., Schmukler, S. & Serven, L. , 2000, "Global Transmission of Interest Rates: Monetary Independence and Currency Regime", *World Bank working paper* No. 2424.

27. Friedman M., "The Euro-Dollar Market: Some First Principles", *Selected Papers* No. 34, Gradual School of Business, University of Chicago.

28. Hartmann, P., 1996, "The Future of the Euro as an International Currency: A Transactions Perspective", *Centre for European Policy Studies Research Report*, 20, 1–28.

29. He, D. and McCauley, R. N., 2010, "Offshore Markets for the Domestic Currency: Monetary and Financial Stability Issues", *BIS working paper*, No. 320.

30. He, Dong and Robert McCauley, 2009, "Offshore markets for domestic currency: monetary and financial stability issues", *BIS Working Papers* No. 320.

31. Hewson, J. and E. Sakakibara, 1977, "The Effectiveness of German Controls on Capital Inflow", *Weltwirtschaftliches Archly*, 113, 645-666.

32. *HSBC Global Research*, 2010, "The offshore Renminbi-A practical primer on the CNH Market".

33. International Monetary Fund, 2002, "Capital Account Liberalization and Financial Sector Stability", *Occasional Paper* No. 211.

34. Ishii, S., and Karl H., 2002, "Capital Account Liberalization and Financial Sector Stability", *IMF Occasional Paper* No. 211.

35. James, H., 1996, *International Monetary Cooperation since Breton Woods*, Oxford University Press.

36. Johnston, R.B., 1981, "Theories of the Growth of the Euro-Currency Market: A Review of the Euro-Currency Deposit Multiplier", *BIS Economic Papers* No. 4.

37. Julius, D.S., 1990, *Global Companies and Public Policy: The Growing Challenge of Foreign Direct Investment*, Council on Foreign Relations, New York.

38. Kenen, P.B., 1983, "The Role of the Dollar as an International Currency", *Group of Thirty Occasional Paper* No 13, New York: Group of Thirty.

39. Key, S., 1982, "Activities of International Banking Facilities: The Early Experience", *Federal Reserve Bank of Chicago Economic Perspectives*, Vol.2, 37-45.

40. Key, S.J. and Terrell, H.S., 1988, "International Banking Facilities", *International Finance Discussion Papers from Board of Governors of the Federal Reserve System*, No. 333.

41. Lane, P.R. and Milesi-Ferretti, G., 2007, "The External Wealth of Nations Mark II: Revised and Extended Estimates of Foreign Assets and Liabilities", 1970-2004, *Journal of International Economics*, 73, 223-250.

42. Ma, J., 2010, "RMB Internationalization and Role of Hong Kong's Offshore Market", Deutsche Bank.

43. Mastropasqua, C., Micossi, S. and Rinaldi, R., 1988, "Interventions, Sterilization and Monetary Policy in European Monetary System Countries", 1979-1987, in F. Giavazzi, S. Micossi, and M. Miller, eds., *The European Monetary System*, Cambridge University Press, 252-291.

44. McCauley, R.N., 1997, "The euro and the dollar", *BIS Working Papers* No 50.

45. McKenzie, C.R. and Takaoka, S., "The Impact of Japanese Deregulation on the Euro-yen Bond Market", Modelling and Simulation Society of Australia and New Zealand Inc. website (www.mssanz.org.au), last retrieved May 14, 2012.

46. Mills, R. H., Jr., 1975, "An Evaluation of Measures to Influence Volatile Capital Flows", in A. K. Swoboda, eds, *Capital Movements and Their Control*, Institut Universitaire de Hautes Etudes Internationales, 143-162.

47. Moffett, M.H. and Stonehill, A., 1989, "International Banking Facilities Revisited", *Journal of International Financial Management & Accounting*, 1(1), 88-103.

48. Montgomery, J., 1995, "The Internationalization of German Financial Markets", in Germany – Selected Background Issues, *IMF Staff Country Report*, No. 95/101.

49. Nyunt, K.M., Lim, H.G., and Kester, T. Y. X., etc., 2010, *Ways to promote foreign trade settlements denominated in local currencies in East Asia*, Mae Fah Luang University, Singapore Institutue of International Affairs and Charles A. Barrett Consulting Services Inc.

50. Osugi, K., 1990, "Japan's Experience of Financial Deregulation Since 1984 in an International Perspective", *BIS Economic Papers*, No. 26.

51. Papaioannou, E. (Dartmouth College and CEPR) and Portes, R. (London Business School and CEPR), 2008, "Costs and Benefits of Running an International Reserve Currency", *European Economy Economics Papers* 348.

52. Roussakis E., 1999, *Offshore Banking at the Close of the Twentieth Century*, Florida International University.

53. Sasaki, F., 1995, "Promoting the Yen's Internationalization", in: *Nomura Research Institute Quarterly*, 20-39.

54. Schenk, C. R., 1998. "The Origins of the Eurodollar Market in London: 1955-1963", *Explorations in Economic History*, Elsevier, vol. 35(2), pages 221-238.

55. Schenk, C. R., 2009, *The Retirement of Sterling as a Reserve Currency after 1945: Lessons for the US Dollar?* University of Glasgow, manuscript.

56. Seitz, F., 1995, "The circulation of Deutsche Mark abroad", Economic Research Group of the Deutsche Bundesbank, *Discussion paper* No.1.

57. Swoboda, A.K., 1976, *Capital Movements and Their Controls*, Institut Universitaire de Hautes Etudes Internationales.

58. Tavlas, G. S., 1990, "International Currencies: The Rise of the Deutsche Mark", *Finance & Development*, 35-38.

59. Tavlas, G. S., 1991, "On the International Use of Currencies: The Case of the Deutsche Mark", *Essays in International Finance* No. 181, Princeton, N.J., Princeton University, International Finance Section.

60. Adams, C., Mathieson, D. J. and Schinasi, G, etc., 1998, "International Capital Markets: Developments, Prospects, and Key Policy Issues", *World Economic and Financial Surveys*, International Monetary Fund.

61. The Clearing House Payments Company L. L. C., 2011, *CHIPS：Rules and*

Administrative Procedures.

62. Triffin, R. , 1961, *Gold and The Dollar Crisis: The Future of Convertibility*, Revised Edition, Yale University Press.

63. U. S. General Accounting Office, 1984, "International Banking Facilities Have Improved the Competitive Position of Banks in the United States", U. S. Government Accountability Office, retrieved October 8, 2011 from http://www. gao.gov/products/nsiad-84-128.

64. Ungerer, H., Evans, O., Mayer, T. and Young, P., 1986, "The European Monetary System: Recent Developments", *Occasional Paper* 48, International Monetary Fund.

65. US Treasury Department, 2010, "US Financial Crimes Enforcement Network Cross-Border Electronic Transmittals of Funds Reporting System Proposals".

66. Wai, C.L., Hung, G.F. and Morse, J.N., 1995, "A note on Euroyen and domestic yen interest rates", *Journal of Banking & Finance*, 1995, Vol.19, Issue 7, 1309-1321.

67. Wang, W., 2009, "Liberalization of Foreign Exchange Controls: Japan's Experiences and Its Implications for China", Institute of World Economics and Politics.

中文文獻

1. 巴曙松，郭雲釗等，2008，《離岸金融市場發展研究：國際趨勢與中國路徑》，北京大學出版社。

2. 陳作章，2011，《日元升值的命運：一個經濟學家 21 世紀的再解析》，復旦大學出版社。

3. 鄧利娟，1997，"90 年代以來台灣金融自由化、'國際化'的新發展"，《福建金融》，第 4 期，37~39 頁。

4. 東亞經濟的東亞經濟學會第 5 屆年會，1996，"增長中的老虎：泰國經濟的現狀和前景"，21 頁。

5. 福本智之，木村武，稻村保成，東將人，2011，"中國窗口指導的有效性

　　　與金融環境——日本的經驗和啟示",《金融發展評論》,第 10 期。

6.　何東,馬駿,2011,"進一步推進香港人民幣離岸市場發展的若干建議",
　　　《博源基金會內刊》。

7.　黃鈺,李軍,吳弘,2010,"上海離岸金融市場法制保障研究",上海《政
　　　府法制研究》,第 2 期。

8.　姜玉英,2005,"日本離岸市場的發展及啟示",《金融會》,第 10 期。

9.　連平,2002,《離岸金融研究》,中國金融出版社。

10.　梁國樹,侯金英,2008,"金融自由化與國際化",《台灣貨幣與金融論文
　　　集(續編)》,537 頁。

11.　馬駿,2008,"熱錢流入途徑調查",《博源基金會內刊》。

12.　馬駿,2011,"對人民幣國際化的四大誤解",《國際金融報》(8 月 16 日)。

13.　馬駿,2011,"對中國貿易順差的定量研究——用動態 CGE 模型研究人口
　　　老化、匯率和結構改革對貿易順差的影響",《貨幣的軌跡:通脹央行獨立
　　　性和人民幣國際化》,中國經濟出版社。

14.　馬駿,2011,"離岸市場的人民幣資產有望快速增長",德意志銀行研究報
　　　告(4 月)。

15.　馬駿,2011,"人民幣國際化的條件",《貨幣的軌跡:通脹央行獨立性和
　　　人民幣國際化》,中國經濟出版社。

16.　馬駿,2010,"人民幣匯率改革:建議採用'有彈性的一籃子模式'",《博
　　　源基金會內刊》。

17.　馬駿,2011,"人民幣離岸市場發展對境內貨幣與金融的影響",http://
　　　blog.caijing.com.cn/expert_article-151396-18301.shtm。

18.　紐文,1995,"美聯儲對國際銀行設施(IBFS)從事離岸金融業務的規定",
　　　《國際金融理論與實務》,第 6 期,19-20 頁。

19.　社科院"人民幣國際化"課題組(何帆、張斌、張明等),2011,"香港離
　　　岸人民幣市場",《社科院課題報告》(7 月)。

20.　盛松成等,2012,"我國加快資本賬戶開放的條件基本成熟",中國人民銀
　　　行調查統計司課題組(2 月)。

21.　台灣中央銀行,2006,《1991 年至 2006 年第 3 季中央銀行大事記》,台灣
　　　中央銀行大事記特刊。

22. 檀江林，2005，《經濟自由化以來台灣金融改革研究》，合肥工業大學出版社。

23. 唐國興，徐劍剛，2003，《現代匯率理論及其模型研究》，中國金融出版社。

24. 王建民，2002，"海峽兩岸之間的通匯往來"，人民網。

25. 吳曉靈，曹遠征等，2011，《人民幣國際化：緣起和發展》，博源基金會，社會科學文獻出版社。

26. 徐劍剛，李治國，張曉蓉，2007，"人民幣 NDF 與既期匯率的動態關聯性研究"，《財經研究》，第 33（9）期，61-68 頁。

27. 徐劍剛，邵華，唐國興，2007，"人民幣參考一籃子貨幣機制的實證分析"，《上海財經大學學報》，第 9（1）期，66-72 頁。

28. 徐劍剛，吳軼，張曉蓉 2009，"人民幣 / 美元遠期外匯風險溢酬的研究"，《復旦學報（自然科學版）》，第 48（6）期，693-699 頁。

29. 楊勝剛，秦池江，2001，《台灣金融制度變遷與發展研究》，中國金融出版社。

30. 殷劍鋒，2011，"反思人民幣國際化的模式：日本的教訓"，《國際經濟評論》（7 月）。

31. 余永定，1997，"泰國貨幣危機與金融改革"，《改革》，第 6 期。

32. 余永定，2011，"人民幣國際化必須目標明確、循序漸進"，《社科院世界經濟研究所》（3 月）。

33. 臧慧萍，2007，《美國金融監管制度的歷史演進》，經濟管理出版社。

34. 張斌，2011，"次序顛倒的人民幣國際化進程"，新浪財經（6 月 28 日）.。

35. 張荔，1997，"金融自由化：韓國與台灣的比較分析"，《國際金融研究》，第 5 期，27-30 頁。

36. 張曉蓉，徐劍剛，2005，"日元匯率理性投機泡沫的實證檢驗分析"，《復旦學報（自然科學版）》，第 44（2）期，240-245 頁。

37. 左連村，王洪良，2002，《國際離岸金融市場理論與實踐》，中山大學出版社，168-187 頁。

鳴　謝

　　本書的是我們主持的 40 人論壇《人民幣離岸市場和資本項目開放》課題報告的修改稿。從 2011 年 5 月起，在課題的立項、研討會的組織、課題要報的發表、最後書稿的出版過程中，40 人論壇秘書長王海明、編輯廉薇投入大量的時間和精力，我們對此表示衷心的感謝！由於我們估計境內外對此書都有較大需求，決定在大陸由中國經濟出版社出簡體版，在香港由商務印書館出繁體版。兩地出版機構的編輯們對此都付出了許多心血。

　　參與本課題研究和報告寫作的，除了我們兩位課題負責人以外，還有德意志銀行的分析員劉立男、繆暉，復旦大學研究生李小明、朱琳、莊永婷，中國銀監會政策研究局劉麗娜和上海銀監局法規處唐振宇。劉立男和繆暉在報告中總結了他們實際參與境外人民幣離岸市場運作的經驗和觀察以及在香港、新加坡課題調研的結果。李小明、朱琳、莊永婷對許多國家和地區的相關經驗進行了深入的研究。劉麗娜、唐振宇參加了境內人民幣非居民業務專題的調研和報告寫作。另外，德意志銀行的周偉也為本研究提供了許多資料分析、背景資料並協助了我們的編輯工作。正是由於他們所做的大量細緻的基礎工作，才使本書能有比較扎實的調研、資料分析和國際經驗的支持。

　　最後，我們要感謝許許多多在本課題和相關研討中為我們提供了意見和建議以及為本書做序和評論的領導、專家和同行。這些朋友至少包括（按拼音為序）曹遠征、陳家強、陳爽、方星海、高峰、管濤、何迪、何東、胡一帆、黃少明、賈康、李波、李瑞勇、李思明、李小加、李迅雷、連平、梁風儀、廖岷、林湧、劉奧琳、劉信義、莫泰山、穆懷朋、錢穎一、秦曉、沈建光、施琍婭、王佐罡、吳曉靈、席鈺、邢玉靜、許臻、楊秋梅、鄭楊、鍾偉、周偉、朱民、朱燕來、Beng-Hong Lee、Bob Chakravorti、Jens Scharff-Hansen、Peter Garber、Russell Fitzgibbons。

當然，本書的許多觀點還在不斷的完善過程之中，我們（作者）對文中的所有疏漏之處承擔責任。

馬駿　徐劍剛

附錄一

中國金融 40 人論壇簡介

2008 年 4 月 12 日，"中國金融 40 人論壇成立儀式暨首屆主題研討會"在北京金融街隆重舉行，致力於以金融學術奉獻社會的獨立智庫自此誕生。

"中國金融 40 人論壇" 由 40 位 40 歲上下的金融精銳組成，即 "40×40 俱樂部"。作為非官方、非營利性金融學術研究機構，本智庫以前瞻視野和探索精神，致力於夯實中國金融學術基礎，探究金融界前沿課題，推動中國金融業改革實踐，為民族金融振興與繁榮竭盡所能。

Introduction of CF40

On April 12th, 2008, China Finance 40 Forum ("CF40" or the Forum) held its inauguration ceremony and first seminar in Beijing's Finance Street. The events received heated responses as they marked the establishment of an independent think-tank dedicated to policy-oriented researches in the financial field.

"CF40", also known as "40 × 40 club", comprises of 40 Chinese financial elites at the age of around 40, including prominent scholars, senior government officials and experienced financial professionals. As a leading non-government and non-profit thinktank, CF40 is committed to in-depth researches with solid academic foundation, foresighted perspectives and pioneering spirits.

附錄二

中國金融 40 人論壇組織架構與成員名單
（2012 年）

論壇顧問委員會成員（按姓氏拼音排序）：

1	胡懷邦	交通銀行股份有限公司董事長
2	黃奇帆	重慶市市長
3	蔣超良	中國農業銀行股份有限公司董事長
4	林毅夫	北京大學國家發展研究院教授
5	錢穎一	清華大學經濟管理學院院長
6	秦 曉	博源基金會理事長
7	沈聯濤	中國銀行業監督管理委員會首席顧問
8	王 江	美國麻省理工學院斯隆管理學院金融學教授
9	吳敬璉	國務院發展研究中心資深研究員
10	吳曉靈	全國人大財經委副主任委員、中國人民銀行原副行長
11	謝 平	中國投資有限責任公司副總經理
12	易 綱	中國人民銀行副行長、國家外匯管理局局長
13	余永定	中國社會科學院世界經濟與政治研究所研究員
14	朱 民	國際貨幣基金組織副總裁

論壇理事會主席：

　　陳 元　　國家開發銀行董事長

論壇理事（按姓氏拼音排序）：

1	蔡明興	富邦金融控股公司副董事長
2	陳德賢	平安資產管理有限責任公司董事長兼 CEO
3	陳東升	泰康人壽保險股份有限公司董事長兼 CEO

4	樊大志	華夏銀行行長
5	甘為民	重慶銀行行長
6	郭廣昌	上海復星高科技（集團）有限公司董事長
7	郭特華	工銀瑞信基金管理公司總經理
8	哈繼銘	高盛投資管理部中國副主席暨首席投資策略師
9	胡正衡	中國外匯交易中心黨委書記
10	吉曉輝	上海浦東發展銀行董事長
11	焦家良	龍潤集團董事局主席
12	康　典	新華人壽保險股份有限公司董事長
13	李劍閣	中國國際金融有限公司董事長
14	李若谷	中國進出口銀行董事長兼行長
15	連　平	交通銀行首席經濟學家
16	林　湧	海通國際行政總裁
17	羅佳斌	Dymon 亞洲資本總裁兼合夥人
18	馬　駿	德意志銀行董事總經理、大中華區首席經濟學家
19	馬蔚華	招商銀行股份有限公司執行董事、行長兼首席執行官
20	繆建民	中國人壽資產管理有限公司董事長
21	牛冠興	安信證券股份有限公司董事長
22	潘功勝	中國人民銀行副行長
23	裘國根	上海重陽投資有限公司董事長
24	任匯川	中國平安集團總經理
25	沈　顥	21 世紀傳媒總裁兼 CEO
26	盛希泰	華泰聯合證券有限責任公司總裁
27	萬建華	國泰君安證券股份有限公司董事長
28	王東明	中信證券股份有限公司董事長
29	吳高連	中國再保險（集團）股份有限公司總裁
30	吳　焰	中國人民保險集團股份有限公司董事長
31	夏　蜀	富滇銀行股份有限公司董事長
32	殷洪強	大和資本市場香港中國區主席、投資銀行中國區主管
33	于業明	太平洋資產管理有限責任公司總經理
34	趙　民	北京正略鈞策企業管理諮詢有限公司董事長
35	周　偉	上海市黃浦區人民政府區長

論壇學術委員會主席：

　　　錢穎一　　清華大學經濟管理學院院長

論壇學術委員會成員（按姓氏拼音排序）

1　管　濤　　國家外匯管理局國際收支司司長

2　黃海洲　　中國國際金融公司研究部聯席主管

3　魏加寧　　國務院發展研究中心宏觀經濟部副部長

4　閻慶民　　中國銀行業監督管理委員會主席助理

5　袁　力　　國家開發銀行副行長

6　鍾　偉　　北京師範大學金融研究中心主任

論壇監事長：

　　　壽梅生　　交通銀行紀委書記

論壇監事會成員（按姓氏拼音排序）：

1　管　濤　　國家外匯管理局國際收支司司長

2　陸　磊　　廣東金融學院院長

3　沈　顥　　21 世紀傳媒總裁兼 CEO

4　巫和懋　　北京大學國家發展研究院常務副院長

5　鍾　偉　　北京師範大學金融研究中心主任

論壇秘書長：

　　　王海明

40×40 俱樂部成員名單（按姓氏拼音排序）：

政府機關人員：

1　巴曙松　　國務院發展研究中心金融研究所副所長

2　陳文輝　　中國保險監督管理委員會副主席

3　范文仲　　中國銀行業監督管理委員會國際部主任

4　方星海　　上海市人民政府金融服務辦公室主任

5　管　濤　　國家外匯管理局國際收支司司長

6　賈　康　　財政部財政科學研究所所長

7　焦瑾璞　　中國人民銀行研究生部部務委員會副主席

8　李　波　　中國人民銀行貨幣政策二司司長

9	李伏安	中國銀行業監督管理委員會河南監管局局長
10	廖岷	中國銀行業監督管理委員會上海監管局局長
11	劉春航	中國銀行業監督管理委員會研究局局長
12	隆國強	國務院發展研究中心對外經濟研究部部長
13	祁斌	中國證券監督管理委員會研究中心主任
14	魏加寧	國務院發展研究中心宏觀經濟部副部長
15	閻慶民	中國銀行業監督管理委員會主席助理
16	張健華	中國人民銀行研究局局長
17	張濤	國際貨幣基金組織中國執行董事

研究機構人員：

18	白重恩	清華大學經濟管理學院副院長
19	丁志傑	對外經貿大學金融學院院長
20	黃明	中歐國際工商學院教授、康奈爾大學終身教授
21	黃益平	北京大學國家發展研究院教授
22	李稻葵	清華大學經濟管理學院金融系主任
23	陸磊	廣東金融學院院長
24	瞿強	中國人民大學金融與證券研究所副所長兼研究部主任
25	巫和懋	北京大學國家發展研究院常務副院長
26	姚洋	北京大學國家發展研究院副院長、中國經濟研究中心主任
27	殷劍峰	中國社會科學院金融研究所副所長
28	鍾偉	北京師範大學金融研究中心主任

商業性機構人員：

29	陳超	工銀瑞信基金管理有限公司首席經濟學家
30	高善文	安信證券首席經濟學家
31	哈繼銘	高盛投資管理部中國副主席暨首席投資策略師
32	黃海洲	中國國際金融公司研究部聯席主管
33	黃金老	華夏銀行副行長
34	李迅雷	海通證券首席經濟學家
35	連平	交通銀行首席經濟學家
36	馬駿	德意志銀行董事總經理、大中華區首席經濟學家

37	潘功勝	中國人民銀行副行長
38	孫明春	大和資本市場香港公司大中華區首席經濟學家
39	徐　剛	中信證券董事總經理
40	袁　力	國家開發銀行副行長

論壇特邀成員（按姓氏拼音排序）：

1	蔡洪濱	北京大學光華管理學院院長
2	陳雨露	中國人民大學校長
3	陳志武	耶魯大學管理學院金融經濟學教授
4	胡一帆	海通國際研究部主管兼首席經濟學家
5	林采宜	國泰君安證券高級經濟學家
6	劉　勇	國家開發銀行業務發展局局長
7	梅建平	長江商學院金融學教授
8	彭文生	中國國際金融有限公司首席經濟學家
9	沈曉暉	國務院研究室國際司司長
10	童道馳	中國證券監督管理委員會國際合作部主任
11	武　劍	光大銀行董事會專職董事
12	謝　多	中國人民銀行金融市場司司長
13	趙錫軍	中國人民大學財政金融學院副院長、金融與證券研究所副所長
14	周道許	貴州省政府副秘書長、貴州省金融服務辦公室主任
15	諸建芳	中信證券首席經濟學家

論壇特邀研究員（按姓氏拼音排序）：

1	程漫江	中銀國際證券董事總經理、研究部主管
2	沈建光	瑞穗證券大中華區首席經濟學家
3	孫國峰	中國人民銀行貨幣政策司副司長
4	王　信	中國人民銀行法蘭克福代表處首席代表
5	向松祚	中國農業銀行首席經濟學家
6	徐　忠	中國人民銀行金融市場司副司長
7	嚴啟發	中國進出口銀行陝西省分行副行長
8	張　斌	中國社科院世界經濟與政治研究所全球宏觀經濟研究室主任
9	張　明	中國社科院世界經濟與政治研究所國際金融研究室副主任
10	祝丹濤	中央財經領導小組辦公室處長、副研究員